C. Roussel

LE PETIT
MAÎTRE DE POCHE

Données de catalogage avant publication (Canada)

Harvey, André, 1950-

Le petit maître de poche.

ISBN 2-89074-661-5

1. Succès 2. Réalisation de soi 3. Maîtrise de soi
I. Titre.

BF632.H37   2002 153.8   C2002-941128-9

Édition
Les Éditions de Mortagne
C.P. 116
Boucherville (Québec)
J4B 5E6

Diffusion
Téléphone : (450) 641-2387
Télécopieur : (450) 655-6092
Courriel : edm@editionsdemortagne.qc.ca

Révision
Marielle Chicoine
Pauline Lagrange
Carolyn Bergeron

Couverture
Michel Bérard

Dépôt légal
Bibliothèque nationale du Canada
Bibliothèque nationale du Québec
Bibliothèque Nationale de France

ISBN : 2-89074-661-5

1 2 3 4 5 - 02 - 06 05 04 03 02

Imprimé au Canada

André Harvey

LE PETIT
MAÎTRE DE POCHE

Comment devenir maître de sa vie sans
avoir besoin d'un autre maître... que soi !

 Editions de Mortagne

REMERCIEMENTS

Remerciements sincères à Céline qui, contre vents et marées, m'a accompagné courageusement sur cette mer tumultueuse qu'est la maîtrise de sa vie.

Également à Jacqueline, ma sœur préférée – je n'en ai qu'une... mais l'intention était là –, pour toutes les heures qu'elle a passées à transcrire mes textes, et pour ses encouragements, qui sont toujours arrivés au bon moment.

Je dédie particulièrement ce livre à Yvon, cet Ami avec un grand A qui a eu le courage et la patience de me pousser constamment au-delà de mes limites pour m'obliger à tout réapprendre.

Je t'aime, vieux frère !

Les pensées de Paulo Coelho citées dans ce livre sont extraites d'un de ses excellents ouvrages, *Manuel du Guerrier de la Lumière*, paru aux Éditions Anne Carrière.

TABLE DES MATIÈRES

AVANT-PROPOS

Quand un disciple « **se croit** » devenu **un maître,** de par l'étendue de ses connaissances ou de ses expériences de vie, il se fait alors un devoir d'enseigner ce qu'il sait et un plaisir d'aider les gens. Il clame alors en toute honnêteté et à qui veut l'entendre qu'il n'accomplit sa mission que par amour pour les autres. Si ceux-ci doivent passer par la souffrance, c'est toujours pour leur bien. Mais en réalité, tous ses élans d'entraide vers les gens ne servent qu'à lui apporter à lui-même de la confiance en soi, de la gloire, du pouvoir, de l'argent ou de la satisfaction personnelle. L'ego est si sournois à ce niveau…

Quand le disciple « devient » maître, parce qu'il a réussi à mettre de côté ses connaissances intellectuelles et qu'il a plutôt su intégrer les leçons issues de ses expériences, il a de moins en moins le goût d'enseigner. Il peut arriver qu'il le fasse, mais seulement durant un certain temps. Par contre, lorsqu'il aidera quelqu'un, il ne dira jamais que son geste est dicté par l'amour des autres, car il sera conscient de ne le faire que pour lui seul. D'ailleurs, il cessera très tôt de jouer au sauveur et se contentera de VIVRE. C'est cela devenir maître de sa propre vie.

Le petit maître de poche vous propose des moyens pratiques et simples pour passer du mode « paraître » à « être »…

Bonne route.

Le guerrier de la lumière contemple les deux colonnes de part et d'autre de la porte qu'il prétend ouvrir. L'une s'appelle Peur, l'autre s'appelle Désir.

Le guerrier regarde la colonne de la Peur, et là il est écrit : « Tu vas entrer dans un monde inconnu et dangereux, où tout ce que tu as appris jusqu'à présent ne te servira à rien. »

Le guerrier regarde la colonne du Désir, et là il est écrit : « Tu vas quitter un monde connu, où sont conservées les choses que tu as toujours aimées et pour lesquelles tu as tant lutté. »

Le guerrier sourit parce qu'il n'est rien qui lui fasse peur, ni rien qui le retienne. Avec l'assurance de quelqu'un qui sait ce qu'il veut, il ouvre la porte.

Paulo Coelho

Première partie

LES SECRETS DE L'APPRENTI-SAGE

Les guerriers de la lumière ont toujours une lueur particulière dans le regard.

Ils sont au monde, ils font partie de la vie des autres, et ils ont commencé leur voyage sans besace ni sandales. Il leur arrive souvent d'être lâches, et ils n'agissent pas toujours correctement.

Les guerriers de la lumière souffrent pour des causes inutiles, ont des comportements mesquins et parfois se jugent incapables de grandir. Ils se croient fréquemment indignes d'une bénédiction ou d'un miracle.

Ils ne savent pas toujours avec certitude ce qu'ils font ici. Souvent, ils passent des nuits éveillés, à penser que leur vie n'a pas de sens.

C'est pour cela qu'ils sont guerriers de la lumière. Parce qu'ils se trompent. Parce qu'ils s'interrogent. Parce qu'ils cherchent une raison – et, certainement, ils vont la trouver.

Paulo Coelho

LE MAÎTRE ET LES
PETITS CARACTÈRES

Facile de devenir maître de sa vie, me direz-vous. D'une certaine façon, vous avez raison. J'ajouterais, par contre, qu'il ne faut pas oublier de lire attentivement les petits caractères imprimés dans le contrat que l'on s'apprête à signer avec la vie.

En voici un bref aperçu…

L'aspirant maître de sa vie s'engage à :

- Accepter de ne plus se faire aimer comme avant par son entourage. Certains de ses proches, en le voyant changer du tout au tout, ne le reconnaîtront plus. Pour qu'une personne naisse à la maîtrise, il faut d'abord que meure en lui le disciple. Cela ne se fait évidemment pas sans casser des œufs, ce qui cause bien des soucis à ceux qui ont déjà horreur du changement.

- Voir surgir de nulle part et sans avertissement les peurs les plus profondément ancrées en lui, des peurs qui demandent à être reconnues, dépassées, réglées et mises au rancart une fois pour toutes.

- Résoudre lui-même ses problèmes sans les étaler devant les autres, comme il avait la fâcheuse habitude de le faire avant. Il renonce ainsi à jouer à la victime et à se décharger de ses fardeaux en les reportant sur les épaules de ses amis compatissants. C'est à lui seul de le faire maintenant.

- Voir certains de ses amis et certains membres de sa famille, souvent mus par la peur, se détacher de lui.

- Accepter de se faire juger sévèrement, parfois même par ses proches, sans pouvoir rien y faire.

- Accepter sereinement son impuissance à expliquer ce qu'il vit. Le maître n'a pas à se justifier.

- Accepter que sa détermination à atteindre les buts qu'il s'est fixés crée des remous autour de lui, et attire même la haine de certaines personnes incapables de comprendre sa démarche. Le maître de sa vie ne doit pas leur en vouloir pour ça.

- Se débarrasser une à une de ses anciennes croyances, qui ne le font plus avancer et l'empêchent de se libérer. Fini le temps où il adhérait aveuglément aux idées toutes faites et aux préceptes qu'on lui enseignait.

- S'ouvrir sans idée préconçue aux expériences que son Esprit lui propose et qu'il met sur sa route, même si elles dérangent ses habitudes. Ses proches, alimentés par leurs propres peurs, se feront d'ailleurs un devoir de le mettre en garde. Le maître se fie à lui-même.

- Apprivoiser la solitude, qui sera de plus en plus présente dans sa vie, en s'en servant pour apprendre à se connaître davantage. Se sentir seul, même au milieu de la foule, est le pain quotidien du sage.

- Ne compter que sur lui-même et son Esprit pour trouver la sérénité et la paix. Personne ne fera les choses pour lui.

- Assister, parfois rapidement, à la transformation de son corps, au grand dam de son entourage, qui le croira malade. L'apprenti maître verra alors naître le doute en lui. S'il le nourrit, il fera trois pas en arrière, sinon il en fera trois en avant. Chaque malaise, chaque maladie fait partie du processus d'épuration qui est en cours.

- Cesser de prévoir à long terme. Se laisser plutôt porter par la vague du moment présent, en changeant de cap au besoin, quand le mouvement de la vie l'exige. Le maître peut certes faire des plans, mais sans se sentir obligé de s'y conformer à la lettre…

- Enlever graduellement du pouvoir à son mental et se rapprocher de son cœur. Il évitera ainsi de se bâtir des scénarios basés sur ses croyances et expériences passées.

- Accepter avec humilité que sa vision des choses puisse changer d'un jour à l'autre, et de façon très rapide. Chaque compréhension n'est valable que pour le moment présent. Tout évolue constamment. Ce qui est vrai aujourd'hui sera dépassé demain. C'est pourquoi il pourra arriver que l'apprenti-sage ne se sente plus sur la même longueur d'onde ou sur la même planète que le reste du monde.

- Se détacher des gens comme des choses, tout en continuant à les aimer et à les accueillir.

- Redonner la liberté d'agir aux gens qu'il aime au lieu de les emprisonner au nom de l'amour. Leur permettre de disposer à leur guise de leur corps et de leur Esprit, de la façon qui les rendra le plus heureux. Le maître ne prend jamais possession de quoi que ce soit chez qui que ce soit. Il respecte les besoins de chacun, en commençant par les siens évidemment.

- Voir les victimes de la vie se détacher d'elles-mêmes de lui. Ceux qui ne veulent pas s'engager sur la route de leur propre maîtrise ou qui ne sont pas prêts à le faire deviendront vite des boulets au pied du maître. Celui-ci ne pourra les traîner très longtemps avec lui.

- Reconnaître avec discernement et courage les anges qui seront mis sur sa route pour l'aider à gravir une autre marche vers l'évolution. Cela lui demandera une bonne dose d'humilité.

D'OÙ VIENT CETTE IDÉE DE DEVENIR MAÎTRE DE SA VIE ?

Oui, pourquoi se compliquer la vie quand il serait tellement plus facile de s'endormir dans la sécurité de nos dogmes et croyances, selon les normes édictées par la sagesse de ceux qui se disent nos maîtres ? Pourquoi ne pas se laisser simplement bercer par la certitude qu'on sera un jour sauvé ? Par un quelconque christ, par un être de lumière venu d'une autre planète ou, encore mieux, par l'établissement d'une religion universelle qui réglera à elle seule la spiritualité de toute la planète.

Comme vous probablement, je me suis souvent posé ce genre de question existentielle. Mais je n'ai jamais pu trouver de raison logique à cet acharnement à évoluer qui me pousse à rechercher la liberté contre vents et marées. Ce désir inexplicable de prendre en charge notre destinée est une pulsion irréversible de notre Esprit et, rendus à un certain point, nous ne pouvons en contenir l'élan.

Toute opposition de notre mental devient alors inutile, car on ne peut contrer ce vent de douce folie qui nous pousse à aller toujours plus loin et à nous élever davantage. On ne sait pas pourquoi, mais dans le fond, on s'en fout. On sait, en dedans de soi, qu'il faut aller de l'avant, que rien ni personne ne pourra nous détourner de notre but. L'ego qui, jusque-là, nous avait menés par le bout du nez, se fait soudain damer le pion par l'Esprit.

Mais ça ne fait que commencer ; la bataille entre les deux ne sera jamais terminée. Au contraire, ce remue-ménage entre le cœur et la tête ne sonnera bien souvent que le début des hostilités.

Lorsqu'on commence à vivre dans le présent, l'ego, qui ne se nourrit que de passé ou de futur, se met à se débattre comme un diable dans l'eau bénite – les termes sont ici très bien choisis, car c'est vraiment le cas. La bataille est alors engagée, et l'Esprit tentera désormais de nous garder bien ancrés dans le moment présent. Dans ce royaume, le nouveau maître qui sommeille en nous commencera doucement à s'éveiller comme la Belle au bois dormant qui sort de sa torpeur sous le baiser de son prince charmant. Dès que nous sentons cet appel de la vie bouillonner en nous, devenir son propre maître devient une priorité, une préoccupation parfois obsessionnelle qui occupe chacune de nos journées. C'est un travail à temps plein. C'est aussi le plus grandiose de tous les défis.

Auparavant, quand nous nous contentions d'être un bon disciple, nous n'avions qu'à nous laisser bercer voluptueusement dans l'illusion, en remettant notre sort entre les mains de ceux qui devaient nous servir d'enseignants et de maîtres. Nous n'étions alors que des enfants à la recherche de nouveaux parents. Pendant des années, notre cerveau s'était encombré de milliers de questions aussi accaparantes qu'inutiles. Il nous fallait bien une aide extérieure pour y répondre, non ? N'avons-nous pas été éduqués de cette façon ? Tu as une question ? Trouve-toi une autorité en la matière, et avec ton argent, ton affection ou ta soumission, achète-lui la réponse. Pour la plupart d'entre nous, n'y a-t-il pas toujours eu quelqu'un, une philosophie, une religion ou un système de pensée qui prenait bien soin de nous garder le plus possible dans l'ignorance, à un rang de disciple ? Il ne fallait surtout pas que l'on se croit assez sage pour prétendre pouvoir résoudre nos propres énigmes.

Un de mes amis qui a toujours été en avance sur son temps, même dès son plus jeune âge, me racontait qu'il se faisait constamment rabrouer et ramener à l'ordre aussitôt qu'il osait poser à son professeur de religion des questions considérées comme « hors programme ». Telles : Pourquoi, dans certains pays et en concordance avec leur religion, des hommes peuvent-ils avoir plusieurs femmes ? Pourquoi certains comportements et certains actes, même les meurtres, sont-ils acceptés par le Dieu de l'un mais pas par celui de l'autre ? N'y a-t-il qu'un Dieu ? Si oui, pourquoi celui-ci aurait-il écrit plusieurs livres saints ? Etc. Vous voyez le genre d'interrogation.

Lorsque nous étions de très jeunes enfants, nos premiers pas ont été sécurisés par nos parents, lesquels sont devenus, pour un certain temps et par la force des choses, nos maîtres, nos idoles, et c'était très bien ainsi. Chaque maître a été un jour disciple. Puis, au fil des ans, nous nous sommes lentement écartés de nos parents après qu'ils eurent accompli leur rôle. Les systèmes religieux ont pris la relève et se sont installés subtilement dans notre vie. Encore une fois, sous le prétexte de la sagesse de l'autorité, on nous disait quoi penser, qui croire, qui suivre et aussi qui châtier. Par contre, personne ne nous laissait le loisir de décider par nous-mêmes ce qui était bon ou non pour nous. Aussitôt qu'un petit futé cherchait à regarder derrière le voile de la vérité établie afin d'en savoir plus, on lui clouait le bec avec le principe du mystère et avec des phrases comme : « De toute façon, tu ne pourrais pas comprendre », ou du fameux « Tu n'es pas prêt ».

Pour appuyer leurs dires, les supposés porteurs de Vérité du temps n'avaient qu'à citer un verset tiré d'un livre sacré. Et vlan ! plus de discussions ! Rentre dans le rang, mon vieux, et tais-toi, car c'est la parole de Dieu. Comme si Dieu avait besoin d'écrire des livres pour nous expliquer le fonctionnement de son plus précieux cadeau : la VIE. Est-ce que les oiseaux ont besoin d'un manuel d'instructions pour apprendre à voler et pour se nourrir ? Pourquoi l'homme, supposément plus intelligent, en aurait-il besoin, lui ? Je ne dis pas qu'il faille renier notre passé religieux. Bien au contraire, car cette période d'apprentissage est nécessaire à l'humain pour lui permettre d'établir les bases de sa future maison. Lorsque ces bases seront assez solides, ce sera pour lui le signe qu'il pourra commencer à bâtir quelque chose dessus : mais cette fois, ce sera son propre édifice.

C'est à peu près à ce moment que le chercheur s'éveille à autre chose, à l'ésotérisme, à la recherche de l'absolu, à l'extraordinaire. Encore là, il attirera des maîtres, mais des maîtres du surnaturel qui lui enseigneront toutes sortes de techniques pour développer ses facultés *psi*, sortir de son corps, devenir clairvoyant. Il apprendra à méditer et s'encombrera parfois de rituels multiples et compliqués pour pouvoir s'élever spirituellement. Cette période de découvertes sera formidable pour lui, mais il n'en demeurera pas moins un disciple. La preuve, c'est que dès qu'il ne sera plus sous la surveillance ou la supervision de ses enseignants, l'élève aura l'impression qu'il n'apprend rien et que ses pas se sont arrêtés. Dans cette relation maître-disciple qu'il a toujours connue, il avancera quand même, lentement mais sûrement, jusqu'au jour où son Esprit l'incitera à faire un grand saut et à découvrir un monde différent, celui de la spiritualité.

Encore là, le chercheur reproduira le même modèle, mais sous un autre aspect. Les enseignants ésotériques seront remplacés par des maîtres spirituels, des gurus, des sages. Comme par hasard, plusieurs de ces enseignants spirituels déclareront en toute honnêteté, du haut de leur trône doré, qu'un disciple aura toujours besoin d'un maître pour évoluer. Sinon, il risque de demeurer dans la stagnation. Vous voyez ? On retrouve encore et toujours cette même idée de soumission qui, depuis que le monde est monde, mène le bal. Les autorités spirituelles cultivent inlassablement chez leurs disciples le besoin viscéral d'être guidés. Certains gurus sont élevés au rang de dieux par leurs élèves. On les adore, on les met sur un piédestal, on les vénère, on ne met jamais leur parole en doute, au risque d'être pointé du doigt et rejeté par le reste du troupeau. Souvent, c'est le maître lui-même qui n'admet pas la dissidence. En fait, il sait très bien que c'est lui qui détient les titres de noblesse, pas ses ouailles. Et il en profite.

Un jour, envahi par un désir insatiable d'autonomie, je me suis demandé : « Serai-je, moi aussi, à la solde de mes maîtres, aussi sages soient-ils, pour le reste de ma vie ? Et eux, pourquoi n'ont-ils pas besoin de maître pour poursuivre leur évolution ? » Cette dernière question m'a propulsé à l'intérieur de moi-même et a déclenché le processus de recherche de MA propre maîtrise. C'est à ce moment-là que ma vie de disciple s'est arrêtée et que j'ai décidé de cesser de suivre, pour commencer enfin à « être ».

Lorsqu'on se pose sincèrement la question « Vais-je demeurer disciple toute ma vie ? », on se retrouve dans un cul-de-sac. Tout se met à basculer en nous comme autour de nous. Cette question existentielle nous conduit rapidement au pied d'une marche si haute qu'on peut à peine en voir le dessus. C'est comme un mur gigantesque qui se dresse devant nos yeux et qui nous paraît impossible à escalader, surtout avec le poids que l'on porte sur nos épaules. En effet, si on jette un regard derrière soi, on s'aperçoit que l'on porte depuis longtemps un énorme et lourd baluchon, rempli à ras bord des précieuses valeurs intellectuelles que l'on a acquises de nos maîtres d'antan.

Cet encombrant havresac est constitué de l'ensemble des croyances, préjugés, interdits, rituels, techniques et connaissances que l'on a glanés ici et là depuis qu'on est jeune. Tous ces éléments y sont entassés, avec toutes ces bases que l'on a acceptées comme étant des vérités absolues. À la longue, notre cerveau s'est alourdi de toutes les notions mentales qu'on y a accumulées. Et alors, au pied de ce mur infranchissable qui marque une période charnière de notre évolution, on se rend compte que c'est justement cette lourdeur intellectuelle qui nous empêche de monter plus haut. S'agit-il d'une impasse fatale ? Que faire ? Est-ce que tout s'arrête là ? Serait-ce la fin du voyage ?

En désespoir de cause, notre regard se lève une dernière fois vers le ciel et se pose tout en haut, sur le palier inatteignable. Un être y est assis paisiblement, les jambes pendantes ; il a l'air de s'amuser et il semble aussi nous attendre. Ce personnage est si attirant, autant par sa jeunesse de cœur que par la sagesse qui émane de lui, qu'on voudrait trouver l'énergie nécessaire pour bondir tout de go jusqu'à lui et le rejoindre. Mais le mur est beaucoup trop haut pour qu'on puisse l'escalader en toute sécurité, surtout avec ce baluchon encombrant qui est encore solidement accroché à nos épaules.

« Eh oh ! nous lance le mystérieux personnage du haut de sa marche. Mets ton baluchon par terre, monte dessus, et viens me rejoindre dans le monde de l'Esprit. » L'idée est bonne. Allez, hop ! On dépose le sac, on grimpe dessus, puis un petit effort, et nous voilà propulsés sur cette nouvelle terre qui, il y a quelques instants, nous paraissait inaccessible.

Tout est joyeux sur ce palier de l'Esprit, tout est beau et infini, d'un calme apaisant. Mais le problème, c'est qu'on n'y voit pratiquement personne d'autre que notre hôte qui, lui, se contente de nous regarder. Est-ce bien ici le royaume de la solitude ? Pourquoi est-ce que je me sens si seul et en même temps complètement entouré ? « Te voilà dans mon monde, nous dit notre hôte. Bienvenue chez moi, et chez toi si tu le veux. Je serai ton maître pour un certain temps et tu seras le mien. Car ici, dans le royaume de l'Esprit, il n'y a plus de disciples, seulement des maîtres. Des maîtres de leur vie, entendons-nous bien, qui s'aident mutuellement, chacun à leur façon... »

Lorsque j'ai vécu cette expérience, que je vous ai présentée de façon imagée pour que vous puissiez en saisir l'essence, mon premier réflexe a été de demander à mon hôte de m'aider à remonter mon baluchon de connaissances que j'avais laissé en bas, afin de pouvoir continuer mon cheminement spirituel avec tous mes précieux acquis. Un sourire au coin des lèvres, il me dit à la rigolade : « Tu n'as rien compris ou tu fais semblant d'être idiot ? Si tu décides de rester avec moi, il te faudra abandonner derrière toi toute cette lourdeur intellectuelle qui t'empêchait de monter jusqu'ici. Tu devras mettre en veilleuse tout ce que tu as appris, tout ce qu'on t'a imposé et tout ce que tu as considéré comme faisant partie de la Vérité. Tu repartiras alors à zéro, nu comme un ver, aussi nu que lorsque tu es arrivé sur la Terre à ta naissance. »

J'hésitai un instant – mon instinct de survie se manifestait et je commençais à ne plus aimer autant l'expérience. Mais cette hésitation fut de courte durée et mes défenses se sont vite estompées. Je ne pouvais résister au défi qui m'était proposé. J'acquiesçai à cette requête et consentis à laisser en bas mon baluchon désormais inutile, me consolant à la pensée qu'il allait peut-être servir à d'autres. Le petit homme me demanda alors d'un air presque solennel : « Est-ce que tu acceptes que ta vie change du tout au tout ? Tu sais, André va mourir. Un nouvel André va naître, mais ça ne se fera pas sans douleur, je te préviens. »

Un oui sans équivoque sortit de ma bouche sans que j'aie même pensé à le prononcer. Un oui retentissant, le oui le plus engageant de toute ma vie. Je ne l'ai jamais regretté.

C'est à vous, et à vous seul, qu'il appartient maintenant de répondre à cette même question que je vous pose à mon tour. Prenez tout votre temps pour le faire. Réfléchissez-y longuement au besoin, et prenez soin de relire attentivement les petits caractères dont je vous ai parlé au début de ce chapitre. Êtes-vous prêt à changer de vie ? Si oui, allons-y ensemble.

Durant un certain temps, je vous servirai de compagnon de route. Puis, lorsque vous aurez assez confiance en vous, vous pourrez continuer votre périple seul avec, comme unique guide, l'Esprit qui vous habite et qui vous aime le plus au monde. Un jour, vous accueillerez à votre tour un apprenti maître, et vous lui poserez la même question. Ainsi va la vie, de maître en maître.

Et maintenant, que le voyage commence…

LE MAÎTRE ET SON ESPRIT

Prenons quelques instants pour bien définir le terme « Esprit », que j'utiliserai à maintes reprises tout au long de ce livre. Les humains que nous sommes sont constitués de trois parties : l'âme, le corps et l'Esprit – on reconnaît ici la Trinité. L'âme est la partie divine qui, de la naissance jusqu'à la mort, anime notre corps. C'est donc elle qui nous alimente continuellement en énergie. Sans l'âme, le corps demeurerait sans vie, endormi. Cette énergie qu'est l'âme est divine et, par conséquent, infinie et dotée d'une puissance sans borne. Mais, protesteront certains, si cette essence divine est si forte, pourquoi sommes-nous tout de même malades ? Pourquoi mourons-nous ? Uniquement parce que nous ne savons pas que nous sommes divins. Parce que telle est notre volonté et telle est notre conviction. Parce que nous ne reconnaissons pas cette force en nous.

Notre ignorance à ce sujet a comme résultat que nous n'utilisons qu'un infime pourcentage de la puissance de notre âme. D'aucuns prétendent même que nous ne nous servons que de dix pour cent de la capacité de notre cerveau. C'est là qu'est emmagasiné ce qu'on appelle communément l'instinct de survie. On a inculqué à la plupart d'entre nous que Dieu était un Être extérieur à nous et que nous n'étions pas dignes de Le recevoir. Que nous n'étions rien que de minuscules créatures sans aucune emprise sur leur propre vie. Vous admettrez que, dans ces conditions, il est difficile d'admettre du jour au lendemain que nous puissions être remplis de Dieu, être même une partie de LUI ! Tout un saut à exécuter, n'est-ce pas ?

Pourtant, tout cela est vrai. L'âme loge bel et bien en nous, en un endroit bien précis dans notre poitrine, mais cet endroit est différent d'un être à l'autre. Vous êtes curieux ? Vous voulez savoir quel est cet endroit ? Je vous propose l'exercice suivant pour le découvrir. Pointez votre annulaire – gauche ou droit, ça n'a pas d'importance – vers le haut et demandez-vous « Qui suis-je ? ». Sans trop y penser, répondez « Je suis moi » en laissant votre doigt se placer de lui-même sur votre poitrine. Votre annulaire va alors indiquer un point précis, quelque part entre votre ventre et vos épaules. Laissez-le là quelques instants. Appliquez ensuite un peu de pression et vous remarquerez qu'une certaine sensibilité s'y crée. Eh bien, c'est là que se trouve votre âme, exactement à cet endroit. C'est là que se trouve le plus puissant générateur d'énergie de tout l'univers. Et vous l'avez en vous ! Épatant, n'est-ce pas ?

Cette âme dont je parle est réelle et matérielle. Dans un livre ancien, la *Bhagavad-Gita*, on décrit ainsi la dimension de l'âme : « Lorsque l'on sépare la pointe d'un cheveu en cent parties, qu'on divise à leur tour en cent parties, on trouve la mesure de l'âme. Il existe d'innombrables atomes spirituels, ayant chacun la taille d'un dix millième de la pointe d'un cheveu. L'âme distincte est donc un atome spirituel, plus fin que les atomes matériels. Et il existe un nombre infini de ces atomes spirituels. Cette minuscule étincelle est le principe vital du corps matériel, où son influence est partout répandue, comme celle d'un médicament. La conscience se manifeste en exerçant ainsi son influence dans tout le corps ; elle est la preuve de la présence de l'âme, qui est sa source. » (*La Bhagavad-Gita telle qu'elle est*, de A.C. Bhaktivedanta)

Le deuxième élément, le corps, lui, on le connaît bien. C'est le véhicule que l'âme a choisi d'alimenter. Dès qu'il reçoit l'âme en lui, le corps prend vie et est entièrement investi de son énergie. Le corps peut se comparer à une automobile dont l'âme serait le carburant, un carburant disponible en quantité infinie. Imaginons maintenant que le réservoir à essence de ce véhicule (le corps) n'a jamais besoin d'être rempli car il est directement connecté à la pompe : Dieu. Voilà une image très explicite de l'interaction du corps avec l'âme. Les deux sont étroitement liés et ils ont besoin l'un de l'autre. Sans l'âme, le corps serait un véhicule vide, sans vie. Et l'âme qui n'aurait pas de corps à alimenter de son énergie demeurerait stagnante, sans utilité.

Voilà donc les deux premiers constituants de l'être humain : le corps et l'âme. Mais ne manque-t-il pas un troisième élément ? Vous aurez beau posséder une magnifique automobile, garée dans votre cour et remplie d'essence jusqu'au bouchon, si personne ne se met au volant et n'en actionne le moteur, elle ne servira à rien. Cette troisième composante dont il est question, c'est l'Esprit, le conducteur. C'est lui qui, à notre naissance, s'installe au volant de notre véhicule corporel et c'est lui qui tourne la clef aussitôt que l'âme lui a donné vie. C'est lui également qui en dirigera le cours tout au long de notre existence, nous orientant vers les directions propices à l'expérimentation dont il a besoin pour son évolution.

Au fur et à mesure de notre cheminement, notre Esprit communique avec nous par différents moyens, le plus connu étant l'intuition. Il nous guide du mieux qu'il peut, au gré évidemment de notre ouverture d'esprit et de notre degré de réception. En fait, ce qu'on appelle fièrement le libre arbitre correspond à notre capacité et à notre volonté d'écouter ou non notre Esprit.

Celui qui est maître de sa vie est pleinement conscient que c'est l'Esprit qui évolue à travers lui, qu'il n'est que son véhicule d'évolution, vous comprenez ? Notre Esprit a choisi un corps, le nôtre, pour parfaire son évolution et élever son niveau de conscience. Il a donc besoin de nous pour pouvoir expérimenter la vie sous toutes ses formes. Grâce à nous, il peut mordre à belles dents dans chaque instant d'existence que nous lui offrons. C'est avec nous qu'il veut grandir, c'est grâce à nous qu'il peut conduire une automobile, faire l'amour, ressentir la peur et, pourquoi pas, la transcender. À travers notre corps de chair, notre Esprit peut sentir l'air pur de la mer, il peut s'y baigner et goûter la joie d'exister. En fait, l'Esprit n'a qu'un seul et unique but en s'incarnant : expérimenter sa divinité dans un corps de chair. Et nous sommes le seul à pouvoir lui offrir ce cadeau.

L'Esprit ne désire pas la souffrance, oh non ! Mais si le corps (l'ego) en décide autrement, il acceptera volontiers celle-ci comme un moyen de parfaire son évolution. Tout ce qui compte pour l'Esprit, c'est l'expérience, qu'elle soit vécue dans la souffrance ou dans la joie. L'Esprit se pliera aux volontés de l'ego, car le libre arbitre accordé à l'être humain lui permet d'évoluer dans la joie ou dans la peine.

L'Esprit possède aussi un nom. Selon notre degré de réceptivité, il peut nous révéler ce nom dans un rêve ou par un autre moyen, comme la clairvoyance, l'intuition, etc. Il attendra par contre qu'on le lui demande. Quant à moi, j'ai préféré lui en donner un moi-même. C'était plus simple ainsi, et j'adore la simplicité. Je me suis réveillé un matin et j'ai dit à mon Esprit qu'à partir de ce jour, j'allais le nommer Frédéric (Fred pour les intimes). Je l'ai entendu rire, c'était bon signe. Une chose est claire, c'est que notre Esprit profite autant de nous que nous de lui. Si je permets à Fred de vivre à travers moi et de connaître la vie grâce à mes sens, je profite en retour de toute la sagesse qu'il a acquise au cours de ses précédentes incarnations.

Plus le temps passe, plus on est copains, lui et moi, et plus je deviens un avec lui. Cette fusion, je la sens qui s'installe, surtout lorsque je suis bien centré, en paix avec moi-même, et que mes idées sont claires. Actuellement, cela ne se produit que quelques secondes à la fois, parfois quelques minutes. Avec le temps, ces secondes et ces minutes deviendront des heures, des jours, des semaines. Quand j'aurai complètement accepté la présence de mon Esprit en moi, quand je m'y serai abandonné corps et âme, nous fusionnerons entièrement et deviendrons un. La prochaine étape consistera à suivre le même processus, avec notre âme cette fois, mais ce n'est pas pour demain. N'allons pas trop vite, on risque de se perdre.

Finalement, lorsque le corps ne sera plus apte à offrir à l'Esprit le véhicule d'expérimentation adéquat pour ses besoins, ce dernier s'en détachera. Ce sera la mort du corps physique – la disparition d'une seule partie de la « Trinité ». C'est le corps, le maillon le plus faible mais aussi le plus utile, qui se retire – situation paradoxale s'il en est. Éventuellement, l'Esprit se prendra ensuite un autre véhicule pour continuer d'avancer sur l'interminable route de l'évolution. Ainsi va la vie !

Le contact intime avec notre Esprit est donc la première étape à franchir pour atteindre la maîtrise de soi. L'Esprit devient alors notre seul et unique maître. Auparavant, c'était notre mental qui jouait ce rôle. C'est lui qui menait le bal et il ne se laissera pas déloger sans réagir. Oh non ! Il se battra jusque dans ses derniers retranchements. Et il sortira *in extremis* son arme la plus redoutable : le doute. L'ego, c'est aussi notre mental qui cherche à tout diriger. C'est lui qui nous fait vivre émotion par-dessus émotion, qui nous ballotte sans pitié entre le passé et le futur, nous laissant le moins possible l'occasion de vivre dans le présent. Pourquoi ? Parce que le présent, c'est le domaine sacré de l'Esprit. Lorsque nous réussissons à nous y terrer, l'ego n'a d'autre choix que de capituler momentanément et de se taire.

C'est également l'ego qui se met à la recherche de maîtres érudits pour satisfaire son besoin d'apprendre et pour nourrir son mental assoiffé de connaissances intellectuelles. C'est pourquoi il accepte volontiers et avec humilité de devenir disciple, pour autant que sa soif de savoir soit étanchée.

Pour l'Esprit, c'est tout le contraire qui se produit. Il n'a pas de temps à consacrer à apprendre, car il sait déjà tout ! Ce qu'il désire, par contre, c'est de mettre son savoir en pratique. Il n'a dès lors rien à prouver aux autres. Il se contentera plutôt d'« être », de vivre pleinement, si l'ego le lui permet. C'est pourquoi les authentiques maîtres de leur vie ne tenteront jamais d'épater la galerie en étalant leurs connaissances sur la place publique. Il leur arrivera de témoigner de ce qu'ils savent et de discuter de ce qu'ils sont, mais ce sera simplement pour donner à ceux qui les côtoient le goût de les suivre et de faire comme eux. En Esprit, nous savons TOUT ! Hélas, c'est un secret bien gardé et plusieurs prétendus maîtres ne veulent pas le dévoiler à leurs disciples, car en redonnant à ceux-ci la responsabilité de leur vie, les maîtres perdraient leur raison d'être.

EXERCICE D'INTÉGRATION
DE L'ESPRIT

J e vous propose ici de vous accorder un moment privilégié durant lequel vous inviterez votre Esprit à venir s'installer à demeure à l'intérieur de vous. « Mais n'est-ce pas déjà le cas ? », me demanderez-vous à juste titre. Pour la plupart d'entre nous, l'Esprit se trouve à l'extérieur. Il nous enveloppe comme une bulle. C'est d'ailleurs l'une des raisons pour lesquelles nous sommes naturellement portés à utiliser des moyens externes (clairvoyants, prêtres, gurus, etc.) pour prendre contact avec lui. Il est évident que si l'Esprit est en nous, nous n'avons plus besoin d'intermédiaires pour le contacter.

La maîtrise de soi exige donc que nous permettions à l'Esprit de nous habiter autant à partir de l'intérieur que de l'extérieur. Pour ce faire, installez-vous dans un endroit calme et assoyez-vous confortablement ou étendez-vous sur le dos, puis fermez les yeux. De la façon qui vous est la plus familière (détente, méditation, yoga, etc.), laissez-vous glisser dans un état de relaxation. De nombreuses méthodes existent à cet effet, par exemple : suivre les mouvements de va-et-vient de sa respiration, se centrer sur le moment présent, écouter de la musique douce, etc. À vous de choisir ce qui vous convient le mieux.

Lorsque vous serez bien détendu, demandez, dans vos mots, à votre Esprit de venir se placer juste au-dessus de votre tête. Visualisez-le en train de prendre forme et couleur. Admirez son visage radieux, s'il en a un, goûtez la chaleur de son sourire, savourez sa luminescence et sa pureté.

Une fois que le contact sera bien établi, passez à la seconde étape et demandez-lui son nom. Prenez tout votre temps, vous n'êtes pas pressé. Si vous n'entendez ou ne ressentez rien, ne vous en faites surtout pas. C'est votre mental qui tente de créer des attentes pour vous détourner de votre but. Ne vous laissez pas distraire et continuez l'exercice. Si aucun nom ne survient pour l'instant, donnez-en un vous-même à votre Esprit. Parlez-lui comme à un nouveau copain. Écoutez ce qu'il a à vous dire ou contentez-vous de ressentir sa présence au-dessus de vous.

Après avoir fait plus ample connaissance ou lorsqu'il vous le dira, invitez votre Esprit à entrer en vous par une porte située au-dessus de votre tête, dans ce corps qui deviendra désormais sa maison. Que vous le sentiez ou non, n'ayez aucun doute quant au processus qui est en cours : l'Esprit est véritablement en train d'entrer en vous. Ne craignez rien de lui ou de ce que vous pouvez ressentir, car c'est l'Être qui vous aime le plus au monde. Jamais il ne voudrait vous faire le moindre mal, vous faire peur ou vous nuire de quelque façon que ce soit.

Certains ressentiront fortement sa présence en eux la première fois qu'ils feront cet exercice ; d'autres, peu ou pas du tout. Ne vous arrêtez pas aux sensations. Elles n'ont pas d'importance, même si elles sont très agréables et émouvantes lorsque vous en éprouvez. À partir de ce moment magique, l'Esprit amorcera à son rythme, donc au vôtre – souvenez-vous qu'il est « vous » – sa descente dans votre corps. Il s'arrêtera tout seul, au bon moment.

L'Esprit ne veut rien hâter, il a tout son temps. Chez certaines personnes, il pourra s'immobiliser momentanément au niveau des épaules ; chez d'autres, ce pourra être à la hauteur de la poitrine. Chez les personnes dont le canal est bien dégagé, il descendra presque instantanément jusqu'au bout des orteils. Tout dépend de votre ouverture d'esprit ainsi que de l'état de votre corps.

Ce n'est qu'après avoir pris le temps de savourer cette expérience dans sa totalité que vous sentirez le besoin de revenir à vous. Allez-y lentement. Bougez les doigts et les orteils, puis ouvrez les yeux en saluant votre Esprit qui est maintenant EN vous. Revenez à la vie, car la vie continue.

Quelques personnes pourront alors ressentir un état d'extase ou d'inquiétude : tout cela est absolument normal. N'entrez pas dans l'émotion inutilement. Laissez couler librement le flot d'énergie qui circule en vous. Suivez la vague sans vous battre contre elle. Restez assis ou étendu le temps qu'il faudra et parlez, consciemment cette fois, avec cet être merveilleux que vous venez d'accueillir. Si vous sentez que vos jambes sont plutôt molles, si vous êtes dans un état de passivité ou si vous avez de légers étourdissements, laissez-vous aller. Le temps arrangera tout. C'est que l'Esprit s'habitue à sa nouvelle demeure, celle qu'il enveloppait auparavant de l'extérieur, mais dont vous venez cette fois de lui ouvrir gentiment la porte.

Quand vous vous sentirez bien, levez-vous très lentement et reprenez votre train-train quotidien. Si vous passez devant une glace, arrêtez-vous quelques instants et félicitez-vous de ce que vous venez de faire. Vous venez de donner un superbe élan au processus de maîtrise de votre vie. Souriez et observez le nouvel éclat de vos yeux. Ainsi, vous ne serez pas surpris lorsqu'on vous le fera remarquer… Consacrez les journées qui vont suivre à faire connaissance avec votre nouveau compagnon de vie, avec votre Esprit, votre complice et maître qui deviendra de plus en plus « vous-même » ! Attendez-vous par contre à ce qu'il vous incite bientôt à faire le grand ménage en vous, et cela sur tous les plans. Vous comprendrez alors le véritable sens de l'expression : « Un Esprit sain dans un corps sain ».

Un guerrier de la lumière s'applique à un puissant exercice de développement intérieur : il prête attention aux gestes qu'il accomplit machinalement – comme respirer, cligner des yeux ou observer les objets autour de lui.

Il le fait toujours quand il se sent confus. Ainsi, il se libère des tensions et laisse son intuition agir plus librement – sans qu'interfèrent ses peurs ou ses désirs. Certains problèmes qui semblaient insolubles finissent par se résoudre, certaines douleurs qu'il jugeait insupportables se dissipent spontanément.

Quand il doit affronter une situation difficile, il utilise cette technique.

Paulo Coelho

L'EXPANSION
DE LA CONSCIENCE

Après avoir vécu une grande partie de notre existence dans le monde de l'émotion puis dans celui du mental, nous élevons notre niveau de conscience pour toucher enfin au monde de l'Esprit. Comme nous l'avons vu au tout début dans la partie consacrée aux petits caractères de notre contrat avec la vie, nous attirons parfois l'intolérance des autres. Pourquoi en est-il ainsi ? Pourquoi, alors que nous goûtons enfin le bonheur d'être nous-mêmes, nous retrouvons-nous aux prises avec l'incompréhension de ceux qui se proclamaient pourtant nos meilleurs amis ? Pour quelles raisons y a-t-il tous ces jugements à notre endroit, au moment même où nous nous jugeons nous-mêmes de moins en moins ?

Tous ceux qui ont entrepris un travail de maîtrise de soi se sont retrouvés, un jour ou l'autre, devant ce genre de questionnement. Pourquoi ? Parce que notre démarche nous éloigne de plus en plus de la réalité des autres et nous amène plutôt à chercher la nôtre et à nous y installer d'emblée pour y grandir. Lorsque nous décidons de devenir maîtres de notre vie, nous enclenchons automatiquement un processus au cours duquel notre conscience commence à se dilater et à s'étendre vers l'extérieur. Au fur et à mesure que cette expansion se poursuit, notre bulle s'élargit et se met de plus en plus à toucher, puis à englober celle des autres. De sorte que les gens qui sont habitués à nous voir d'une certaine façon se sentent parfois agressés par notre nouvelle énergie en pleine expansion. Cette énergie, qui leur est totalement inconnue, les surprend et les dérange.

Jusque-là, nous nous contentions d'être pour eux des amis compatissants qui cherchaient à leur plaire pour être aimés en retour. Mais au moment où l'on commence à s'aimer vraiment et à se prendre en charge, il nous est impossible de suivre la masse et de se conformer à l'image de ce que la société attend de nous. Sans en prendre vraiment conscience, nous dérangeons notre entourage avec nos prises de position tranchées, et notre changement d'attitude ne cadre plus avec les normes généralement admises.

Auparavant, nous suivions le troupeau sans broncher. On n'ennuyait personne avec nos prises de position à contre-courant. On se contentait de suivre nos maîtres, c'était facile et pratique. Mais là, tout change. On ne peut plus faire comme avant et on s'éloigne résolument de la horde. Sur son passage, notre autonomie sans cesse grandissante provoque autour de nous la déroute et l'insécurité. D'ailleurs, si nous décortiquons le mot « déranger », nous obtenons DÉ-RANGER : sortir du rang.

Au fil des ans, les humains se sont façonné un système de croyances auquel ils s'attachent mordicus, bien souvent jusqu'à la fin de leurs jours. Si vous leur demandez pourquoi ils croient en Dieu, pourquoi ils vont à la messe, pourquoi ils exécutent leurs rituels quotidiens, pourquoi ils mangent tels aliments, pourquoi ils les préparent toujours de la même façon, la plupart vous répondront qu'ils n'en savent rien, qu'ils ont appris que ça se faisait comme ça, point à la ligne. Pas de discussion, on passe à un autre appel ! Réalisez-vous tout ce que vous faites uniquement parce que vos parents, vos enseignants et la société en général vous ont dit que cela devait se faire ainsi ?

Lorsque nous élevons notre conscience et devenons maîtres de notre vie, nous sommes amenés à remettre en question nos croyances d'antan. Et il s'écoule peu de temps avant que nous rejetions celles qui sont devenues limitatives, qui n'ont plus d'utilité ni de raison d'être dans notre nouvelle vie. Tout un ménage, je vous le garantis ! Un peu comme si l'on abordait des études universitaires, tout en voulant conserver nos manuels de première année. Ça n'aurait pas de sens, n'est-ce pas ?

À ce degré de maîtrise, le langage et les attitudes infantiles ne nous excitent plus du tout. Au contraire, ils nous horripilent. Nous nous efforçons d'élargir nos horizons et de devenir enfin des adultes conscients. Et si nous regardons autour de nous, nous ne voyons que des enfants qui se prennent pour des adultes, des enfants qui s'accrochent désespérément aux jupes et aux basques de leurs parents.

Nous sommes sidérés de constater que les humains en général ont toujours besoin d'une autorité paternelle, religieuse ou gouvernementale pour les réconforter et pour leur dire ce qu'ils doivent faire ou ne pas faire. Ce monde enfantin que nous laissons derrière nous ne nous intéresse plus. Nous sommes constamment poussés par notre Esprit à sortir de la masse, mais cette dernière veut nous ramener à tout prix dans le rang, dans « le droit chemin », son chemin !

Déranger (dé – ranger) quelqu'un, c'est donc le faire sortir momentanément du rang qu'il a toujours occupé, pour lui présenter une autre réalité, la nôtre. Une réalité beaucoup plus large, mais combien plus insécurisante ! L'insécurité, c'est la crainte de ce que l'on ne connaît pas... Ce dérangement peut provoquer deux choses : soit que la personne dérangée nous condamne et, chavirée par ses peurs, retourne sagement dans le rang, soit, au contraire, qu'elle soit attirée par notre énergie nouvelle et qu'elle sente le besoin de s'extirper de sa prison dorée pour devenir peu à peu comme nous, libre de sa propre pensée.

Si vous lisez ceci, c'est probablement que vous appartenez à la dernière catégorie, que vous êtes prêt à élargir votre conscience, si ce n'est déjà fait. Alors, continuons notre voyage...

LA RÉALITÉ DIFFÈRE
DE L'UN À L'AUTRE

L'aspirant maître de sa vie se retrouve de plus en plus confiné dans sa solitude, et vous commencez sûrement à comprendre pourquoi. À mesure qu'il accepte de ne pouvoir changer personne d'autre que lui, à mesure qu'il admet que chacun vit dans sa propre réalité, il devient de plus en plus silencieux et solitaire, incompris, et parfois même rejeté par son entourage. Pour bien comprendre ce qui se passe quand on parle de réalité différente de l'un à l'autre, imaginons un immense ballon sphérique à l'intérieur duquel se déroulerait toute notre existence. C'est là que nous vivons, c'est notre univers à nous.

Au milieu de cette sphère se trouve un appareil qui projette sur la surface intérieure de la bulle le film de notre vie. Ce projecteur, vous l'avez sûrement deviné, c'est notre âme. Nous faisons partie de chacune des images projetées dans cette salle de cinéma à trois cent soixante degrés. En haut, en bas, à gauche, à droite, tout se déroule en même temps et dans un parfait synchronisme. Nous sommes l'acteur principal de ce film et nous nous retrouvons par conséquent dans toutes les scènes. C'est NOTRE scénario à nous, pas celui des autres. C'est nous qui rions, souffrons, jouons notre rôle du mieux que nous le pouvons. Et le plus formidable dans tout cela, c'est que notre performance est toujours parfaite, sans faille.

Alors pourquoi se juger ? Comme tout bon acteur consciencieux, nous faisons tout simplement de notre mieux.

Pour résumer, disons que la bulle est notre univers particulier, tandis que le projecteur correspond à notre âme, qui fournit l'énergie à tout ce qui est projeté. Nous – notre ego – sommes l'acteur principal, le jeune premier que l'on retrouve dans toutes les scènes sans exception, celui qui dénoue habilement les intrigues, qui affronte tous les problèmes. Le scénario est bâti autour des schémas de pensée précis qui nous sont propres : nos croyances profondes, nos préjugés, nos règles et notre morale. Ce sont nos idées qui sont à la base du film. Dans la salle de projection, il y a un spectateur, un seul, et c'est évidemment notre Esprit. Il regarde avec neutralité l'histoire rocambolesque qui se déroule sous ses yeux. Il le fait sans émotion, sans jugement. Il profite plutôt de l'expérience acquise au gré de nos gestes, de nos décisions. Rien qu'à nous voir agir et réagir, il grandit. Et il nous aime parce que nous lui donnons cette chance.

Notre Esprit se nourrit de notre vécu. Il apprend autant de nos joies que de nos peines, de nos succès que de nos échecs. En fait, il tire des leçons de TOUT ce que nous vivons, et cela sans jugement ni condamnation. Il nous accepte comme nous sommes, car c'est pour cela qu'il nous a choisis.

La bulle, la salle de projection, c'est notre réalité. Une réalité différente pour chaque humain vivant sur la planète. Il y a donc autant de bulles qu'il y a d'humains, donc autant de vérités qu'il y a de réalités. Élargir sa conscience, c'est d'abord admettre humblement que chaque être sur la Terre vit dans son propre monde. Un être inconscient qui ne sait pas cela jugera rapidement et selon ses propres critères les actions d'autrui qui ne sont pas conformes à sa propre réalité. Il croira fermement que tout ce qui est vrai pour lui l'est également pour les autres. Jamais, au grand jamais, il n'admettra que deux vérités complètement opposées puissent être toutes les deux vraies. Mais pour l'être conscient, ce sera le cas. Si vous saisissez cette notion, vous cesserez immédiatement de juger et votre attitude vis-à-vis des autres se transformera du tout au tout.

Enfermé dans sa bulle, l'être inconscient condamne sans pitié les agissements d'autrui qui sont incompatibles avec sa façon de voir les choses. C'est malheureusement le lot d'une grande partie de l'humanité, de la plupart des grandes religions, partis politiques, groupes sectaires et prétendus maîtres de ce monde. C'est à nous de défaire ce cercle vicieux de l'ignorance en démontrant plus de tolérance envers ceux qui sont différents de nous. Agrandissons notre bulle au lieu de chercher, comme avant, à la rendre hermétique.

LES COUPLES,
DES RÉALITÉS QUI SE CROISENT

Les affinités entre les différentes bulles ou réalités – ce qu'on appelle, entre autres, les atomes crochus – expliquent la formation et la dissolution des couples. Si deux personnes se rencontrent et décident de faire un bout de chemin ensemble, c'est qu'au moment où elles se sont rencontrées, leurs bulles respectives contenaient des éléments communs qui cherchaient à se compléter. Ainsi partageront-elles leurs réalités mutuelles pendant une certaine période, jusqu'à ce que ces réalités commencent à s'éloigner l'une de l'autre, qu'elles deviennent incompatibles et ne puissent plus rien s'apporter. Cela explique peut-être les nombreuses séparations qui surviennent en cette époque où l'évolution est accélérée au maximum.

Si l'une des deux bulles se met un jour à empêcher l'autre de prendre de l'expansion, la cohabitation deviendra lourde et intolérable. Lorsque l'un des partenaires d'un couple devient un boulet pour l'autre, ce dernier étouffe. Son Esprit cherchera alors à se libérer par tous les moyens. Puis la bulle redevenue libre en attirera éventuellement une autre, plus conforme à ses aspirations.

Quels sont donc les effets immédiats de cette expansion lorsqu'elle se produit dans notre vie ? Quand nous devenons conscients que chaque être humain pense différemment et que chaque cerveau est géré par un système de croyances bien à lui, jamais totalement semblable à celui d'un autre, nous cessons peu à peu de juger les gens qui n'agissent pas selon notre éthique de vie et de blâmer les événements qui nous semblent injustes, selon nos propres critères. Certes, le maître peut constater les aléas causés par les différentes façons de penser, mais il ne perd jamais d'énergie à les juger ou à les condamner. Au lieu de cela, il s'affairera, petit à petit, à faire le tri dans ses anciennes croyances. Il les remplacera par d'autres, acquises à la suite de ses expériences à lui, pas avec celles des autres. Cette façon de faire lui apportera la sagesse et la véritable connaissance. Il cessera alors de croire et commencera plutôt à vivre. C'est ce qui fait la différence entre les gens dont on dit qu'ils sont dans leur tête et ceux qui sont dans leur cœur.

À mesure que l'être devient conscient que tout a sa raison d'être et que le mal comme le bien n'existent que dans sa façon d'interpréter les choses, son attitude change. Il cesse de juger et ce comportement, allié à sa curiosité d'esprit, fera en sorte que sa bulle se mettra à grossir, englobant peu à peu les autres bulles qui évoluent autour de lui. Au lieu de les combattre comme jadis, à cause de leurs dissemblances, il les regardera avec amour, il les verra vivre à leur façon et se nourrira plutôt des subtiles perles que chacune a à lui offrir.

Le maître s'ouvrira donc aux nouvelles façons de penser et aux réalités différentes de la sienne. En agrandissant sa bulle, il englobera graduellement celles de sa famille, de sa ville, de son pays, de son continent, de la Terre entière, puis de la galaxie. Ce mouvement d'élargissement de la conscience ne s'arrêtera jamais. Comme vous le voyez, il n'y a pas que les humains qui aient une réalité, les endroits aussi. Avez-vous remarqué que chaque lieu (village, ville ou pays) est imprégné d'une énergie particulière ? On se sent tout de suite très bien dans certains endroits, tandis que dans d'autres, on sait d'instinct qu'on ne pourrait jamais y vivre en harmonie. C'est simplement dû au fait que notre réalité ne correspond pas à celle du lieu en question. Le Canada, la France, la Colombie ou le Pakistan sont tous des coins de terre où les habitants ont des us et coutumes différents.

Lorsque nous élargissons notre conscience, nous devenons de plus en plus citoyens du monde. Au lieu de nous fermer aux autres, nous écoutons ce que les habitants de ces contrées lointaines ont à nous dire. Nous les aimons sans distinction de race ou de religion, sans les juger, peu importe ce qu'ils pensent ou les gestes qu'ils accomplissent.

Le maître de sa vie n'oublie jamais que même les plus infâmes malfaiteurs ont une âme et un Esprit divins en eux. Que leurs actions, même les plus odieuses et les plus condamnables ont un sens, dans l'optique de l'évolution de la planète, si on réussit à les voir avec les yeux de l'Esprit. N'oublions pas que ce n'est jamais l'Esprit mais l'ego qui se prend pour un magistrat et qui juge tout ce qu'il ne considère pas être à sa... hauteur.

Il est également intéressant de noter que chaque bulle possède sa propre notion du temps et de l'espace. Vous avez sûrement remarqué que pour une certaine personne ou dans certaines circonstances, une heure peut sembler une éternité, tandis que pour une autre, cela lui paraîtra une seconde. Pour un Canadien, un voyage de quatre ou cinq heures en automobile sera parfois considéré comme une petite promenade, tandis que pour un Français, la même distance sera vue comme tout un périple et demandera de longs préparatifs.

Devenir maître de sa vie, vous l'aurez compris, c'est avant tout agrandir sa bulle, élargir ses horizons, expansionner sa réalité et élever sa conscience. C'est cesser de considérer les gens qui pensent différemment de nous comme des adversaires potentiels qui cherchent une faille pour nous attaquer sur le terrain de nos croyances. C'est cesser de vouloir prouver quoi que ce soit à qui que ce soit. En tentant de le faire, on démontre notre étroitesse d'esprit et on s'illusionne en croyant que notre réalité est LA réalité.

Vous comprendrez alors que prétendre être le détenteur de la vérité est une attitude qui est complètement à l'opposé de la maîtrise tant recherchée par les véritables chercheurs de sagesse. Vous comprendrez aussi que tout ce que je vous dis actuellement est un reflet de ma propre réalité. Cette réalité n'est donc pas nécessairement conforme à la vôtre, et c'est très bien comme ça. Pour certains, ce que j'avance peut être considéré comme faux, parce qu'incompatible avec ce qu'ils vivent, et ils ont parfaitement raison.

Mon but n'est pas de vous convaincre, mais de vous proposer des parcelles de ma vérité à moi. Peut-être y trouverez-vous quelques pistes pour poursuivre votre route avec plus de conscience. Par la suite, vous ferez la même démarche que moi, mais avec les bulles en processus de recherche intérieure qui gravitent autour de vous. « Payez au suivant » sera votre consigne. Semez à votre tour, alimentez la chaîne de partage qui se forme entre ceux qui ont pour objectif de devenir maîtres de leur vie.

Il peut alors arriver qu'une bulle non consciente de « ce qu'elle est » vous juge sévèrement et trop rapidement si vous osez toucher à ce qu'elle possède de plus cher : sa réalité, son instinct de survie, si vous voulez. Car, pour plusieurs personnes, même si le sac de croyances qu'elles portent sur leurs épaules les rend malheureuses, la sécurité que ce sac leur apporte prend le dessus sur la souffrance qu'il engendre. Ce qui veut dire que nous ne devons jamais tenter de changer la réalité de quelqu'un d'autre contre son gré. Il est de loin préférable de passer notre chemin et de laisser certaines personnes s'engluer dans leur souffrance, car c'est ce en quoi ils croient. Vaut mieux s'occuper des êtres qui ont réellement besoin de nous, et vice versa.

L'ÉMOTION : UNE SIMPLE ÉNERGIE EN MOUVEMENT

Une des premières choses que j'ai apprises, lorsque je me suis ouvert au monde de mon Esprit, a été de reconnaître la véritable nature d'une émotion et de l'empêcher de m'empoisonner l'existence. Le maître de sa vie a abandonné derrière lui ses habits de victime et il ne se laisse plus emporter comme avant par ses vagues émotionnelles. Certes, il ressent encore des émotions – c'est la nature profonde de l'humain – et il en ressentira toujours, mais il en connaît désormais la source et la raison d'être. Il cessera donc tout simplement de les nourrir en leur donnant trop d'importance.

Une émotion, c'est comme un malfaiteur qui se présente à votre porte. Si vous le laissez entrer dans votre maison, et que vous prenez bien soin de lui en lui offrant à boire et à manger, en le gardant bien au chaud, en lui donnant tout ce qu'il désire, en vous occupant de lui comme s'il était votre grand ami, pensez-vous qu'il aura envie de s'en aller ? Assurément non, vous en conviendrez ! Par contre, si vous identifiez ce brigand dès qu'il tente de franchir le seuil de votre porte, que vous lui dites que vous connaissez tout de lui, son nom, son adresse et la raison de sa visite, en ajoutant que vous vous apprêtez à le dénoncer s'il fait un pas de plus, vous verrez qu'il déguerpira en moins de deux. Il en est de même pour les émotions. Plus on s'en occupe et plus on les nourrit, plus elles prennent racine en nous. C'est d'ailleurs l'aspect regrettable de certaines thérapies qui donnent à certaines personnes l'occasion de gratter leur « bobo » une énième fois, juste pour qu'on s'occupe d'elles. Encore ce désir d'être aimé, entouré et cajolé, peu importe le moyen utilisé.

Je ne dis pas que toutes les thérapies sont inutiles, bien au contraire. Elles sont parfois même essentielles pour cicatriser de vieilles blessures. Mais quand le processus de guérison est terminé, pourquoi faudrait-il revenir constamment en arrière et retoucher à une plaie pourtant guérie ? Le maître connaît ces choses pour les avoir vécues. C'est pourquoi il vit pleinement ses émotions quand elles se présentent. Puis il passe à autre chose dans les plus brefs délais, sans regarder en arrière.

QU'EST-CE
QU'UNE ÉMOTION ?

Une émotion, c'est simplement de l'énergie en mouvement. En anglais, on écrit *e-motion*, le *e* représentant l'énergie, et *motion* signifiant « en mouvement ». Donc, une émotion, c'est de l'énergie en mouvement ! Regardons maintenant comment elle se crée. Tout d'abord, il faut savoir que les énergies qui nous animent originent de la Terre. Notre planète est vivante, comme vous et moi et comme tout ce qui existe. La Terre vit, vibre, grandit, se transforme. Elle crache parfois sa colère par ses volcans ou nettoie sa peau par les tempêtes qui balaient sa surface. On entend parfois dire que la Terre est notre mère, et c'est effectivement le cas. Nous, les humains, agissons en tant que filtres pour cette énergie de la Terre qui monte et circule en nous. Nous faisons un avec notre Mère la Terre. L'énergie terrestre passe à travers nous, à partir de la plante de nos pieds, après quoi elle traverse notre corps tout entier, de bas en haut, pour terminer sa course en sortant par le dessus de notre tête. Elle poursuit alors sa route dans le cosmos.

Une personne bien centrée et en harmonie avec elle-même devrait servir de filtre entre la Terre et le ciel, sans bloquer le flux d'énergie qui y circule. Elle pourrait même se nourrir entièrement de cette énergie, sans avoir besoin d'alimenter son corps physique. Mais on n'en est pas encore rendu là… peu s'en faut.

Visualisons quelques instants la montée de cette énergie en nous. Imaginons que nous sommes heureux et que tout va bien dans notre vie. Mais voilà qu'un événement malheureux se produit ou qu'une pensée non harmonieuse nous atteint. Nous commençons à être perturbés. « Ah ! si tu crois que je vais lui pardonner à cet idiot-là, après tout ce qu'il m'a fait ! Si je l'attrape, il va savoir ma façon de penser... » Voilà donc une émotion qui prend maintenant naissance en nous. Le flot d'énergie qui circulait librement tout à l'heure se bute maintenant à une barrière dressée par notre mental, et c'est ce qui nous fait rouspéter, en extrapolant un peu.

Vous comprendrez plus facilement le processus en imaginant un couvercle de poubelle qui se referme au-dessus de notre tête sous l'effet de notre mental en ébullition et oblige ainsi l'énergie montante à retourner vers le bas. À cause de l'effet harassant de notre intellect, le flot énergétique s'est bloqué. L'énergie refoulée par l'émotion qui a été créée redescend donc, *ipso facto*, vers la terre. Mais celle-ci ne peut la reprendre. Elle donne, elle ne reprend pas. L'énergie n'a alors d'autre choix que de remonter en nous ; ce qui attise encore plus la colère et la frustration déjà bouillonnantes. Et le cirque continue !

Ce va-et-vient émotionnel se poursuivra de bas en haut et de haut en bas tant que le couvercle de poubelle ne sera pas soulevé pour laisser passer le tout. Sinon, toute l'énergie accumulée ira s'ancrer quelque part dans notre corps, ce qui provoquera des malaises, des maladies, de l'embonpoint, de la dépression, etc. Pour l'apprenti maître de sa vie, il s'agira d'apprendre à soulever graduellement le couvercle de la poubelle au-dessus de sa tête. Comment faire ? En regardant simplement passer l'énergie créée par l'émotion sans lui mettre de barrières, en la considérant comme une énergie en mouvement (*e-motion*) qui ne demande qu'à poursuivre sa route vers le haut.

Voici un exemple qui m'a bien fait comprendre le phénomène en question. J'étais un jour attablé à un restaurant en compagnie de mon meilleur ami, qui maîtrise assez bien cette méthode. Je devais quitter le pays le lendemain pour entreprendre une tournée de conférences de un mois en Europe. Nous prenions pour ainsi dire notre repas d'adieu. Alors que j'évoquais le fait que nous allions passer de longues semaines sans nous voir, je sentis monter en lui de la tristesse, et une certaine nostalgie envahit quelques instants ses yeux. Je fis des pieds et des mains pour encourager mon ami du mieux que je le pouvais, en lui disant que j'allais lui téléphoner souvent pour lui raconter mes expériences. Devant mon acharnement à vouloir le consoler, il me regarda avec l'air de se demander de quoi je parlais, et pourquoi j'insistais ainsi. « C'est assez, André, me dit-il d'un ton sec. Cesse de me parler ainsi, je ne suis pas un bébé ! » Je figeai sur place. Moi qui voulais seulement mettre un peu de baume sur sa peine. « Regarde, me dit-il calmement, sentant mon malaise devant sa réaction, je n'ai plus de peine. J'ai effectivement ressenti de la tristesse tout à l'heure, tu l'as vu. Je l'ai laissée monter, elle m'a un peu serré la gorge, elle a rougi mes yeux, puis elle est ressortie aussi vite qu'elle est entrée. C'est fini maintenant. Il est inutile de l'alimenter avec d'autres pensées de tristesse et de lui donner du pouvoir, tu comprends ? » Je gardai le silence quelques instants pour assimiler la leçon.

Cet événement m'a permis de saisir le principe du couvercle de poubelle. La tristesse que j'avais décelée chez mon ami n'était en réalité qu'une énergie transformée en émotion par le mental. Grâce à sa vigilance, mon ami l'a identifiée à temps et il l'a laissée passer sans tenter de la combattre et sans lui donner d'importance. L'aspirant maître de sa vie ne perd pas de temps à alimenter son monde émotionnel. Je le répète, il a encore des émotions, mais il les laisse monter en lui et s'envoler librement par le dessus de sa tête, en laissant le couvercle grand ouvert…

Voici une autre anecdote. Un jour, j'ai emmené Céline, ma compagne, visionner un film dans un de ces cinémas dotés d'un écran géant et d'un système de haut-parleurs super-efficace. L'ambiance créée y est si réaliste qu'elle nous fait vibrer. Il est facile de tomber dans l'illusion que l'on vit vraiment les scènes présentées à l'écran.

À cette époque, Céline avait une sainte horreur de l'eau. Pour elle, le seul fait de se retrouver sur un quelconque élément flottant devenait un calvaire. L'eau était une menace constante pour elle. Sans y penser une seconde, je l'avais emmenée voir le film intitulé *La tempête*. On y relatait l'aventure dramatique d'un petit bateau perdu au cœur d'une tempête horrible, ballotté par les flots déchaînés d'une mer menaçante ! Les effets spéciaux faisaient en sorte qu'on sentait presque les vagues déferler sur nous. De temps en temps, je jetais un regard furtif vers Céline, qui demeurait pourtant stoïque. Étrangement, elle ne semblait éprouver aucune émotion. Étonné, je lui demandai, à la fin de la projection, comment elle avait fait pour survivre à une telle épreuve. Pourquoi n'était-elle pas morte de peur ? Elle me répondit en souriant qu'elle venait d'expérimenter, et ainsi de comprendre, le fameux principe du couvercle de poubelle. Au début de la projection, au lieu de paniquer, elle avait consciemment ouvert cette soupape et s'était mise à regarder l'énergie de peur passer en elle au lieu de la nourrir. Le seul fait de reconnaître l'existence de sa phobie avait eu pour effet immédiat d'en désamorcer les effets. Elle pouvait dès lors assister à la projection sans se laisser emporter par ses peurs. Tout cela paraît simple, n'est-ce pas ? Un peu trop, même, pour certains ? Ne me croyez surtout pas sur parole. Essayez plutôt ce truc et vous en constaterez les effets par vous-même. Seule la pratique peut vous permettre de devenir maître de vos phobies.

Un autre de mes amis thérapeutes a utilisé la même technique – si on peut l'appeler ainsi – pour aider une de ses clientes à surmonter un énorme chagrin qui l'étouffait depuis longtemps. Après avoir posé une main sur son ventre, il a aspiré sa tristesse et l'a laissée circuler à travers lui pour la faire sortir par son chakra coronal (au-dessus de la tête). En quelques minutes, la dame se sentit libérée et se releva transformée. Mon ami lui expliqua par la suite le principe du couvercle de poubelle, pour qu'elle apprenne à l'utiliser elle-même. N'oublions pas que le maître ne fait jamais rien dans le seul but de sauver les autres. Au lieu de pêcher pour eux, il leur enseigne plutôt à le faire eux-mêmes. Sinon, il créerait de la dépendance, et l'attachement est la dernière chose au monde qu'il désire.

Il existe des résidus émotionnels, produits dans les usines de la pensée. Ce sont les douleurs passées, qui maintenant n'ont plus d'utilité ; ce sont les précautions qui ont eu de l'importance autrefois, mais ne servent à rien à présent.

Le guerrier a lui aussi des souvenirs, mais il parvient à faire le tri de ceux qui lui sont utiles. Et il se débarrasse des résidus émotionnels.

Un compagnon dit : « Mais cela fait partie de mon histoire. Pourquoi dois-je abandonner des sentiments qui ont marqué mon existence ? »

Le guerrier sourit. Il ne cherche pas à éprouver des émotions qu'il ne ressent plus. Il change, et il veut que ses sentiments l'accompagnent.

Paulo Coelho

PEUR – RÉACTION – PROTECTION

L a maîtrise de ses émotions passe par la compréhension d'une des bases fondamentales du fonctionnement de l'être humain : le PRP, soit la peur, la réaction et la protection. Lorsque nous avons peur de quelque chose, notre corps réagit automatiquement en faisant naître en nous un malaise, une tension, une maladie. C'est, en quelque sorte, le signal de notre Esprit qui nous avise que nous sommes entrés en mode « émotion ». Si nous ne sommes pas suffisamment vigilants ou conscients, nous ignorerons ce signal et nous laisserons cette émotion capter toute notre attention et exercer son emprise sur nous. Jusqu'à ce que notre instinct de survie trouve un moyen de protection, temporaire dans bien des cas, qui nous fera oublier notre peur. Celle-ci fera évidemment sa réapparition un peu plus tard, car au fond, elle est notre amie. Elle reviendra de façon cyclique, jusqu'à ce qu'elle soit réglée ou dépassée.

Le PRP est un principe qu'il est important de bien comprendre, car il aura pour effet immédiat de changer votre vie si vous en comprenez bien les rouages. Au moment où l'on admet que notre corps réagit instantanément à la peur, par un malaise physique ou psychique, on cesse de nourrir cette peur pour en atténuer les effets néfastes. En effet, comme nous l'avons vu un peu plus tôt, lorsque la peur est reconnue et, par le fait même, dénoncée, l'harmonie se réinstalle en nous en moins de deux. On cesse d'appréhender son apparition et on ne la regarde désormais que pour ce qu'elle est vraiment : une énergie en mouvement (*e-motion*) qui demande un peu de temps et de lâcher-prise pour s'échapper par le dessus de notre tête. La seule chose qui peut bloquer ce processus naturel, c'est le « mental-menteur » qui s'amuse à créer mille et un scénarios. C'est à nous qu'il appartient de transformer en serviteur ce mental qui se prend pour notre maître.

Je me permets ici de reprendre un exemple déjà cité, celui du voleur qui veut entrer chez nous. Si nous accueillons cet intrus avec chaleur, que nous lui ouvrons toute grande la porte de notre être et que nous nous occupons de lui, il ne voudra jamais partir. Se sentant comblé par l'attention que nous lui accordons, il demeurera près de nous aussi longtemps que nous obéirons à ses ordres. Par la suite, il reviendra régulièrement nous voir et il dérobera une à une les perles si difficilement accumulées. Par contre, si nous sommes vigilants, dès que nous le verrons se pointer, nous ordonnerons à ce malfaiteur (la peur) de passer son chemin. Se voyant découvert et se sentant menacé, celui-ci prendra ses jambes à son cou et déguerpira sans demander son reste. La peur a horreur d'être dénoncée, encore plus de se river le nez sur un mur d'indifférence.

Le problème avec les gens qui doutent de leur autonomie, ceux qu'on pourrait appeler les victimes chroniques de la vie, c'est qu'ils passent leur existence à aller d'un thérapeute à l'autre. Ils ressassent continuellement leur passé et grattent leur « bobo » devant des personnes qu'ils paient pour les écouter. Ils ont besoin qu'on s'occupe d'eux. Mais ils ne savent pas que, ce faisant, ils alimentent leurs peurs au lieu de les surmonter. Ils prennent soin de leurs voleurs.

Revenons à nos moutons. Il n'y a pas très longtemps, j'ai vécu une situation qui m'a permis d'intégrer vraiment le principe du PRP. Une société de ma région, spécialisée dans le transport urbain, m'avait engagé pour que je donne trois conférences de une heure chacune dans la même journée. C'était la première fois que mes services étaient requis par une grande société. De plus, il me fallait parler du bonheur au personnel de l'entreprise composé en majorité de chauffeurs de bus. Mes interventions devaient se faire après que ceux-ci auraient terminé leur dure journée de labeur et, pour la plupart, de frustrations accumulées. J'avais de grands doutes sur ma capacité à les intéresser à ce genre de sujet. Je croyais que c'étaient vraiment les derniers qui auraient envie de m'entendre. (Je m'aperçus plus tard que je me trompais sur toute la ligne !)

La nuit précédant cette journée que j'appréhendais, je m'éveillai à trois heures du matin exactement. Au cœur du vide que la nuit sait si bien créer en nous, la peur s'installa en moi. Impossible de me rendormir. Mon mental profita alors de mon état semi-comateux pour galoper comme un cheval fou, me faisant élaborer mille scénarios, tous plus effrayants les uns que les autres. Plus les minutes d'insomnie s'égrenaient, plus mon inquiétude grandissait. L'anxiété était à son comble. « Essaie de dormir, André, me disait ma tête, sinon… »

En désespoir de cause, je me levai avec l'intention d'aller chercher un somnifère qui me ramènerait dare-dare dans les bras de Morphée. Mais mon Esprit ne l'entendait pas ainsi. Il me rappela à l'ordre en me suggérant, par le biais de ma voix intérieure, de regarder mes peurs en face au lieu de les fuir, comme je m'apprêtais à le faire. « Quelles peurs ? » rétorquai-je en faisant semblant de ne pas savoir de quoi il parlait. N'obtenant pas de réponse, je lâchai prise et retournai me coucher docilement. C'est alors que mon Esprit se manifesta à nouveau. J'allais apprendre très vite ce qui se passait et la raison pour laquelle mon corps réagissait comme il l'avait fait. Voilà en gros le dialogue qui prit place :

« T'as peur de quoi, André ? me demanda mon vieux sage intérieur.

– Euh ! répondis-je maladroitement, je crains de ne pas être en forme demain...

– Et puis, qu'est-ce que ça va changer ?

– Si je suis fatigué, répondis-je vivement, je ne pourrai donner mon plein rendement au cours de mes trois conférences.

– Et puis, ça changera quoi ? (*Il m'énerve avec ses « et puis »...*)

– Peut-être, risquai-je, que les gens ne m'aimeront pas...

– Ah ! Ah ! s'écrie mon Esprit avec satisfaction. Voilà, tu as trouvé l'origine de ton insomnie. N'est-ce pas l'histoire de ta vie, cette hantise de ne pas arriver à te faire aimer ?

Je réfléchis un instant et acquiesçai, en riant intérieurement. Comme il disait vrai ! Mon désir viscéral d'être toujours à la hauteur de ce que l'on attendait de moi, d'en faire toujours un peu plus au cas où... m'a causé plein de soucis, d'aussi loin que je me souvienne.

– Alors, je fais quoi avec ça ? rétorquai-je en bâillant. Je veux dormir, c'est tout.

– Que répondrais-tu à ta question ? me lança tendrement mon Esprit.

Notre Esprit a toujours la vilaine manie de nous retourner nos questions. Comme si c'était nous qui devions y répondre, comme si nous étions maître de nos pensées, de nos émotions et de notre vie... Woups ! Je venais de saisir quelque chose...

– Euh ! poursuivis-je, je dirais que (*j'hésitai un peu*) je devrais me foutre carrément de la façon dont je me sentirais demain, aussi bien que des réactions de mon auditoire. C'est demain, après tout, que ça va se passer. Je me dirais aussi que j'aurais avantage à traverser le pont quand je serais rendu à la rivière.

– Et voilà ! Tu as tout compris, mon cher André, conclut affectueusement mon interlocuteur intérieur bien-aimé. Tu as reconnu la peur qui était à l'origine de ton malaise, et c'est tout ce que tu avais à faire. Maintenant, concentre-toi sur le moment présent, sur ta respiration et sur ton corps qui vibre (effectivement, je sentais une étrange vibration m'envahir). Retrouve TA paix... »

Je m'endormis en quelques minutes. Lorsque je m'éveillai, le lendemain, j'étais frais et dispos et je pus partir donner mes conférences sans appréhension. Mon Esprit avait raison. Tout se passa merveilleusement bien. Sans que j'aie rien à faire d'autre que de rester moi-même, les gens apprécièrent mes trois prestations et me le manifestèrent. Étrangement, je constatai ce jour-là que j'avais moins besoin de leur approbation, car j'avais choisi pour une fois de m'aimer, moi. Et c'est tout ce qui importait. Vous voyez ? C'est simple, et compliqué en même temps : simple quand on écoute son cœur, compliqué quand on se laisse obnubiler par notre mental-menteur...

Tout est une question de pratique. Aussitôt que l'on ressent un malaise, on doit se demander de quoi on a peur. Lorsqu'on l'a trouvé, on passe à l'étape suivante en se demandant : « Et puis, qu'est-ce que ça va changer dans ma vie ? » et en se disant ensuite : « Je traverserai le pont quand je serai rendu à la rivière. » Par contre, si vous arrivez à la rivière et qu'il n'y a pas de pont, c'est que la rivière n'existe pas. La plupart du temps, on ne rencontre même pas l'obstacle appréhendé, car il n'est que le fruit de notre mental. Cet obstacle n'existe que virtuellement, seulement dans notre tête. Il n'est pas réel.

Jetons maintenant un regard sur quelques peurs qui sont à l'origine de nos petits et grands malheurs. Remarquez que les réactions du corps sont différentes d'une personne à l'autre. Il ne faut surtout pas tomber dans le piège de la généralisation, comme on a tendance à le faire dans ce domaine. Loin de moi l'idée de vous présenter un autre guide des malaises et maladies et de leurs causes. Il y en a d'excellents sur le marché. Le but de l'exercice, c'est de vous mettre sur la piste de votre propre autonomie, sans avoir besoin d'un livre ou d'un maître dont vous deviendriez le disciple.

La peur d'être abandonné ou d'être rejeté est l'une de celles qui reviennent le plus souvent sur la liste des fauteurs de trouble émotionnels. Les réactions à ce phénomène se manifestent par des crises de larmes, de la tristesse, des maux de ventre, etc. Une de mes amies avait un copain qui demeurait à quelques heures de route de chez elle. Elle allait régulièrement le visiter et passait des heures agréables en sa compagnie. Mais à son retour à la maison, les larmes inondaient ses joues. Pourtant, m'assurait-elle, elle se sentait parfaitement heureuse.

Tout en parlant, nous découvrîmes que sa tristesse intérieure venait du fait qu'au moment où elle quittait son ami, elle se sentait rejetée par lui, même si elle savait pertinemment que ce n'était pas vrai. Elle accepta alors que cette peur viscérale qui l'envahissait sans crier gare venait probablement d'un rejet vécu durant son enfance ou au cours d'une vie antérieure. Sans avoir à chercher plus loin, elle reprit confiance en elle et ressentit de moins en moins ce genre de réaction par la suite.

La peur de mourir semble très présente chez les gens. Cette peur peut être jumelée à la peur d'être malade, de souffrir, d'être trop fatigué pour pouvoir jouir pleinement de la vie. Ah ! celle-là, je la connais, vous pouvez me croire. J'ai été tellement privé de plaisir au cours de mes existences passées (plusieurs vies de moine cloîtré dans des monastères austères) que je me suis promis de ne rien manquer aujourd'hui. Aussi ai-je toujours l'impression de perdre de précieuses minutes de plaisir quand je suis malade ou forcé à l'inactivité. Les réactions du corps à ce genre de peur ? La souffrance morale, un vague à l'âme inattendu, le *burnout*, etc.

Savez-vous que durant mon enfance, je clamais partout que si une maladie avait le malheur de passer à quelques kilomètres de moi, je l'attrapais à tout coup ? Et, effectivement, c'était le cas : j'étais souvent malade ! Heureusement qu'un jour, je me suis libéré du piège que je me tendais, et que j'ai défait cette croyance. Sinon, je serais probablement mort à l'heure actuelle, ou alité dans un hôpital pour malades chroniques !

Une autre peur très répandue et qui fait des ravages quand on l'entretient, c'est celle de ne pas être aimé. Ses manifestations vont des maux de cœur jusqu'à l'infarctus et à la majorité des maladies cardiaques. Si vous vous sentez aimé de vos proches – ou encore mieux, de vous-même – et que vous n'êtes pas dépendant de l'amour des autres, vous n'avez rien à craindre de quelque maladie du cœur que ce soit. Interrogez les gens qui ont déjà été terrassés par un infarctus ou par une autre maladie de ce genre. Demandez-leur si, durant la période précédant la crise, ils se sentaient aimés de leur entourage : amis, parenté, enfants, conjoint, collègues de travail, etc. S'ils vous répondent avec honnêteté, vous constaterez qu'un manque d'amour est toujours à la source.

Ajoutons à cette liste la peur de ne pas être à la hauteur. Cette peur nous propulse très subtilement dans le rôle de la victime qui n'a pas d'emprise sur sa vie. Quand on campe ce personnage, on n'a plus besoin de se surpasser, on ne fait plus rien : on se laisse vivre en se plaignant de tout.

Il y a aussi la peur de se tromper, de ne pas prendre la bonne décision. En passant, nous prenons toujours la bonne décision, il n'y a aucun doute là-dessus. Mais les routes que cette décision nous ouvre peuvent varier et nous faire voyager dans la sérénité ou dans la souffrance.

Une autre peur bien connue est celle de se faire avoir. On a peur qu'on abuse de nous, souvent parce qu'on a été abusé dans notre enfance. On se met donc sur nos gardes aussitôt que l'ombre d'une menace se fait sentir. Cette peur peut provoquer des réactions agressives de notre part et amener une montée soudaine d'adrénaline. On devient subitement très nerveux, ce qui nous pousse à combattre le feu par le feu, à répondre de façon inhabituellement acerbe à l'agresseur potentiel (qui souvent ne l'est que dans notre tête).

Avez-vous remarqué que les gens qui semblent les plus doux sont aussi ceux qui sont les plus vulnérables à cette peur ? C'est ainsi que l'on s'aperçoit que derrière les paroles et les actes les plus violents se cache souvent la crainte d'être blessé dans ce qu'on a de plus intime, dans nos croyances ou dans l'amour et la confiance que l'on a en soi.

D'autres peurs ? Nous pourrions en faire une liste exhaustive et écrire tout un livre sur le sujet : la peur de s'exprimer en public (réactions : le trac, les sueurs froides, la perte de la voix, etc.) ; la peur d'être jugé (réactions : timidité excessive, bégaiement, sentiment de culpabilité, tremblements, crainte du jugement des autres, qui peut se traduire par une soumission excessive à l'autorité, dépression, etc.). Sans oublier la peur de manquer d'argent, qui se manifeste par une constante insécurité concernant tout ce qui nous est « cher » (amis, conjoint, enfants). À noter que cette peur de manquer d'argent se retrouve la plupart du temps chez les gens riches, qui auraient pourtant toutes les raisons du monde de ne pas être hantés par cette crainte. Peut-être se sont-ils créé une vie d'abondance justement pour pouvoir surmonter cette peur.

Finalement, on peut faire deux choses avec nos peurs : les craindre et se mettre à les combattre – c'est ce que la plupart des gens font – ou s'en faire des amies en leur permettant d'exister sans trop s'en occuper, jusqu'à ce qu'elles disparaissent d'elles-mêmes à force de se buter à notre indifférence. Le deuxième choix est indéniablement celui de quelqu'un qui est maître de sa vie…

On peut donc conclure que chaque émotion est reliée à sa ou à ses peurs sous-jacentes. À nous de les trouver, de les reconnaître comme faisant temporairement partie de nous et de cesser de les nourrir. Comment ? En revenant constamment dans le moment présent aussitôt que l'on voit poindre la peur. Le moment présent est libre de toute crainte. C'est d'ailleurs la seule réalité dont nous pouvons être vraiment sûrs !

Un guerrier de la lumière fait toujours des gestes hors du commun.

Il peut danser dans la rue en se rendant à son travail. Ou regarder un inconnu dans les yeux et parler d'amour au premier coup d'œil. Défendre une idée qui peut paraître ridicule. Le guerrier de la lumière se permet ce genre de choses.

Il ne craint pas de pleurer de vieux chagrins, ni de se réjouir de nouvelles découvertes. Quand il sent l'heure venue, il abandonne tout et part pour l'aventure dont il a tant rêvé. Quand il comprend qu'il est à la limite de sa résistance, il quitte le combat, sans se sentir coupable d'avoir fait une ou deux folies inattendues.

Un guerrier ne passe pas ses jours à tenter de jouer le rôle que les autres ont choisi pour lui.

Paulo Coelho

LES MAÎTRES DU MONDE
CONNAISSENT LE PRP

Avez-vous remarqué que les produits qui sont les meilleurs vendeurs sont souvent ceux qui ont comme première approche la peur ? À grands coups de publicité, on nous fait comprendre subtilement, par l'humour ou par la description d'un drame humain, que nous pouvons être victimes d'un accident, voir notre maison incendiée ou visitée par des voleurs, être terrassés par une maladie grave ou par un virus en provenance d'un quelconque pays lointain. Tout cela pour faire naître en nous des craintes non fondées, qui créeront des besoins que nous n'avions pas avant. Il ne restera ensuite à ces semeurs de peur qu'à nous offrir leurs moyens de protection pour apaiser nos craintes : assurances, médicaments, thérapies, systèmes d'alarme, etc. Astucieux, n'est-ce pas ? Je ne vous le fais pas dire. Vous objecterez que ces protections sont nécessaires dans le monde où l'on vit, que personne ne peut s'en passer, car nul n'est à l'abri du malheur. Eh bien ! si vous réagissez ainsi, qu'il en soit fait selon votre volonté et… selon vos peurs.

Moi, je crois que plus on a confiance en sa capacité d'être maître de sa vie, plus nos craintes s'estompent. Car elles ne sont que le produit de notre mental-menteur. Prenez l'habitude de regarder avec toute votre conscience les publicités que vous voyez dans les journaux, que vous entendez à la radio ou à la télé, et vous serez étonné par tout ce que vous y découvrirez. Tentez de détecter les peurs qui les sous-tendent. Vous vous ferez alors de moins en moins prendre à leur jeu. C'est une des tâches qui attend celui qui est maître de sa vie.

Mais qui a donc intérêt à susciter ces peurs ? Demandez-vous à qui la peur profite, et vous aurez la réponse. Ne cherchez pas plus loin. En un instant, tout deviendra clair. Tout ce que fait l'humain – et cela est aussi valable pour vous que pour moi – est conditionnel à ce que cela peut lui rapporter : argent, amour, pouvoir, etc. L'amour inconditionnel est selon moi une invention, un rêve vers lequel on tend mais qu'on ne peut atteindre.

Inutile de se le cacher et de jouer à l'autruche, toutes les figures d'autorité du monde possèdent leurs instruments de peur, qu'elles en soient conscientes ou non. Sinon, elles ne pourraient soumettre personne et leur offrir ensuite leur protection. C'est un principe universel, un secret de polichinelle. Vous voulez imposer votre loi à un peuple ? Semez la peur, puis organisez-vous pour la garder vivante en l'alimentant chaque jour à travers vos médias – car ils sont à votre solde – d'images de pauvreté, de terreur, de catastrophe, de guerre, de paroles agressantes. La population, avide de spectaculaire, s'en délectera. Il s'agit de garder la mainmise sur tout ce que le peuple lit, écoute et regarde, et le tour est joué.

Au moment où j'écris ces lignes, une guerre se déroule en Afghanistan. Après les attentats terroristes contre les tours du World Trade Center à New York, les mêmes images de peur ont déferlé durant des semaines, voire des mois, sur tous les petits écrans de la planète et ont fait la une de tous les grands journaux. Résultat ? Les gens inconscients ont mordu à l'hameçon. Plusieurs ont cessé de voyager, d'autres ont cessé d'acheter des biens et se sont mis à ramasser leur argent dans la crainte d'une récession mondiale. Mais, au fait, chaque récession n'est-elle pas justement causée par la peur ? Après les attentats du 11 septembre, pas une journée ne s'est écoulée sans qu'une nouvelle peur ne soit imprimée sur la première page de nos quotidiens : anthrax, attaques bactériologiques, risque de nouveaux attentats, ralentissement de l'économie, etc.

Vous êtes-vous déjà demandé d'où originent ces images qui ont alimenté durant des mois la peur collective ? Et dans quel but ont-elles été si largement diffusées ? Poser la question, c'est y répondre. Et je ne vais pas le faire pour vous. Ce serait une insulte à votre intelligence !

Le monde est actuellement divisé en deux clans. D'un côté, on retrouve ceux qui ont peur et qui alimentent inconsciemment par leur énergie trouble, ceux-là mêmes qui fomentent les guerres. De l'autre côté, les gens conscients comme vous et moi, qui refusent de se laisser effrayer par les peurs artificiellement créées et qui continuent à vivre avec le plus de sérénité et d'espoir possible, malgré ce qu'on tente de leur faire croire. Dernièrement, on m'a demandé d'aller donner une conférence à un groupe de personnes âgées. Au dire des organisateurs, il devait y en avoir une centaine. Mais seulement cinquante se sont présentées. L'organisatrice m'a expliqué que depuis les événements tragiques du 11 septembre 2001, la moitié des membres de son association ne sortaient pratiquement plus de chez eux, de peur… d'avoir peur. Ils ne savaient pas pourquoi ni comment, mais ils obéissaient docilement aux consignes et se contentaient d'avoir peur. Quel dommage ! Car les premiers êtres touchés par ce genre de situation sont les personnes âgées et les enfants, sûrement à cause de leur fragilité et de leur vulnérabilité. Le pire dans tout ça, c'est qu'on ne peut rien y faire concrètement, sauf dire à ces personnes de cesser d'avoir peur, et de vivre !

Devenir maître de sa vie, c'est cesser d'avoir peur de tout : des accidents, de la maladie, de la mort, du destin, de Dieu. Juste ça ! Si nous baissons le regard devant l'adversité et cédons à la panique, nous entrons dans le jeu de ceux qui essaient de nous manipuler. Nous leur cédons notre pouvoir, un pouvoir qu'ils utiliseront pour nous soumettre davantage. Alors que si quelqu'un tente de nous effrayer et qu'on a le courage de le regarder droit dans les yeux, celui-ci perdra tous ses moyens. Il se sauvera en prenant ses jambes à son cou en constatant que nous ne le craignons pas. Il prendra ainsi conscience de son impuissance à nous déstabiliser et ce sera suffisant pour qu'il s'éloigne à tout jamais.

Tous les prédateurs de ce monde savent qu'ils doivent toujours s'attaquer en premier lieu aux maillons les plus faibles d'une chaîne. Ceux-ci céderont sous la pression et, par effet d'entraînement, ils feront éclater les maillons les plus forts. Et ce sont les victimes de la vie qui sont toujours les plus vulnérables à ses assauts. Les braves sont rarement touchés en premier. Leur force et leur confiance en eux les rendent pratiquement invincibles. En extrapolant, on dira que ce sont les disciples qui sont vulnérables, pas les maîtres !

Et vous, à quelle catégorie croyez-vous appartenir ? Celle des faibles ou des forts ? Eh ! Oh ! Ne vous jugez pas pendant que vous tentez de répondre honnêtement à cette question. Peu importe où vous vous situez actuellement, cela n'a pas d'importance. L'important, c'est d'en prendre conscience. Un faible qui est conscient de sa faiblesse est un fort en devenir ! Je fais partie de cette catégorie. Si vous vous considérez pour l'instant comme un maillon fragile, acceptez le fait et commencez candidement à vous renforcer, en levant les yeux et en cessant d'avoir peur. C'est ça, l'évolution : passer d'un point A à un point B, peu importe sa vitesse de croisière et le temps que ça va prendre. L'Esprit a tout son temps !

Donc, ce soir, gardez la tête froide en écoutant les informations. Lisez les journaux si ça vous chante, et au lieu d'avoir peur et de vous plaindre que tout ce que l'on y présente est négatif, cherchez les peurs qu'on y véhicule… Vous verrez, ça peut devenir un passe-temps passionnant. Souvenez-vous que le maître ne travaille jamais pour évoluer. Il JOUE sa vie. La seule protection dont il a besoin ne vient pas de l'extérieur, mais de sa propre source, de son âme. Pourquoi aurait-il besoin d'être protégé s'il est une partie de Dieu ? Si nous acceptons la présence d'une étincelle divine en nous, de quoi pourrions-nous avoir peur ? Encore une fois, poser la question, c'est y répondre !

QUELQUES
INSTRUMENTS DE PEUR

Depuis que le monde est monde, les autorités jouent toutes la carte de la peur. Et les religions, en général, ne font pas exception à la règle. Comment peut-on offrir le salut éternel à quelqu'un qui ne se croit pas condamné ? Serait-ce la raison pour laquelle on a pris soin de nous marquer de la tache originelle dès le départ ? Entre nous, admettons que nous étions loin de partir d'égal à égal avec Dieu... Comment peut-on offrir à quelqu'un le pardon de ses fautes si celui-ci ne croit pas au péché ? Et comment une religion peut-elle servir d'intermédiaire entre Dieu et l'homme si ce dernier sait que Dieu est à l'intérieur de lui ? Pour garder ses ouailles bien à l'abri sous ses ailes et leur fournir ainsi toute la protection requise, on les maintient dans un état constant d'infériorité et d'inquiétude. Il devient dès lors primordial de faire comprendre à ces gens que grâce au système de croyances établi – pas par eux, mais par Dieu en personne évidemment –, ils n'auront plus de souci à se faire et iront tout droit au paradis après leur mort. Une mort dont on prend bien soin de leur brandir le spectre, le plus souvent possible, pour qu'ils s'en souviennent et la craignent.

Notez que je parle ici de mon expérience religieuse personnelle et de mes propres peurs. Celles-ci peuvent différer des vôtres, c'est pourquoi je vous invite à n'y prendre que ce qui fait votre affaire. On m'a inculqué très tôt la crainte de Dieu, et en particulier celle du moment ultime où il allait me juger : le fameux jugement dernier. Aujourd'hui, quand j'y pense, je me demande comment j'ai pu craindre une seule fraction de seconde qu'un tel Être d'amour puisse me juger. L'amour accueille, il ne condamne pas. Dans la plupart des systèmes religieux, on cultive diverses peurs : celle de l'excommunication, de l'enfer, de la damnation éternelle. Il y a aussi la peur de la mort et celle de la souffrance qui l'accompagne ou qui la suit – l'éternité dans le feu, ce n'est pas très attirant... – si on n'a pas été obéissant, si on n'a pas reçu les sacrements essentiels à notre salut.

Toutes ces peurs, on nous les étale dès l'enfance, et on les entretient subtilement tout au long de notre existence. Elles ont pour effet de nous garder dans l'inconscience et l'ignorance et de nous faire accepter docilement une vie toute tracée d'avance. Rien à décider, juste à obéir. À force d'écouter des histoires à dormir debout, on finit par s'endormir. Et durant notre sommeil, on en vient à croire qu'on a besoin d'être protégé du mal.

L'ombre ne peut rien contre la lumière tant que celle-ci reste allumée. Dans le livre intitulé *Quand le maître est prêt... le maître apparaît !* que j'ai écrit conjointement avec mon grand ami et complice Yvon Mercier, on peut lire cette pensée qui fait réfléchir : « Ils les ont fait tellement rêver qu'ils se sont endormis... » Dormez en paix, mes brebis, nous allons nous occuper de tout. Ça vous dit quelque chose ? Je ne veux pas ici condamner quelque religion ou quelque système de pensée que ce soit. Les doctrines servent à éveiller les gens et à les élever jusqu'à un certain niveau de conscience. Mais le problème, c'est que lorsque les disciples sont éveillés, on les incite rarement à quitter les rangs pour aller chercher plus loin par eux-mêmes. L'expression *Hors de l'Église, point de salut* traduit bien ce que je veux dire.

Le guerrier de la lumière sait que tout le monde a peur de tout le monde.

Cette peur se manifeste en général de deux façons : par l'agressivité ou par la soumission. Ce sont les deux faces du même problème.

Pour cette raison, quand il se trouve devant quelqu'un qui lui inspire de la peur, le guerrier se rappelle que l'autre aussi ressent l'insécurité. Il a surmonté des obstacles semblables, il a traversé les mêmes difficultés.

Mais il sait mieux affronter la situation. Pourquoi ? Parce qu'il utilise la peur comme un moteur, et non comme un frein. Alors le guerrier apprend de l'adversaire, et il agit comme lui.

Paulo Coelho

LA SCIENCE SE
SERT AUSSI DE LA PEUR

Chaque science entretient également la peur parce qu'on exige d'elle qu'elle trouve des solutions rapides à tous nos maux. Il est normal de craindre l'inconnu : du moins, c'est ce qu'on croit habituellement. Si on n'avait pas peur de mourir, la plus grande de toutes les phobies, nous n'aurions pas besoin de la science pour nous faire espérer des découvertes susceptibles de l'éloigner un tant soit peu. La confiance pratiquement absolue en la médecine n'est-elle pas la preuve irréfutable qu'on a une peur viscérale de la mort et de la souffrance ?

Qu'un personnage vêtu d'un sarrau blanc et affublé de titres impressionnants apparaisse au petit écran pour nous annoncer l'arrivée imminente d'une quelconque maladie grave, et vous verrez que tous se rueront à la pharmacie afin d'acheter l'antidote, la pilule ou le vaccin qui les protégera. Et, comme par magie, le médicament miracle s'y trouvera déjà, et en grande quantité par surcroît. Les compagnies pharmaceutiques ont le beau jeu dans ce domaine. En effet, qui a avantage à orchestrer ces campagnes de peurs, si ce n'est ceux qui en tirent des profits faramineux ?

Il y a quelques années, des reportages et des pubs télévisés nous mettaient en garde contre les multiples dangers encourus par les gens qui s'exposent aux rayons du soleil. Le tout assorti d'articles de journaux commentant l'amincissement de la couche d'ozone et ses effets cancéreux sur la peau. Quand j'étais plus jeune, on n'entendait jamais parler de cela. Et soudain, sans crier gare, voilà que le soleil se retrouve au banc des accusés. Il est désormais déclaré l'ennemi public numéro un de notre épiderme.

Il n'en fallait pas davantage pour qu'une nouvelle peur soit créée, alimentée savamment par des preuves scientifiques, chiffres à l'appui. Qui a donc profité de cette campagne de peur, croyez-vous ? Les fabricants de crèmes solaires peut-être ? Qu'en pensez-vous ? Ce raisonnement peut paraître simpliste ; à chacun de juger de sa pertinence. La peur : le cancer de la peau ; la réaction du public : aidez-nous, ne nous laissez pas tomber ; la protection offerte : les crèmes solaires ($$$).

Les campagnes de peur foisonnent dans nos médias. Des milliards de dollars sont ainsi récoltés, générés par la vente de produits de toutes sortes destinés à nous protéger de tout et de rien. Il n'y a qu'à faire circuler la rumeur qu'un nouveau virus a été découvert et qu'il risque de contaminer toute une population pour que les gens, en bons disciples, exigent des autorités le vaccin qui les protégera. Je ne dis pas que les médicaments sont à éviter pour cela – j'en prends moi-même à l'occasion –, mais ils nous sont souvent imposés par le biais de notre peur de souffrir. Or, la souffrance n'est que le produit de notre mental-menteur.

Si nous étions pleinement conscients de notre divinité intérieure, nous n'aurions rien à craindre. Mais la route est longue que celle qui mène à cette certitude. La foi est quelque chose qui s'acquiert. Ce n'est pas un cadeau qui nous tombe du ciel, comme on nous l'a souvent fait croire. La foi se cultive dans l'action, pas dans la passivité.

Voici un autre exemple de campagne de peur qui a eu de graves conséquences pour qui s'y est laissé prendre. Une récente publicité s'adressant surtout aux mâles de cinquante ans et plus affirme qu'un homme sur trois, dans cette catégorie d'âge, souffre ou va incessamment souffrir de difficultés érectiles. Le porte-parole, un joueur de hockey de renom à la retraite, explique brièvement qu'il existe trois causes à cette nouvelle « maladie » : le diabète, l'hypertension ou les troubles de la prostate. « Si vous éprouvez ce genre de difficulté, concluait la publicité, consultez rapidement votre médecin. »

Je suis resté bouche bée lorsque j'ai entendu cela pour la première fois. « Les bureaux des médecins sont pleins à craquer, pensai-je tout haut, pourquoi ceux-ci feraient-ils de la publicité pour augmenter leur clientèle ? » Une pure perte d'argent. Il devait y avoir anguille sous roche ! Je me suis alors demandé à qui cela allait profiter. Je compris très vite que ces pubs avaient sans doute été préparées et payées par les compagnies pharmaceutiques. Subtilement et avec le sérieux de l'autorité médicale, celles-ci font la promotion de produits tels que le Viagra, un médicament dont les effets secondaires tuent annuellement des centaines, voire des milliers de personnes qui le prennent sans prescription.

Cette pub allait dès lors alimenter le mental vulnérable de milliers d'hommes de cinquante ans et plus, et faire naître en eux la peur d'être atteints d'une des trois maladies graves mentionnées. La graine était maintenant semée. Il ne restait plus qu'à la laisser germer et, éventuellement, à la voir se transformer en maladie.

Et la quatrième cause des difficultés érectiles, pourquoi notre joueur de hockey n'en parle-t-il pas ? Et si le problème n'était en réalité qu'une réaction tout à fait normale, due à une baisse de libido ou de désir face à une conjointe avec qui l'on vit depuis des décennies et dont on connaît le corps jusque dans ses moindres recoins ? N'est-il pas normal qu'un homme ou une femme n'ait parfois pas le goût de faire l'amour avec son ou avec sa partenaire parce que moins excité(e) par ce corps qu'il(elle) caresse depuis des années ? Un jour, l'excitation est là, un autre non. Pourquoi créer un problème alors qu'il n'y en a pas ? Ne trouvez-vous pas bizarre qu'on ne parle pas de cela dans la publicité ? Évidemment, ça ne ferait pas vendre de pilules, donc ça ne présente aucun intérêt.

Les gens qui, à cause de leur ignorance, n'ont pas conscience qu'une peur qu'ils alimentent peut créer des dysharmonies, voire des maladies graves dans le corps, verront effectivement cela se produire s'ils se mettent à croire aveuglément à tout ce qu'on leur dit. Ils deviendront des victimes de la vie, les esclaves d'un système de peur bien établi. « Cherchez à qui profite le crime, et vous trouverez le véritable criminel, celui qui ne va pas en prison », ai-je lu quelque part…

Devenir maître de sa vie, c'est développer une seconde nature, c'est faire preuve d'une vigilance constante envers les semeurs de peur qui tentent de manipuler notre conscience. C'est les reconnaître à temps quand ils essaient de nous faire gober leurs messages qui visent à nous garder sous leur coupe. J'ai lu un jour ceci : « Chaque fois qu'une personne a peur, elle renonce à son pouvoir personnel pour le remettre dans les mains de ceux qu'elle croit en mesure de la protéger. Cette peur nous amène tout naturellement à exiger des autorités que quelque chose soit fait. »

Les gouvernements de tout acabit, lorsqu'ils veulent passer une loi controversée, n'ont qu'à utiliser ce truc simple et infaillible : provoquer des événements qui feront en sorte que la population se lèvera et exigera de leurs gouvernants qu'ils réagissent (réaction) et les protègent (protection). Il sera aussi très utile de faire monter dans la population un sentiment d'appartenance envers un groupe bien organisé. Les dirigeants de ce groupe seront évidemment des amis discrets du pouvoir, et celui-ci n'aura ensuite qu'à édicter des règles par personnes interposées. C'est ainsi que des sentiments patriotiques, savamment alimentés et montés en épingle peuvent transformer un citoyen paisible en un guerrier acharné et sans âme. Sous le drapeau qu'il sert, il pourra même tuer sans ressentir aucune culpabilité, juste parce que la Nation lui demande de le faire, au nom de la justice et de la paix. Combien de braves soldats sont morts dans cette soumission totale, sans savoir vraiment pourquoi ils agissaient ainsi ! Juste parce qu'on leur en avait donné l'ordre…

Le maître de sa vie tente de se sortir du monde de la peur. Il cesse peu à peu d'être le bon petit mouton docile qu'on lui a toujours recommandé d'être sous peine d'expulsion. C'est pourquoi la solitude est souvent au rendez-vous sur la voie de la maîtrise. On y retrouve également l'impuissance à changer les choses et les gens, ainsi que l'incompréhension de notre entourage. Si nous nous écartons de la « bonne » voie, celle qui est dictée par ceux qui « savent », ce ne sont pas les autorités qui nous ramèneront au bercail. Ce sont les autres moutons eux-mêmes qui le feront. Pour notre bien en plus, et au nom de l'amour qu'ils ont pour nous. Ils nous assureront de cela, en toute sincérité.

Lorsque j'ai décidé de devenir maître de ma vie et de suivre une route non conventionnelle, beaucoup de mes amis m'ont averti du danger que je courais. « Tu verras, me disaient-ils avec conviction, tu nous remercieras un jour de t'avoir prévenu. Reste comme on t'a toujours connu. C'est ainsi que l'on t'aime. »

S'écarter des normes établies et y rester est beaucoup plus difficile qu'on ne le croit. On est constamment assailli, surtout au début, par des vagues – des raz-de-marée, devrais-je dire – de conseils, de présages, de remontrances. Encore une fois, au nom de l'amour (il a le dos large…). On nous ridiculise, on nous menace même, on fait circuler sur nous les ragots les plus absurdes, mais il ne faut pas s'en faire. Cela indique que l'on est sur la bonne voie. Rappelez-vous les petits caractères dont il a été question au début du livre.

Le maître véritable n'a pas besoin qu'on lui dise ce qui est bon ou non pour lui. Il s'aime assez et il a suffisamment confiance en son discernement qu'il ne cherche plus l'approbation des autres et se permet d'être son propre juge. S'il se trompe – et cela lui arrive –, il mettra ses erreurs dans son sac d'expériences et il s'en servira pour éviter de s'égarer de nouveau. Le maître ne croit plus aveuglément tout ce qu'on lui dit. Il se détourne des vérités toutes faites, des prêt-à-porter spirituels. Il n'a qu'une voie : celle de l'apprentissage et de l'expérimentation. Lorsqu'il veut savoir si quelque chose est bon ou non pour lui, il a le courage de tenter l'expérience. Il aura alors sa réponse, et ce sera la vraie ! « Si on n'essaie pas, on ne sait pas... », dit la publicité. Enfin, le maître de sa vie ne combat plus ouvertement l'injustice. Jamais on ne le verra revendiquer quoi que ce soit, une pancarte à la main. Il se fera sa propre idée et n'accomplira jamais quelque chose qui lui paraît injuste ou qui est contre ses principes. C'est tout... et c'est très efficace, croyez-moi...

LE MAÎTRE JOUE SA VIE

À moins de réapprendre à jouer, il ne faut pas s'attendre à pouvoir maîtriser sa vie de sitôt. Le jeu est l'apanage du sage tandis que le travail, lui, est le lot du disciple. Lorsqu'on veut garder quelqu'un sous sa coupe, on n'a qu'à le faire travailler excessivement. Ainsi, les disciples n'ont pas le temps de penser, encore moins de se prendre en main. Les gurus mégalomanes ont d'ailleurs compris cela. Remarquez également que les peuples les plus soumis sont ceux qui n'ont jamais de loisirs. Le jeu ne fait pas partie de leurs priorités. Que faisait-on autrefois pour garder les esclaves sous le joug de leurs maîtres ? On les faisait travailler sans relâche en leur défendant systématiquement de s'amuser. Cette absence de jeu se retrouve dans tous les mouvements sectaires et, il ne faut pas se le cacher, on observe cette tendance dans la plupart de nos religions.

Je vous repose donc la question : Est-ce que vous vous amusez dans la vie… ? Woups ! Est-ce que je me trompe ou si je détecte chez certains un brin d'hésitation ? Ne vous en faites pas, je me suis moi-même tellement pris au sérieux, durant une certaine partie de ma vie, que je sais aujourd'hui de quoi je parle. À force d'enseigner des choses sérieuses à des gens sérieux, qui me mettaient sur un piédestal par surcroît, je me suis parfois pris au jeu et j'ai cru que je détenais la Vérité, avec un grand V. Je constate aujourd'hui que c'est durant ces périodes que, bizarrement, je m'emmerdais le plus.

Voyez comme la vie est bien faite ! Quand on est enfant, la première chose qu'on nous apprend, c'est le jeu. Pour le bambin, tout devient un prétexte pour jouer. Lorsqu'un enfant en rencontre un autre avec qui il a des affinités, il l'enlace souvent sans pudeur. Il ne se gêne pas pour l'embrasser et, très vite, il se met à jouer avec lui. Perdu dans l'instant présent, rien n'est sérieux pour lui. Son mental ne s'occupe que de développer son instinct de survie, et le jeu en fait intégralement partie.

Au sortir de l'enfance, quand l'adolescence se pointe, le jeu devient plus rare, bien qu'il fasse encore partie de l'existence. On commence à développer notre faculté de penser. Graduellement, on entre dans le moule du jeune adulte et on met toutes nos énergies à préparer notre avenir. Ce faisant, on quitte le monde magique du moment présent pour se projeter dans le futur. Et c'est là que ça se complique. « Il est grand temps que tu deviennes un homme », déclare solennellement notre père ; « Quant à toi, ma fille, fais attention aux garçons », nous met en garde notre mère.

Les périodes de jeu deviennent rarissimes et elles sont carrément mises de côté à l'âge adulte. « La vie n'est pas une comédie. Pense à fonder une famille, à avoir des enfants. Trouve-toi un travail stable, recherche la sécurité financière, etc. » Ah ! Comme c'est gai tout ça, ne trouvez-vous pas ? Une vie austère et sans fantaisie jusqu'à ce qu'on atteigne l'âge de la retraite. À ce moment, le jeu qui a été mis en quarantaine commence à refaire surface et à réapparaître dans notre vie.

Dans bien des cas, ce qu'on a fait par obligation durant notre vie dite active, on peut maintenant le faire par plaisir et, comble de bonheur, à notre propre rythme. C'est comme si la vie nous redonnait la permission de jouer. Avez-vous remarqué que les gens qui vieillissent bien semblent s'amuser dans la vie ? Ne dit-on pas d'ailleurs qu'ils redeviennent comme des enfants ? Et c'est la pure vérité.

La vie est ainsi faite : on y arrive dans le jeu et on en ressort de la même façon. Le problème, c'est qu'entre les deux, on oublie... L'aspirant maître de sa vie est constamment confronté à cette réalité. Il se remémore son droit au jeu, et fait en sorte de l'appliquer à chaque instant de son existence. Mais, me direz-vous, comment puis-je m'amuser dans un travail qui me déplaît ou avec un conjoint trop sérieux qui m'ennuie ? Relisez les petits caractères du contrat dont il a été question en début du livre et vous aurez votre réponse.

Ne nous leurrons pas, ce n'est jamais une personne ou une situation qui est véritablement la cause de notre nostalgie ou de notre mal-être. C'est nous, parce que nous ne nous aimons pas suffisamment. La personne qui se perçoit comme une victime ne prend pas conscience de sa responsabilité par rapport à son bonheur et elle mettra son malheur sur le dos des autres. Mais pas le maître. Si nous avons de l'estime de soi, et si nous savons nous amuser, les boulets qui nous retiennent au sol se détacheront d'eux-mêmes, sans que nous ayons à intervenir d'une quelconque façon. Vous perdrez peut-être un emploi qui vous emmerde, mais vous en attirerez un autre que vous avez toujours espéré occuper. Il en sera de même pour certaines personnes de votre entourage, et même pour votre conjoint, que vous ne pouvez plus supporter. Ils appartiennent désormais à votre ancien monde.

Antoine Leblanc a écrit ceci : « Dans la vie, tout est matière au jeu. Chaque fois qu'on fait un geste, on devrait avoir l'impression de s'amuser. Si ce sentiment est absent, c'est que quelque chose ne fonctionne pas. » Quelle vérité ! Si vous en avez le goût, faites la liste de tout ce qui ne vous intéresse plus dans la vie. Vous serez surpris de découvrir tous les crabes qui traînent au fond de votre panier. Vous êtes tellement habitué à les voir qu'ils ne vous dérange même plus.

Redevenons des enfants tout de suite. N'attendons pas d'être vieux pour le faire. Et si nous n'avons pas eu d'adolescence, permettons-nous de la vivre en certaines occasions. Il y a toujours un petit rebelle inassouvi au fond de nous. Le problème, c'est que bien des gens sont devenus des adultes trop rapidement. Notre système d'éducation nous a poussés très jeunes à la performance. Puis nous sommes passés rapidement de l'enfance à l'âge adulte, en oubliant la période d'expérimentation nécessaire à notre équilibre qu'est l'adolescence.

Nos parents, nos maîtres, nos éducateurs nous ont montré ce qu'était la vie, c'est-à-dire ce qu'ils avaient appris eux-mêmes et considéraient comme une vérité absolue. Nous les avons crus sans prendre le temps d'expérimenter leurs théories. Ce qui a fait de nous de vrais petits moutons qui se sont tous mis à vivre de la même façon et qui ont commencé à faire tout ce qu'on leur disait de faire, sans poser de questions. Le résultat est que, rendus dans la quarantaine ou la cinquantaine, beaucoup ont vu s'éveiller en eux le fameux démon du midi. Et qu'est-ce que ce démon plutôt sympathique cherche donc à nous faire faire, pensez-vous ? À JOUER, à reprendre le temps qu'on a perdu à dormir notre vie. Finalement, c'est peut-être plus d'un ange que d'un démon dont il est question, ne croyez-vous pas ? Un ange qui nous incite à aller revisiter cette partie de notre adolescence que nous avons ignorée, et qui était pourtant nécessaire à notre développement. La meilleure façon de s'en libérer, c'est de l'assumer pleinement. Le maître de sa vie est conscient de cela, et c'est en même temps ce qui lui fait le plus peur. Il sait aussi que s'il ne retrouve pas le goût du jeu, il demeurera un être rigide et sérieux. Tout le contraire de ce à quoi il aspire.

Et si, aujourd'hui, on mettait notre priorité à s'amuser ?

LE MAÎTRE ET LA SPIRALE

Qui ne s'est jamais senti aspiré par le tourbillon de l'existence? C'est exactement ce qui se passe quand on s'abandonne au mouvement de la vie. Mais remplaçons le mot *tourbillon* par *spirale*. Au point de départ, les cercles de la spirale sont tout petits, puis ils s'agrandissent progressivement à mesure qu'ils s'éloignent de ce point. Nous possédons tous notre propre spirale et nous y cheminons continuellement, en vivant une à une nos expériences. Puis nous passons à autre chose. Mais vous avez sûrement remarqué que, étrangement, nous nous retrouvons toujours devant les mêmes problèmes. Cependant, nous les vivons différemment, au fil de notre évolution. On peut croire qu'une situation est définitivement réglée et devoir la revivre un peu plus tard. C'est comme si la vie s'acharnait à vouloir nous faire passer des tests, pour voir comment on va s'en sortir.

Lorsqu'on connaît le principe de la spirale, il devient beaucoup plus facile de lâcher prise pour faire face aux petits examens de passage qui apparaissent çà et là sur notre route.

Regardons ensemble comment fonctionne ce principe. Imaginons que nous cheminons sur une spirale qui s'élargit graduellement vers le haut. Voilà qu'un problème surgit. Nous finissons par le régler, peu importe la façon, dans la joie ou dans la peine. Puis le temps passe et nous oublions la difficulté qu'on a éprouvée.

La vie continue et nous ne cessons pas pour autant d'avancer sur notre spirale. Nous tournons inlassablement en rond, mais en nous élevant à chaque seconde, ne l'oublions pas. Un jour, nous réalisons que nous avons effectué un tour complet. Nous repassons alors au-dessus de l'endroit où nous avons vécu notre épreuve. Vous me suivez ? Et voilà qu'une autre situation semblable à la précédente se présente. Nous devrons encore y faire face, mais cette fois, ce sera avec une conscience plus élevée, ce qui fait toute la différence du monde. Le règlement du conflit se fera en tenant compte de la sagesse acquise depuis la dernière fois. Comme nous sommes maintenant différents de ce que nous étions à ce moment-là, la solution du problème sera également toute autre, et d'autant plus facile à trouver que nous serons conscients du problème.

Plus nous aurons évolué durant la période séparant les deux situations conflictuelles, plus nous aurons acquis de la maturité, ce qui nous permettra de surmonter la nouvelle épreuve avec brio. Ce qui a pu nous paraître un enfer la première fois pourra passer presque inaperçu cette fois-ci. Et nous continuerons à monter sur notre spirale. Et nous repasserons un jour au-dessus du même point, avec le même genre de situation, mais sans en ressentir le moindre effet. C'est merveilleux, n'est-ce pas ? Plus nous devenons maître de notre vie, plus il nous est facile de surmonter nos peurs. Ainsi, nos vieilles blessures peuvent se cicatriser définitivement et sans douleur.

Ce merveilleux principe de la spirale a pour effet de nous motiver dans la poursuite active de notre évolution. Il est rassurant de savoir que si nous sommes appelés à passer au-dessus des mêmes problèmes, nous le ferons chaque fois avec une conscience nouvelle et plus élevée. Le seul fait de reconnaître une épreuve comme ayant déjà été vécue et surmontée nous incite à la survoler en observant nos réactions, au lieu d'entrer dans l'émotion ou de paniquer comme on le faisait avant. On pourra dès lors transcender cette épreuve et la dépasser, après quoi on passera rapidement à autre chose, sans regarder en arrière.

Un jour viendra où nous repasserons en toute connaissance de cause au-dessus de nos anciennes peurs et de nos *patterns* défraîchis, et nous ne les ressentirons même plus. En même temps que notre conscience s'élèvera, nos peurs les plus tenaces se dissiperont. Dès que nous savons comment fonctionne le principe de la spirale, nous passons plus rapidement et plus facilement au-dessus des écueils du passé sans nous y attarder ni les combattre. Les gens qui ignorent cela ont tendance à retomber dans les mêmes pièges et à s'apitoyer sur leur sort. À chacun de leurs passages en des points cruciaux de la spirale, ils souffriront autant et même plus qu'avant, et mettront tout sur le dos de leur karma négatif, de leur mauvaise étoile. « Si ça continue, je vais en mourir », diront-ils presque avec fierté, chaque fois qu'un nouveau malheur s'abattra sur eux. Ne serait-ce que de pouvoir nous faire sortir de cet engrenage infernal, la poursuite d'un cheminement spirituel en vaut vraiment le coup, ne croyez-vous pas ?

Le principe de la spirale ne s'applique pas seulement aux individus mais aussi à tous les groupes de personnes : familles, villes, pays, entreprises, etc. On a tous vu, un jour ou l'autre, les membres d'une même famille être emportés par les mêmes problèmes, des entreprises être régulièrement aux prises avec le même genre de difficultés, des pays devant continuellement faire face à la guerre ou à des renversements de pouvoir. Cela s'explique encore une fois par la fameuse spirale qui est à la base de l'évolution humaine.

Si nous sommes constamment aux prises avec les mêmes difficultés, c'est pour apprendre à les régler avec de plus en plus de tact et de sagesse. Si on enseignait ces rudiments aux enfants dès leur plus jeune âge, pouvez-vous imaginer à quelle vitesse ils pourraient avancer par la suite ? Mais non, on préfère les garder dans l'ignorance, eux aussi. Heureusement, les temps changent. La Terre se trouve à un tournant crucial de son développement, car elle aussi passe par les cycles évolutifs de sa propre spirale.

Le principe de la spirale nous permet également de voir plus clair dans le phénomène de l'hérédité. Plusieurs familles sont affectées par des maladies dites héréditaires, des maladies qui se transmettent de génération en génération. Certains prétendent qu'il s'agit là de l'effet du hasard, que cela fait partie du destin ou que c'est relié aux gènes. Mais en réalité, les causes de ces maladies – chaque maladie a son message à transmettre, c'est connu – doivent être transcendées par les membres des familles concernées, par le biais de l'évolution qu'il leur est demandé de faire.

Au moment où j'écris ces lignes, je suis moi-même aux prises avec des problèmes du système respiratoire : sinusites, bronchites à répétition, nez bouché, sécrétions dans les poumons, respiration sifflante… L'histoire de ma vie ! J'ai toujours été comme ça. Récemment, j'étais en pleine période de doute – ne vous en faites pas, je suis humain comme vous. Je me suis alors rendu compte que j'étais obnubilé par la peur de mourir. Pourtant, je n'avais rien à craindre. J'étais loin de souffrir le martyre, et mes symptômes n'étaient quand même pas si graves. Quelques jours plus tard, alors que j'étais au volant de mon automobile et en état presque méditatif, j'ai compris très clairement l'origine de cette peur en voyant apparaître devant mes yeux la spirale de ma famille !

D'aussi loin que je me souvienne, j'ai toujours vu mon père aux prises avec divers problèmes respiratoires, combinés avec toutes sortes d'autres maladies. Je l'entends encore haleter durant ses derniers jours et lutter à chaque inspiration pour trouver son air. On devait même lui retirer régulièrement, à l'aide d'une pompe, le surplus de sécrétions accumulées dans ses poumons. Finalement, il en est mort.

Et moi, je me retrouvais devant les mêmes difficultés. Du moins, c'est ce que ma tête voulait me faire croire. Bien que mes malaises fussent bénins, mon mental en quête de drame me répétait que si ça continuait, je pourrais en mourir moi aussi. Plus ce babillage mental se poursuivait, plus j'y croyais. Mes doutes prenaient le dessus.

Au volant de ma voiture, ce jour-là, mon Esprit a profité d'un moment de calme pour me lancer : « André, ne crains rien. N'as-tu pas énormément évolué depuis la mort de ton père ? Sa maladie lui a permis de comprendre certaines choses, c'est sûr. Mais toi aussi tu as avancé, et beaucoup plus que tu ne le crois. Ton évolution étant plus grande aujourd'hui, il est évident que tu régleras tes problèmes respiratoires d'une tout autre façon que ton père ne l'a fait. Fais confiance en ce que tu es devenu. Tu n'as pas avancé à pas de géant pour rien, tu sais. Ne perds pas d'énergie à imaginer ton futur ou, pire, ta mort éventuelle à partir de ce que tu connais de ton passé. Tu ferais fausse route. Tu repasses actuellement, et pour une énième fois, au-dessus d'un des problèmes de santé que t'a légué ton père, qui l'a lui-même reçu de sa propre famille. Mais toi, c'est avec une vision différente des choses et une expérience de vie renouvelée que tu l'accueilles et que tu le régleras. Fais confiance en ce que tu es devenu. Fais confiance au nouvel André, ce nouveau personnage qui est " re-né " il y a quelque temps et qui veut devenir maître de sa vie. Par sa simple sagesse, il veut se libérer du poids qu'il porte sur ses épaules depuis trop longtemps, et qui l'empêche de respirer. » À partir de ce moment, mes craintes s'estompèrent. Je décidai de m'abandonner corps et âme au mouvement incessant de la vie qui me poussait à suivre son cours avec confiance et liberté.

Lorsqu'on comprend le fonctionnement évolutif de la vie, on cesse de se battre contre des fantômes. Ces fantômes n'existent, de toute façon, que dans notre tête, et on les alimente avec nos croyances limitées. Je peux facilement imaginer que plusieurs d'entre vous reviennent d'aussi loin que moi, sinon plus. Mais ne vous laissez pas happer par les fausses menaces du destin. Vous êtes maître de votre vie, vous le savez ? Donc agissez en conséquence, dès maintenant. Ne craignez même pas de mourir, car même cette peur peut être transcendée…

Un guerrier de la lumière constate que certains moments se répètent.

Fréquemment, il se voit placé devant des problèmes et des situations auxquels il avait déjà été confronté. Alors il est déprimé. Il songe qu'il est incapable de progresser dans la vie, puisque les difficultés sont de retour.

« Je suis déjà passé par là, se plaint-il à son cœur.
— Il est vrai que tu as déjà vécu cela, répond son cœur. Mais tu ne l'as jamais dépassé. »

Le guerrier comprend alors que la répétition des expériences a une unique finalité : lui enseigner ce qu'il n'a pas encore appris.

Paulo Coelho

LE MAÎTRE ET
LE MOMENT PRÉSENT

Une des différences majeures entre le disciple et le maître, c'est que le premier se complaît dans son passé et craint son futur, tandis que le deuxième ne jure que par l'instant présent. Il se détache rapidement du passé, qu'il ne peut changer de toute façon, et ne pense même pas au futur, sur lequel il n'a aucune emprise. Alors, si l'on est si bien dans le présent, qu'est-ce qu'on a à toujours vouloir se projeter ailleurs ? Qui est donc le grand responsable de nos continuelles escapades dans le temps ou dans l'espace ? Notre mental ! En effet, ce trouble-fête s'emploie sans relâche à nous faire décrocher de ce que l'on vit. C'est son boulot, et s'il est empêché de le faire, il aura peur de se retrouver au chômage.

Le mental s'évertue donc à faire naître en nous des scénarios apocalyptiques, à tout moment du jour ou de la nuit. Ses élucubrations sont toutes basées sur nos croyances et expériences passées. Vous voyez la scène, n'est-ce pas ? Au lieu de se contenter de VIVRE calmement avec nous, il fait tout en son pouvoir pour nous propulser dans une autre direction. Quand nous nous ennuyons, c'est que notre pensée va se promener ailleurs, soit dans le passé, soit dans le futur. Notre mental nous emmène partout, sauf à l'endroit où nous devrions être, dans l'instant présent.

Je me rappelle, il n'y a pas si longtemps, que durant mes nombreux voyages, je me mettais à m'ennuyer de ma conjointe lorsque je m'éveillais le matin, seul dans mon lit. Aussitôt que j'ouvrais les yeux et que je ne voyais personne à mes côtés, une nostalgie aussi désagréable qu'irrépressible m'envahissait. Mes pensées me projetaient ailleurs : la plupart du temps chez moi, dans mon lit, ce qui me remplissait de tristesse. Un jour, las de ces nostalgies matinales, je me mis à réfléchir à la situation et je pris conscience de l'habile stratagème utilisé par mon mental pour me sortir de ma réalité. Je commençai dès lors à me ramener « ici et maintenant » chaque fois que je sentais que je m'éloignais de mon espace et de mon temps. Mon malaise disparaissait en moins de deux, aussitôt que je redevenais présent à mon corps. Depuis ce temps, je ne me permets plus de m'ennuyer trop longtemps. Au lieu de subir, je réagis. Et ça marche, je vous le garantis.

Vivre le moment présent évite bien des désagréments. Le plus grand d'entre eux consiste sans doute à se créer des scénarios de peur qui ont, de toute façon, bien peu de chances de se réaliser, car ces mises en scène se déroulent rarement de la manière dont on les avait imaginées. Rappelez-vous vos premiers rendez-vous amoureux. Vous en voyiez minutieusement le déroulement dans votre tête. Vous vous en souvenez sûrement. Vous aviez prévu, pratiquement à la seconde près, tout ce que vous alliez dire et faire. Pour bien des garçons, vous vous imaginiez arrivant chez votre bien-aimée. Elle vous attendait à la porte, vêtue d'un léger déshabillé qui laissait deviner la moindre de ses courbes. Juste à y penser, vous pouviez déjà sentir sa fébrilité. Ses cheveux flottaient au vent, même si cela se passait dans la maison et que toutes les fenêtres étaient closes (ah ! cette imagination fertile !). Ensemble vous vous dirigiez vers le salon, où s'amorçait une soirée de rêve. Je vous laisse continuer à votre guise si ça vous amuse. Mais la réalité était tout autre… Arrive le rendez-vous tant attendu. La bien-aimée n'est pas là, ou elle vous accueille dans son pull en tissu molletonné, avec ses cheveux tout ébouriffés. Aucune trace de vent ! Tout le contraire du scénario bâti par votre mental !

Quand nous sommes entièrement dans le moment présent, notre mental n'a rien à faire. Il perd son pouvoir sur nous, ce qui l'horripile. Mais attention, c'est un fin filou. Dès que nous manquons de vigilance, il fait tout ce qu'il peut pour reprendre ses droits. Et hop ! le cheval se remet au galop, chevauchant allégrement le passé et le futur. Il essaie de nous distraire en nous disant : « Eh ! pense à ce qui va se passer demain. Imagine si tu rencontrais telle personne au travail ou si tu faisais face à telle situation. Quel cauchemar ce serait, n'est-ce pas ? Tu réagiras sûrement comme tu l'as toujours fait, sois-en certain. Quel malheur ! Allez, commence déjà à avoir peur. »

Si vous conduisez votre automobile par un bel après-midi ensoleillé, et que vous apercevez de gros nuages gris au loin, allez-vous actionner tout de suite vos essuie-glaces pour parer à l'éventuel orage ou attendre les premières gouttes ? L'idéal sera d'affronter l'orage quand il arrivera, s'il se produit, bien sûr…

Les scénarios que nous bâtissons dans notre tête ne se passent jamais comme prévus. Pour la simple raison qu'ils sont des projections d'événements potentiels que nous comptons gérer à partir de nos croyances et de nos expériences passées. À mesure qu'on évolue, on apprend à régler nos problèmes différemment, c'est-à-dire avec la sagesse qu'on a acquise du passé. Les solutions sont toujours différentes d'une fois à l'autre parce que nous sommes différents d'une fois à l'autre. C'est pourquoi tout scénario, fusse-t-il savamment étoffé, ne sera jamais conforme à la réalité.

Voici un bel exemple de scénario que m'a déjà préparé mon mental. Je devais aller en République dominicaine pour rédiger les prémisses de ce livre. La veille de mon départ, ma grande amie Johanne, qui est une excellente clairvoyante, avait laissé un message sur mon répondeur, car j'étais absent de chez moi à ce moment-là. Elle me demandait de l'appeler de toute urgence. « Il faut absolument que je te parle avant que tu partes, disait-elle, ce qui a fait monter mon anxiété d'un cran, car cela concerne ton voyage dans le Sud. » Je la rappelai dès mon retour, craignant le pire. Comble de malheur, elle était pressée. Elle me dit qu'elle était en train de dîner et qu'elle allait me téléphoner plus tard. Je tombai aussitôt dans l'émotion et mon mental en profita pour faire réagir mon corps. Celui-ci se mit à produire des sueurs froides, et mon estomac commença à se nouer.

Je vous fais grâce des détails, mais voilà en bref le dialogue intérieur qui se fit en moi : « Tu sais ce qu'elle va te dire, André ? Tu t'en doutes, n'est-ce pas ? Ne pars pas en voyage, car quelque chose de dramatique se prépare et un malheur t'attend si tu persistes dans ton projet. Ton avion subira peut-être une avarie ou ce sera sur la route que tu auras un accident. Si tu fais ce voyage, il te faut craindre le pire. Le mieux serait que tu annules tout et que tu restes à la maison. Ce serait beaucoup plus sage ! Tu as peur, hein ? Ton estomac se noue, hein ? Tu n'es pas si fort que tu le pensais... » Et Johanne qui ne rappelle pas. Je vais mourir d'inquiétude ! « C'est dommage, André, reprend mon mental-menteur. Un si beau voyage pendant lequel tu aurais presque pu écrire tout ton livre. Tu te reprendras, mon vieux ! »

Ah ! ce qu'il m'énerve, ce mental ! Moi qui croyais pourtant l'avoir mâté, je ne peux arrêter son bavardage. Tant pis, je n'en peux plus, je téléphone, même si je dérange. « Allô, Johanne, excuse-moi d'insister, mais je n'en peux plus. Qu'est-ce que tu voulais me dire exactement ? » dis-je maladroitement, la voix tremblante.

« Ah ! André, me répondit-elle, rien de dramatique. Je voulais te transmettre un message qu'une amie et moi avons reçu simultanément pour toi cet après-midi. Nous avons pensé que c'était important... (*Allez ! déballe ton sac qu'on en finisse*, pensai-je en silence.) Eh bien ! André, m'a-t-on chargée de te dire, profite de ton périple en République dominicaine pour vivre pleinement le moment présent et pour en jouir constamment. Tu seras dans une période charnière de ton existence et tu devras reprendre possession des pouvoirs que tu as laissés ici et là au cours de tes vies antérieures de soumission. C'est ce que tu auras à faire de plus important pendant que tu te prélasseras sous le soleil des Caraïbes ! »

Et la conversation se poursuivit gaiement, après quoi, je raccrochai le téléphone et poussai un long soupir de soulagement.

« Eh ! Oh ! je t'ai eu encore une fois, se réjouit mon mental. Désolé, mon vieux, mais c'est mon travail. Je suis là pour te faire avancer, n'oublie pas... Et n'hésite pas à me dire merci !

– Va te faire voir, lui criai-je en riant. Je t'aime. »

Il me faut préciser ici que j'ai toujours eu peur des prédictions des clairvoyants – surtout des clairvoyants qui ne voient pas clair –, et cela depuis qu'une tireuse de cartes m'eut prédit la mort de mon associé en affaires, dans les deux semaines qui allaient suivre. Ce qui ne s'est pas passé heureusement. Lorsque j'ai reçu cet appel de mon amie, mon mental a fait émerger en moi ce souvenir désagréable, que je croyais pourtant disparu à jamais de mes pensées. J'ai pensé que la prédiction de Johanne devait aller dans le même sens, le sens négatif. Ce qui s'est révélé complètement faux, comme vous avez pu le constater.

Devenir maître de sa vie, c'est reconnaître cette curieuse manie qu'a notre mental de nous faire exécuter des bonds de géant dans le temps, en avant ou en arrière. Tout cela pour rien, sauf pour nous faire peur. Lorsqu'on sait cela, on ne se laisse plus prendre très longtemps à ce genre de scénario et on évite de paniquer.

Le temps est à l'origine de la majorité de nos problèmes. Dans son excellent livre intitulé *Le pouvoir du moment présent*, Eckart Tolle écrit ceci : « Toute négativité résulte de l'accumulation de temps et de la dénégation du présent. Malaise, anxiété, tension, stress, inquiétude, toutes les formes de peur sont occasionnées par trop de futur et pas assez de présence. La culpabilité, le regret, le ressentiment, les doléances, la tristesse, l'amertume et toute autre forme d'absence de pardon sont causés par trop de passé et pas assez de présence. »

Un peu plus loin, on retrouve ceci : « Il n'est pas nécessaire de fouiller votre passé, sauf lorsqu'il se manifeste dans l'instant sous la forme d'une pensée, d'une émotion, d'un désir, d'une réaction ou d'un événement qui vous arrive. Tout ce que vous avez besoin de savoir au sujet de votre passé inconscient, les défis du présent vous l'apporteront. Si vous commencez à fouiller votre passé, ce sera un trou sans fond, car vous trouverez toujours autre chose. »

J'insiste sur le fait qu'il peut être utile de revenir sur certaines blessures du passé, pour les dénoncer, les guérir et leur permettre de cicatriser. Mais quand cela est fait, il faut laisser le temps faire son œuvre et cesser de gratter un « bobo » déjà guéri, de retourner constamment en arrière.

Quand le maître règle une situation, c'est pour de bon, c'est définitif. Il n'a pas besoin d'y revenir toutes les cinq minutes pour vérifier s'il ne s'est pas trompé. Parce que dans le moment présent, les blessures du passé n'existent plus. Une phrase résume cela : « Le bonheur brûle le passé. »

QUELQUES TRUCS POUR BIEN VIVRE LE MOMENT PRÉSENT

L orsqu'on sent son mental sur le point de se mettre à galoper comme un cheval fou vers le futur, vers le passé ou ailleurs, il y a des façons simples de calmer et de mâter cet animal sauvage. En voici quelques-unes :

1. Arrêtez-vous quelques instants et concentrez-vous sur votre respiration. Visualisez l'air qui entre dans vos poumons, puis qui en ressort. Est-il chaud ou froid ? Froid à l'inspir, chaud à l'expir ? Emplit-il complètement vos poumons ou simplement une partie ? Quel bruit fait-il lorsqu'il passe par vos bronches ? Exagérez ce bruit au besoin pour capter toute votre attention. Ressentez le calme qui envahit chacune de vos cellules à chaque inspiration, et les tensions qui en ressortent à l'expiration. Quelques minutes de ce petit exercice suffisent pour retrouver rapidement la paix.

2. Restez présent à vous-même : devenez conscient de tout ce qui se passe dans votre corps, tout en continuant à vaquer à vos activités. Portez attention aux mouvements et aux réactions de vos muscles, de vos nerfs, à toutes ces sensations qui passent habituellement inaperçues. En lavant la vaisselle, par exemple, sentez l'eau qui glisse sur vos mains ; soyez attentif au jeu des muscles de vos bras, à celui des articulations de vos doigts qui manipulent

la vaisselle, etc. Vous pouvez faire la même chose en passant l'aspirateur, en bricolant ou en faisant une promenade. Toute activité peut devenir prétexte à ce jeu.

3. Le jeu du chat et de la souris : En étant confortablement assis ou étendu, fermez les yeux et ne pensez à rien pendant quelques instants. Derrière vos paupières closes, visualisez-vous dans une immense pièce vide. Vous êtes un chat assis près d'un trou de souris. Tout est calme. Aussitôt qu'une pensée se présente, imaginez que c'est une souris qui essaie de sortir de sa cachette. Regardez-la traverser la pièce et disparaître, sans la combattre. Reprenez ensuite votre guet. Cela devrait être facile pendant les premières minutes. Mais dès que vous laisserez tomber votre garde, que vous retomberez dans votre tête, une autre souris prendra la relève. Elle trompera votre vigilance et traversera la pièce. Laissez-la passer. Ne tentez surtout pas de la poursuivre. Simple et magique, n'est-ce pas ? Et ça marche, et ça se fait, tout ça en jouant ! Un vrai travail de maître ! Il est probable que les premières fois que vous jouerez à ce jeu, vous ne réussissiez à vivre le moment présent que quelques minutes à la fois. Ne vous en faites pas, ce sera déjà ça de gagné. Avec un peu de pratique, vous prendrez de l'expérience et vous atteindrez votre but, soit de vivre ici et maintenant.

Je ne vous ai suggéré que trois exercices pour arrêter votre tête de penser. Il n'en tient qu'à vous d'inventer vos propres trucs. Le but de l'exercice étant de cesser de croire aveuglément aux scénarios que tente de monter votre mental. Ces scénarios ne sont que mensonge et fiction.

Croyez plutôt au pouvoir de l'amour. Cet amour, vous devrez d'abord l'instaurer envers vous, après quoi il se propagera tout seul à votre entourage. Si vous arrivez à demeurer suffisamment longtemps dans l'instant présent, vous n'aurez rien à craindre de qui ou de quoi que ce soit. Prenez d'ailleurs un moment d'arrêt à l'instant même. Déposez votre livre et savourez pleinement votre présence. Accueillez les vibrations de votre corps et ressentez-en le mouvement. Goûtez à la merveilleuse VIE qui vous anime. Pas hier, ni demain, mais juste là, en cet instant même…

Le guerrier de la lumière a besoin de temps pour soi. Et il consacre ce temps au repos, à la contemplation, au contact avec l'Âme du Monde. Même au beau milieu d'un combat, il parvient à méditer. En certaines occasions, le guerrier s'assoit, se détend, et laisse advenir tout ce qui advient autour de lui. Il regarde le monde comme s'il était un spectateur, il n'essaie pas d'être plus grand ou plus petit : il ne fait que s'abandonner sans résistance au flux de la vie.

Peu à peu, tout ce qui semblait compliqué devient simple. Et le guerrier est heureux.

Paulo Coelho

LE MAÎTRE SAIT...
CE QU'IL NE VEUT PAS

Qu'est-ce que vous voulez dans la vie ? Voilà une question qui risque de vous embêter. Votre réponse a des chances d'être du type : « Je veux ! euh !... Laissez-moi y penser un peu ! J'hésite... » Mais pourquoi est-ce si difficile de dresser la liste de ce qu'on veut ? Parce que nous, les humains, avons beaucoup plus de facilité à fonctionner à l'envers, à partir de la négativité. C'est paradoxal comme comportement, mais il en est ainsi pour plusieurs d'entre nous. D'ailleurs, le positif ne peut exister sans le négatif. C'est pourquoi, s'il veut savoir exactement ce qu'il veut, l'apprenti maître de sa vie aura avantage à établir clairement, dans un premier temps, ce qu'il ne veut pas. Par la suite, ce qu'il désire pourra émerger à sa conscience. C'est plus facile ainsi. Tentez l'expérience, le jeu en vaut la chandelle.

Dressez une liste de TOUT ce que vous ne désirez plus dans votre existence. Allez-y à fond et dans les détails. Donnez de vigoureux coups de balai dans les moindres recoins de votre vie. Passez au peigne fin votre travail, vos relations amicales et amoureuses, votre famille, votre système de croyances, vos habitudes, vos rituels, etc. Prenez le temps qu'il faut pour dresser une liste exhaustive, et prévoyez une bonne quantité de feuilles au cas où la liste s'allongerait ! Soyez sans pitié : passez votre existence au filtre, sabrez sans retenue dans tous les domaines. Ne craignez pas d'écrire certaines choses gênantes. Cette liste vous est personnelle et vous n'avez pas à la montrer à quiconque.

Voici quelques exemples de ce qui pourrait se retrouver sur votre liste :

Je ne veux plus…

- me soumettre à qui ou à quoi que ce soit ;
- m'oublier pour me plier aux attentes des autres ;
- de ce travail où je m'ennuie à mourir ;
- de tous ces boulets au pied qui m'empêchent de m'envoler vers une nouvelle vie (décrivez-les, nommez-les ; permettez-vous pour une fois d'être sans pitié et intolérant) ;
- être aimé uniquement pour ce que j'apporte aux autres ;
- vivre dans la pauvreté ;
- etc.

Lorsque vous aurez terminé votre liste, prenez une autre feuille de papier et écrivez ceci comme en-tête : *Voici maintenant ce que je veux, et j'accepte éventuellement d'en payer le prix.*

Reprenez alors chacun des éléments notés sous *Je ne veux pas*, et écrivez clairement, et dans le même ordre, ce que vous voulez. Inscrivez une action concrète – c'est très important – que vous êtes prêt à faire aujourd'hui même ou dans les prochains jours afin que se concrétise votre souhait. Voici ce que cela pourrait donner, à partir des exemples cités plus haut :

– Je ne veux plus être soumis / Je veux devenir maître de ma vie.

ACTION : Je m'engage à prendre une décision aujourd'hui, sans demander l'avis de personne.

– Je ne veux plus m'oublier / Je veux vivre pour moi, dans le respect des autres.

ACTION : Aujourd'hui, je m'engage à jouer à l'égoïste, ne serait-ce que pendant cinq minutes, sans me sentir coupable.

– Je ne veux plus de ce boulot / Je veux faire un travail que j'aime, là où je serai apprécié.

ACTION : Aujourd'hui, je me mets à la recherche d'un emploi qui me conviendrait davantage.

Vous comprenez le principe ? Ça paraît simple et ce l'est. Sauf que cela entraînera des conséquences si vous passez à l'action. Permettez-moi d'insister sur ce fait, car c'est un aspect dont il faut tenir compte. Et n'oubliez pas : il est primordial d'indiquer après chaque phrase **une action concrète** que vous êtes prêt à accomplir le jour même, ou durant les prochains jours. Ceci afin que l'indésirable disparaisse définitivement de votre vie et qu'il soit remplacé par le renouveau tant espéré, un renouveau qui est aussi un inconnu ! Woups ! Là, c'est autre chose.

Vous croyiez peut-être que le seul fait de dresser votre liste, d'y réfléchir en visualisant des changements positifs et de la brûler selon un rituel quelconque, allait tout arranger pour vous sans que vous ayez à participer ? C'est peut-être ce qu'on enseigne dans certaines écoles nouvelâgeuses, pour que l'on s'endorme encore plus profondément, mais ce n'est pas la bonne méthode. Désolé de vous décevoir si c'est ce que vous pensiez. Mais le maître de sa vie n'a pas de temps à perdre, et il n'a rien à attendre de la passivité. La méditation comme la visualisation ne sont efficaces que par l'action qu'elles génèrent.

Le maître est un être « pro-actif ». Vous voulez changer de vie ? Eh bien, faites-le ! *Just do it,* comme le clamait le slogan d'un fabricant réputé d'articles de sport. Cessez de rêver que votre existence prendra un jour un autre tournant, et ce, sans que vous ayez quoi que ce soit à faire. Rien ni personne ne viendra vous sauver. Le messie qui vient sauver l'humanité, c'est de l'histoire ancienne, de la bouillie pour disciples… Souvenez-vous de la phrase citée plus tôt : « Ils nous ont tant fait rêver que nous nous sommes endormis. » C'est dans l'action qu'on découvre les véritables maîtres, pas dans les nuages d'encens.

Si vous voulez changer votre vie, n'attendez pas que quiconque le fasse pour vous. Aimez-vous suffisamment pour commencer dès aujourd'hui le grand balayage qui vous débarrassera de tout ce qui vous emmerde. Ceux qui essaieront de vous ramener à l'ordre en vous traitant d'égoïste et de sans-cœur n'ont qu'à aller se rhabiller. Vous voulez devenir maître de votre vie ou pas ? Alors, prouvez-le. Allez, tout le monde, à vos balais !

LE MAÎTRE ET
SA VALEUR PERSONNELLE

Durant certains ateliers que j'anime, je propose aux participants de déterminer leur valeur personnelle en s'allouant un nombre entre 0 et 20, 0 étant le plus bas niveau d'estime de soi, et 20, le maximum. Seriez-vous étonné si je vous disais que la plupart des réponses honnêtes se situent sous la barre du 10 ? Lorsque j'aborde le sujet au cours de mes conférences, je brandis à bout de bras un beau billet de banque de vingt dollars tout neuf, et je demande à ceux qui veulent l'obtenir de lever la main. Évidemment, presque tous se montrent intéressés. « D'accord, leur dis-je, en chiffonnant le billet dans mes mains pour qu'il soit vraiment laid, pour qu'il perde toute sa beauté. Vous le voulez toujours ? » Encore une fois, tout le monde lève la main sans hésitation. Je lance alors par terre le billet tout chiffonné et je l'écrase sous mon soulier, en spécifiant qu'avant d'entrer dans la salle, j'ai malencontreusement mis le pied dans la m... de chien – ce qui est évidemment faux... « Qui veut ce torchon maintenant ? » Personne n'a changé d'idée. Tous sans exception veulent encore le billet. « Mais pourquoi donc ? leur demandai-je alors. Ce billet est tout chiffonné et tout sale, et en plus, il sent mauvais. Pourquoi le voudriez-vous quand même ? » La réponse est unanime : « Parce que, malgré son apparence dégoûtante, il garde toujours sa valeur originale. »

N'en est-il pas ainsi pour tous les humains de la Terre ? Peu importe leur apparence extérieure, ils ont tous une valeur exceptionnelle. Laquelle ? Celle qu'ils se donnent eux-mêmes et qui se reflète dans le regard des autres, car ceux-ci sont leur miroir. Plus une personne se donne de valeur, plus son entourage lui en accorde. Et c'est également vrai dans l'autre sens : plus on se déprécie, plus on est traité avec condescendance.

Comme je l'ai déjà mentionné précédemment, le degré d'estime de soi qu'ont la plupart des gens que j'ai rencontrés jusqu'ici n'est pas très élevé. Pourtant, nous sommes tous nés avec la même valeur : un 20 dollars tout neuf ! C'est seulement par la suite que nous avons commencé à nous déprécier en faisant nôtres des remarques telles que : « Tu es un bon à rien ! Tu ne feras jamais rien de valable dans la vie ! Tais-toi si tu n'as rien à dire ! Ne dérange pas les adultes. Tu n'as pas de cœur », etc. Ces phrases apparemment anodines ont pourtant contribué à diminuer la valeur personnelle de bien des enfants. Une profusion de ces phrases réductrices réussissent à traverser le temps pour nous hanter subtilement tout au long de notre vie d'adulte.

En voici d'autres, tout aussi dévalorisantes, sur le plan spirituel cette fois : « Tu n'es qu'un pauvre pécheur ! Tu n'es pas digne de recevoir Dieu en toi. Tu ne resteras qu'un disciple durant toute ton existence et tu auras toujours besoin d'un maître pour évoluer ! Soumets-toi à la loi de Dieu et à celle de Ses représentants sur la Terre, sans poser de questions. » Nous pouvons nous en tenir là, n'est-ce pas ?

Vous commencez sûrement à comprendre d'où vient notre tendance parfois obsessionnelle à nous rabaisser constamment. Le principe est fort simple : si vous voulez soumettre quelqu'un, amenez-le par tous les moyens à se convaincre lui-même qu'il n'est rien. C'est ce qui se passe avec des peuples entiers qui ploient l'échine devant des religions et des gouvernements dominateurs et asservissants, lesquels proclament leur supériorité et gardent sciemment la population dans l'ignorance. C'est le principe de l'oppression élémentaire, un principe efficace à cent pour cent. N'y reconnaissez-vous pas le monde dans lequel nous évoluons ?

En général, un disciple convaincu de son infériorité établit sa valeur personnelle entre zéro et dix, tandis que le maître, lui, se situera tout près de vingt. Pour parvenir à la maîtrise, il est donc essentiel de commencer tout de suite à élever notre degré d'estime de soi. Comment faire ? Par l'amour de soi, seulement par l'amour de soi. En le proclamant d'abord à soi-même, puis en l'exprimant autour de soi, au risque de froisser certaines oreilles sensibles qui n'hésiteront pas à nous condamner et à nous traiter de tous les noms (prétentieux, égoïste, etc.). Mais le jeu en vaut la chandelle.

Demain matin, en vous éveillant, pensez au nombre correspondant au degré d'estime que vous voulez atteindre durant la journée et demandez-vous quelles actions concrètes pourraient vous aider dans votre démarche. Soyez réaliste et ne vous racontez pas d'histoires. Ne sautez pas, par exemple, de deux à vingt tout d'un coup. Ce n'est pas une course d'accélération. Augmentez votre estime d'un cran à la fois, point par point, mais demeurez pro-actif. Vous vous propulserez ainsi sur la voie du succès, et ce ne sera pas avec l'aide des autres, seulement par vous-même.

On dit que l'on attire les gens et les événements qui viendront nous prouver que ce que l'on pense est vrai. C'est un principe fondamental. Si nous nous considérons comme un simple petit billet de deux dollars, les gens nous considéreront comme tel. C'est l'une des raisons pour lesquelles bien des gens démunis restent embourbés toute leur vie dans leur pauvreté, quoi qu'ils fassent pour s'en sortir. La raison en est qu'au départ, ils pensent en pauvres. Ce n'est pas pour rien qu'on les qualifie de pauvres d'esprit. Tout, dans leur vie, respire la pauvreté : logis, voiture, loisirs, etc. Le riche, lui, pense différemment : il accepte de mériter toujours davantage. C'est ce qu'il demande à la vie, et celle-ci se fait un devoir de le lui accorder.

Durant de nombreuses années, j'ai parcouru l'Europe et le Canada afin de donner des conférences, plus souvent qu'autrement devant de très petites assistances. Il m'est même arrivé de devoir payer de ma poche pour le faire. Je ruinais ma santé avec ces voyages interminables, jusqu'au jour où j'en ai eu assez. J'ai alors estimé ma valeur personnelle et je me suis aperçu qu'elle n'était pas très élevée, croyez-moi ! En effet, j'avais depuis toujours la fâcheuse habitude de me comparer aux plus illustres conférenciers dans le domaine du développement personnel. J'avais le don de me situer au bas de l'échelle, même si j'avais de très nombreuses années d'expérience à mon actif. C'est pourquoi la vie m'envoyait exactement ce que je lui demandais, soit très peu !

Un jour, alors que je rentrais à la maison après une série de conférences particulièrement exténuantes en France, je lançai un cri de désespoir à mon Esprit. Je lui intimai l'ordre d'intervenir, sinon j'allais tout arrêter. J'exigeai qu'un miracle se produise. « Remonte ta valeur personnelle, André, me susurra à l'oreille ma petite voix intérieure d'un ton taquin, et tu verras… » Je le boudai quelque temps, cette réponse étant trop simple à mon goût. Puis je me mis à travailler sur mon estime de soi. Je commençai à me traiter comme si j'étais un roi et non un valet, en m'attardant sur mes réussites au lieu de me concentrer sur mes échecs, etc. Peu à peu, les gens se mirent à me renvoyer le reflet de mes propres pensées. Car notre entourage est le parfait miroir de ce que l'on pense de soi.

Quelques jours plus tard, je reçus un appel de France. Une ancienne organisatrice refaisait miraculeusement surface et me pressait d'aller donner un atelier dans sa ville. J'hésitai, car je venais de dire que je cessais mes activités. Mais, à cet instant, mon Esprit devint très présent en moi. Il me cria d'exprimer clairement mes exigences, ce que je n'avais jamais osé faire auparavant. « J'irai, répondis-je, la voix un peu éraillée, à la condition que vous me garantissiez un minimum de quinze participants.

– Sans problème, s'exclama immédiatement la dame, enthousiasmée. Vous venez quand ? Je vous organise aussi une conférence si vous voulez. Combien de personnes ?

– Euh ! Cent...

– D'accord, M. Harvey, c'est comme si c'était fait. On vous attend déjà avec impatience. »

Je restai bouche bée au bout du fil, même après que la dame eut raccroché. Et voilà ! Le tour était joué. Il suffisait d'oser ! Je vous le dis, si j'ai réussi à faire ce pas vers ma propre réalisation, vous pouvez le faire aussi. Il s'agit d'abord d'y croire, puis de faire des actions concrètes pour remonter votre propre valeur à vos yeux. Encore une fois, j'insiste. Soyez honnête et ne cherchez pas à vous illusionner en voulant franchir plusieurs marches à la fois. Allez-y lentement, mais faites un pas tous les jours.

Les maîtres de leur vie ont tous dû, un jour ou l'autre, réviser la vision qu'ils avaient d'eux-mêmes, souvent sous le regard sceptique de leurs amis, qui ne voyaient en leur attitude qu'arrogance et présomption. Car ceux qui ne s'aiment pas ne peuvent pas voir quelqu'un le faire sans être contrariés. C'est ça, le véritable rôle du maître : oser « être », pas seulement paraître. Et si je peux me permettre un dernier jeu de mots : Le maître... aime être...

LE MAÎTRE ET L'AIGLE...

Une vieille légende amérindienne m'a jadis été soufflée à l'oreille par un vent de sagesse. Elle m'a été envoyée pour que je comprenne bien la différence entre l'homme soumis à son destin et celui qui est maître de sa vie, le premier étant représenté par un pagayeur et l'autre par un aigle. Un homme installé à bord de son petit canot d'écorce sillonnait un cours d'eau réputé pour ses mille et une embûches. (L'embarcation symbolise le corps physique, tandis que le rameur représente l'ego, celui qui croit tout diriger.) Jour et nuit, l'homme pagayait vigoureusement sur cette rivière aux eaux tumultueuses. Il peinait constamment afin d'éviter les écueils, mais il finissait toujours par passer là où il devait passer. Sa vision était par contre très limitée. S'il regardait derrière lui, il ne pouvait apercevoir que le long sillon laissé par son embarcation et qui marquait le chemin parcouru depuis la dernière courbe. Devant lui, son regard ne pouvait voir plus loin que le prochain tournant.

Le sinueux cours d'eau changeant constamment de direction, le pagayeur devait se concentrer uniquement sur la section qu'il traversait. Entre deux rapides, il goûtait un peu de répit, mais se rappelant les difficultés éprouvées auparavant, il appréhendait ce qui s'en venait. Cependant, l'Indien savait d'instinct que pour garder son embarcation à flot, il devait se concentrer sur la situation qu'il vivait au moment présent.

Bousculé par le tohu-bohu de la vie, notre voyageur eut tôt fait d'oublier sa vraie nature. Et sa vision limitée l'empêchait de remarquer la présence d'un aigle aux ailes gigantesques qui survolait son embarcation depuis le début de son voyage. Depuis son départ, en effet, le majestueux volatile ne l'avait jamais quitté de l'œil. En fait, cet aigle était son Esprit, qui veillait sur lui depuis toujours, qui savait tout de son passé, de son présent et des possibilités de son futur. Parce qu'il volait dans les hautes sphères, l'aigle avait une bonne vue d'ensemble de la rivière aux mille embûches. Son regard englobait le ruisseau qui en était la source jusqu'à la mer où elle allait se jeter.

Vu d'en haut, l'odyssée du voyageur prenait alors tout son sens. D'un seul coup d'œil du haut des airs, l'aigle pouvait voir tous les tournants traversés, ainsi que tous ceux à venir. Il pouvait par conséquent constater et apprécier l'habileté du pagayeur qui grandissait avec chaque nouvelle expérience, grâce aux difficultés surmontées.

Parfois, lorsqu'un choix vital devait être fait ou que le moral du rameur était au plus bas, l'aigle descendait vers l'embarcation et, par sa seule présence, il encourageait l'homme ou lui soufflait à l'oreille quelle était la meilleure route à prendre. Tourner à droite ? à gauche ? Quel dilemme lorsque notre vision est bloquée par des œillères ! Mais, du haut du firmament, l'aigle voyait très bien que l'un des chemins était parsemé d'embûches, tandis que l'autre respirait le calme et la tranquillité.

Cependant, l'aigle ne pouvait que voir. Il ne pouvait pas décider pour le pagayeur, car celui-ci était doté du libre arbitre. Ses seules alternatives consistaient à devancer le canoë et à exécuter quelques cabrioles au-dessus de la meilleure route à suivre, pour attirer l'attention de l'homme et espérer qu'il comprenne le message. Ce qui n'était pas toujours le cas. Mais l'aigle manifestait une extrême patience et il était prêt à attendre le temps qu'il fallait pour qu'un contact privilégié finisse par s'établir entre lui et son protégé. Il était certain que cela se produirait.

Un jour, l'Indien, épuisé par une lutte pénible au milieu des rapides, cessa de pagayer. Il regarda vers le ciel pour demander de l'aide. Il vit alors l'oiseau majestueux, capta son regard et se reconnut en lui. Il se rappela l'avoir déjà aperçu lorsqu'il était plus jeune et qu'il donnait ses premiers coups de pagaie. Il l'avait peu à peu oublié, puis il l'avait revu sporadiquement durant les moments difficiles de son voyage. En désespoir de cause, l'homme fit un signe de la main à l'aigle et celui-ci plana aussitôt jusqu'à lui comme un ange et s'installa à ses côtés. Durant de longs instants, ils communiquèrent, le temps de faire plus ample connaissance. Après quoi, sous le regard ébahi du voyageur, l'oiseau reprit son envol afin de s'acquitter de sa tâche d'éclaireur. À partir de ce moment, l'aigle et l'homme se mirent à se regarder et à se parler régulièrement, pour un tout et pour un rien.

Vint un jour où l'aigle et le rameur fusionnèrent et prirent conscience de leur unicité. Ils réalisèrent qu'ils faisaient tous les deux partie d'un même tout et qu'ils avaient besoin l'un de l'autre pour exister. En réalité, ils ne faisaient qu'un.

L'aigle savait cela depuis le début, mais l'homme avait mis une grande partie de sa vie pour le réaliser, occupé qu'il était à mener son embarcation à bon port. Depuis lors, l'aigle et l'homme ne se sont plus jamais séparés. L'homme a demandé à l'aigle de s'installer à demeure sur la proue de son canoë et de lui indiquer, avec le bout de ses ailes, les meilleures routes à suivre. Ils vivent en paix, tous les deux, en s'abandonnant aux courants qui les poussent constamment en avant. Ainsi se termine cette merveilleuse histoire.

Aussi longtemps qu'on pense être seul à mener sa barque, qu'on se croit seul aux commandes de notre véhicule de chair, notre vision reste limitée. De sorte qu'on ne voit que de courtes sections du fleuve que nous traversons. Lorsqu'on devient maître de sa vie, on sait par contre, et sans l'ombre d'un doute, qu'on n'est et ne sera jamais seul. Nous possédons chacun notre aigle à nous, un aigle qui éclaire notre route et qui peut la voir sur toute sa longueur. On se met alors à regarder vers le haut et on prend le temps d'accueillir notre Esprit, de le reconnaître et de s'en faire un allié. On peut même se permettre de grimper sur son dos pour qu'il nous emmène faire une promenade dans son ciel, dans notre ciel. Ensuite, on le laisse nous ramener à notre boulot, un peu plus conscient chaque fois. Une chose est sûre, c'est que pour arriver à bon port, notre barque a autant besoin de l'aigle que du rameur.

LE MAÎTRE ET
L'EXPÉRIMENTATION

Une des choses qui différencie le maître du disciple est que ce dernier est souvent à la solde du premier. C'est-à-dire que pour en arriver à la maîtrise de soi, le maître a dû vivre ses propres expériences, à partir desquelles il a assimilé les connaissances qu'il peut ensuite communiquer aux autres. Le disciple qui reçoit ces enseignements n'a par contre rien vécu de tout ça. Il se contente d'écouter et de croire ce qu'on lui dit. Il fait siennes les vérités de son maître, même si celles-ci ne lui apparaissent pas nécessairement comme vraies. Vous me suivez ? Celui qui aspire à devenir son propre maître se retrouve donc seul devant une panoplie d'expériences à tenter. Si nous désirons honnêtement savoir qui nous sommes, ce que nous aimons ou n'aimons pas, ce n'est pas par la seule force de la pensée que nous y arriverons, ce serait trop facile. Essayez, par exemple, d'expliquer à une personne qui n'y a jamais goûté la riche saveur d'un gâteau au chocolat nappé de crème fraîche ! Vous arriverez peut-être à lui en donner un bref aperçu, au prix de laborieux efforts, mais c'est tout. Vous gagnerez bien du temps si vous lui donnez simplement un morceau de ce gâteau afin qu'elle le mette dans sa bouche et se fasse sa propre idée.

La maîtrise de soi doit donc passer par l'expérimentation, même si cette pratique peut être dérangeante au début. Combien de gens ont eu un jour un fantasme qu'ils souhaitent ardemment voir se réaliser pour s'apercevoir, en fin de compte, que ce n'était pas si agréable que cela. « Avoir su, j'aurais osé avant, se disent-ils après coup avec un certain regret. Je me serais peut-être permis de vivre plus intensément mon bonheur de tous les jours, au lieu de me perdre dans mes rêveries ! »

Qu'est-ce qui nous pousse donc avec tant de force à tenter des expériences irrationnelles, sans l'accord de notre mental ? Notre tête nous crie que ça ne se fait pas, mais notre cœur, lui, nous dit tout le contraire. Il nous assure qu'à long terme, ce sera bon pour nous et que nous en aurons enfin le cœur net. Ce qui se passe, c'est que l'Esprit qui nous habite et nous guide n'évolue que par notre vécu et non par la seule connaissance mentale. Dès que nous nous faisons un allié de notre Esprit, sa voix devient plus forte que celle de notre tête. Mais comme c'est le contraire qui se produit depuis toujours, cela explique pourquoi nous sommes dérangés à ce point.

Pour bien comprendre l'importance de l'expérimentation dans l'atteinte de la maîtrise, attardons-nous au processus de l'incarnation. Avant notre naissance, notre Esprit se trouvait dans les hautes sphères de l'univers au sein de sa vraie demeure, au ciel diront certains. Il vient de terminer une incarnation et est en attente d'une autre. Lorsque arrive le temps de reprendre la route, il est attiré vers le bas, par un corps de chair qui s'apprête à naître. Ce corps qui accepte de l'accueillir deviendra son véhicule d'expérimentation, le temps d'une incarnation terrestre. L'Esprit quitte donc son paradis pour descendre ici-bas et investir l'être humain qui va lui prêter vie pour lui permettre de parfaire son évolution. C'est d'ailleurs une des raisons qui nous fait dire qu'une évolution est spirituelle. Vous saisissez, n'est-ce pas ?

L'Esprit s'incarne du haut vers le bas, du spirituel vers le matériel, du ciel vers la terre. Sachant cela, on est en droit maintenant de se demander pourquoi, en se servant de la méditation, de la relaxation, de la contemplation ou de tout autre moyen dit d'élévation, on essaie toujours de « le » retourner en haut. Si notre Esprit avait voulu continuer à vivre dans les hautes sphères, il y serait resté et ne serait jamais descendu.

Notre Esprit n'évolue que dans l'éveil, dans un corps physique et dans l'expérimentation qui lui permet de vivre. Jamais dans la passivité. L'Esprit ne dort jamais, même pas durant le sommeil du corps. Il n'a rien à faire des connaissances intellectuelles dont nous remplissons notre tête. Tout ce qu'il veut, c'est d'en expérimenter les effets, d'en tirer des leçons de vie. Il les déposera ensuite sagement dans sa conscience, et celle-ci s'élèvera chaque fois un peu plus. (C'est pourquoi on dit de certains Esprits qu'ils sont de bas ou de haut niveau.) Une fois qu'il a pleinement vécu une expérience – dans la souffrance ou dans la joie, cela ne le préoccupe pas vraiment, car seul le résultat compte pour lui –, l'Esprit peut passer à autre chose.

Je me rappelle les années où je méditais le plus souvent possible, dans le but de transcender mes peurs. Je peux maintenant imaginer mon

Esprit désespéré de me voir flotter ainsi dans mes nuages d'encens. Je peux l'entendre me crier des hautes sphères où je l'expédiais en deux ou trois *aoum* : « Eh ! Oh ! André ! T'es sourd ou quoi ? J'en arrive, de là-haut, et je n'ai rien à y faire, moi ! Redescends-moi vite dans ce corps que tu m'as si gentiment offert et VIS, pardi ! Contente-toi de VIVRE au lieu de fuir. Savoure pleinement tout ce qui est mis sur ta route pour ton élévation. Tu sais ce que j'aimerais, moi ? C'est conduire une automobile à 150 km/h, les cheveux dans le vent. Faire l'amour à en perdre la tête, ressentir ce que c'est que d'aimer et aussi de haïr. Je veux vibrer en toi et avec toi, et avoir du plaisir dans ce corps de chair. Je te le répète, mon vieux, si je n'avais pas voulu de cette situation, je ne t'aurais pas choisi et je serais resté là-haut ! »

Ne déduisez pas de cela que je veuille dénigrer la méditation. Au contraire, cette pratique est parfois utile et nécessaire pour se retrouver et pour se recentrer lorsqu'on est éparpillé. Mais le problème, c'est que beaucoup de méditants se servent de cet exercice pour fuir leur réalité. Ce qui va à l'encontre du contrat signé avec leur Esprit qui, lui, veut descendre et s'enraciner dans la matière pour s'en imprégner.

Parlons-en de cet enracinement. L'arbre en est un excellent exemple, d'ailleurs. Quelle est la condition essentielle pour que les branches d'un arbre soient belles, fortes et bien tendues vers le ciel ? Il faut d'abord que ses racines soient profondément enfoncées dans le sol. Ensuite, le vent aura beau tenter de le faire pencher de tous bords tous côtés, l'arbre pliera peut-être, mais il ne cassera pas. Sa flexibilité fera en sorte qu'il deviendra de plus en plus solide chaque jour. Ainsi fonctionne l'Esprit en nous. Plus il est ancré dans le physique, à cause de la place que nous lui accordons dans notre vie quotidienne, plus il peut s'élever dans les hautes sphères de la sagesse. Et nous n'avons pas à faire quoi que ce soit pour l'y pousser.

Le maître de sa vie est donc un être d'expériences. Il peut certes se laisser guider, pendant un certain temps et dans certaines circonstances, par l'expérience d'autrui, celle d'un maître ou d'un véritable ami, mais il ne pourra pas en rester là si telle est sa voie. Aussitôt qu'il s'en sentira le courage ou qu'il en aura l'occasion, il sautera à pieds joints dans le feu de l'action. Il en retirera à son tour la force qui lui permettra de franchir le prochain pas, ce qui fera ainsi pousser un peu plus profondément ses racines. Lorsque ce sera à votre tour d'entrer dans la danse, ne vous contentez pas de regarder les autres s'exécuter devant vous. Osez danser. Alors seulement, vous découvrirez vos aptitudes dans cet art.

Dieu juge l'arbre à ses fruits et non à ses racines.

Vieux proverbe arabe

LE MAÎTRE ET
LES AILES DE L'ANGE

À l'image de l'ange, l'aspirant maître de sa vie en quête d'autonomie doit apprendre le plus rapidement possible à voler de ses propres ailes. J'utilise ici l'image de l'ange, car elle est très appropriée. Et c'est peut-être ce que nous allons tous devenir incessamment, nous, les personnes qui sont sur la route de leur propre autonomie. Commençons par le début, voulez-vous ? Un ange possède deux ailes, vous êtes d'accord ? Parfait ! Imaginons maintenant que nous sommes cet ange et que nous avons une aile blanche et une aile noire. Intéressant, n'est-ce pas ? Surtout pour l'ego ! Il faut dire que la plupart d'entre nous ont une aile blanche très développée, à force de faire toutes sortes de pirouettes pour se faire aimer et de pratiquer divers exercices spirituels pour se maintenir dans la lumière.

Pendant nombre d'années, j'ai développé scrupuleusement – c'est le cas de le dire – mon aile lumineuse, occultant par le fait même mon aile noire. Celle-ci a fini par s'engluer, à force d'être inutilisée. Tout ce qu'on demandait à André, c'était d'être bon, gentil, bienveillant, toujours bien habillé. De ne jamais dire un mot plus haut que l'autre, de ne jamais déranger les gens, surtout durant ses conférences. Vous voyez le genre ? Durant près de cinquante ans, j'ai tenté par tous les moyens de me maintenir dans la lumière, en m'éloignant comme de la peste de tout ce qui touchait ou même rappelait l'ombre. J'avais une sainte horreur du négatif et j'avais constamment peur que la noirceur vienne occulter ma propre lumière.

Ma perception commença à changer le jour où l'on m'a raconté une histoire merveilleuse à propos d'un enfant qui avait reçu une magnifique lampe de poche comme cadeau d'anniversaire. Cette lampe était la plus belle qui soit. « Elle projette de tels rayons lumineux, avait assuré le vendeur, qu'aucun coin sombre ne peut résister à sa lumière. » L'enfant était ravi de son présent. Mais son problème, c'est qu'il demeurait sur le Soleil, et qu'il ne pouvait donc pas se servir de son cadeau. Personne n'avait pensé que la lumière ne pouvait pas éclairer la lumière. Quel dilemme ! Pour parer à la situation, l'enfant a dû descendre sur la Terre avec son précieux présent, pour trouver des coins sombres, de la belle noirceur à éclairer. Mignon, n'est-ce pas ? Nous avons beau être dotés d'une luminosité extrême, si nous n'avons rien ni personne à éclairer, à quoi servirons-nous ?

Je disais donc que mon aile blanche était devenue, avec les années, un peu trop agile et développée à mon goût. On m'aimait, on m'aimait, et… on m'aimait ! Mais pendant ce temps, un petit rebelle en puissance en dedans de moi s'ennuyait à mourir. Comme j'étais propulsé par une seule aile depuis ma plus tendre enfance, je tournais continuellement en rond. Dans la lumière certes, mais en rond quand même. Je rencontrai alors un homme dont l'aile noire était aussi développée que l'était ma blanche, et j'ai appris à le connaître. Je dis que j'ai « appris » car, au début, ma tête auréolée l'avait jugé trop rapidement. Et mon jugement était assez acerbe, croyez-moi, à cause des côtés dérangeants de cet homme. Comme il était tout le contraire de moi et que les contraires s'attirent, ma curiosité jointe à la poussée de mon Esprit m'a contraint à écouter ce qu'il avait à m'enseigner au lieu de le juger. Un petit effort de réflexion m'a permis de découvrir que chacun de nous avait une aile à développer : moi la noire et lui la blanche. Nous allions dès lors devenir des maîtres l'un pour l'autre. Ce fut le point de départ d'une grande amitié et l'une de mes plus grandes quêtes d'authenticité.

Vous avez sûrement remarqué que certaines personnes de votre entourage battent facilement de l'aile noire. Cela semble naturel pour elles. Elles sont parfois méchantes sans le vouloir, contournent ce qui a été établi, sèment la discorde, se fichent qu'on les aime ou pas, etc. Ces êtres battent de l'aile noire, comme moi je le faisais dans la lumière. Eux aussi tournent en rond, souvent dans la négativité et les ténèbres.

Mais, dites-moi, qui donc est le plus avancé ? Qui évolue le plus rapidement ? Ni l'un ni l'autre, évidemment. Ces anges blancs ou noirs tournent tous en rond, mais dans un sens différent. Le truc, vous le devinerez, c'est de développer ses deux ailes, d'utiliser adéquatement ses côtés sombres comme ses côtés lumineux, et d'effectuer ainsi un vol rapide, en ligne droite cette fois.

Je vous propose maintenant un exemple qui m'a permis de bien comprendre le pouvoir de mes deux ailes. Je donnais alors un atelier dans un petit hameau de France. L'une des participantes me fascinait depuis le début, car il émanait d'elle une telle lumière que j'en étais ébloui. « Quelle belle personne ! » me suis-je dit tout au long de la journée. Jusqu'au dîner… Le merveilleux hasard fit en sorte qu'elle se retrouva assise en face de moi. Elle se mit aussitôt à me cribler de questions auxquelles je n'avais pas le temps de répondre, tant son débit était rapide. Croyant bien faire, son voisin de droite lui tapa sur l'épaule afin de lui faire prendre conscience de son attitude. Il lui suggéra de se taire quelques instants pour que je puisse répondre à ses questions. Elle se tourna d'un trait vers lui et le regarda droit dans les yeux. Je soupçonnai alors la présence chez elle d'une aile noire qui allait se mettre à battre… « Sachez, mon cher monsieur, lança-t-elle d'un ton acerbe, que je me tairai quand j'en aurai envie et que ce n'est pas à vous de me dicter ma conduite. Laissez-moi faire, vous parlerez ensuite ! » Et vlan ! Ceci dit, elle se tourna de nouveau vers moi en remettant sur sa figure son inaltérable sourire angélique.

Un vent glacial venait de s'abattre sur la tablée. Tout le monde se tut. Je restai moi-même bouche bée devant cette riposte, une riposte qui venait en plus d'une dame dont j'admirais la douce luminosité. « Eh ! Oh ! me lança mon Esprit en riant, tu voulais un exemple d'équilibre ? Tu l'as ! Ne juge pas. Regarde plutôt ce bel ange devant toi, qui se sert avec autant d'intensité de son aile blanche que de son aile noire. » Je sortis aussitôt de mon mutisme et de mon embarras, et je souris à mon tour, à cause du commentaire si véridique de mon vieux sage d'amour, ce qui eut tôt fait de réchauffer l'atmosphère. La dame se remit à parler comme si de rien n'était, tandis que son voisin, le nez plongé dans son bol à soupe, essayait de déplacer le moins d'air possible. Un peu plus tard, la même dame se tourna vers lui et, d'un grand coup d'aile blanche, elle s'excusa de son moment d'emportement. J'étais ravi de la leçon.

Durant les semaines qui ont suivi cette prise de conscience, je me suis efforcé de développer moi-même mon aile noire, me faisant parfois violence pour déranger les gens et leur montrer un côté de moi qu'ils ne connaissaient pas. J'abandonnai mon sempiternel habit jaune et mes cravates assorties et j'optai désormais pour des tenues plus décontractées. Je changeai de coiffure, une même coiffure vieillotte que j'arborais depuis trente ans. Je me débarrassai aussi avec satisfaction de plusieurs de mes attitudes complaisantes du bon-petit-garçon-parfait que j'avais toujours voulu être pour me faire aimer. J'osai enfin devenir moi-même, laissant parfois derrière moi des amis de longue date qui ne me reconnaissaient plus dans ce que j'étais et qui m'avaient jugé et condamné.

Combien de fois ai-je entendu ce genre de commentaire : « Tu es sur une route dangereuse, André. Nous te prévenons. Si tu ne redeviens pas le petit André d'avant, tu ne dois plus compter sur notre amitié. Et n'oublie pas que c'est par amour que nous te disons cela. Tu nous remercieras en temps et lieu. »

Ah ! cet André d'amour ! Comme il avait le dos large ! Devant tant d'acharnement à me ramener en arrière, je n'avais d'autre choix que de sortir mon aile noire et de biffer des noms dans la liste de mes prétendus amis. Croyez-moi, cet exercice a été très pénible pour le petit André d'autrefois. Aujourd'hui, beaucoup d'eau a coulé sous le pont. À me voir voler à une vitesse folle avec mes propres ailes, plusieurs de mes anciens juges ont revu leur position… Certains ont ainsi eu le goût de développer à leur tour leurs propres ailes.

Dans l'univers, le blanc et le noir sont complémentaires, c'est-à-dire qu'ils ne peuvent exister l'un sans l'autre. Par contre, on remarquera que la lumière peut éclairer le noir, mais que la noirceur ne peut jamais altérer un rayon lumineux. Si vous voulez devenir maître de votre vie, vous devrez vous aussi vous mettre à battre de vos deux ailes. Si, à force de ne pas servir, la noire commence à être engluée dans votre omoplate, commencez dès maintenant à lui faire faire un peu d'exercice. Le seul fait de dire ce que vous avez à dire sera déjà un grand pas. Poursuivez en accomplissant certains gestes qui vous semblent justes, mais que vous n'avez jamais osé faire, de peur de déplaire ou d'être rejeté. Apprenez à dire non, mais sans fermer votre cœur. Dépassez certains interdits qui vous ont souvent empêché d'avancer. Et, par-dessus tout, ne vous sentez pas coupable.

Les premiers temps, il se peut que votre aile noire vous fasse tomber dans les extrêmes. Peut-être que dans votre désir d'affirmation, vous ferez exploser quelques bombes autour de vous. Mais ne vous en faites pas. À la longue, vous retrouverez l'équilibre. Et vous vous mettrez à voler rapidement, droit, et sur votre propre route cette fois !

LE MAÎTRE ET
LES TITRES

L a maîtrise de sa vie passe par l'autonomie. Elle requiert également le respect de soi et un sens profond de l'égalité entre les humains. Quand je parle d'égalité, je ne nie pas que certaines personnes soient différentes des autres, qu'elles sont plus éduquées, plus évoluées, plus riches, plus belles, etc. Chaque être est unique et chacun chemine sur sa propre route, c'est normal. Par contre, nous avons tous une chose en commun : nous sommes tous mus par une étincelle divine, une étincelle originellement de même intensité, et issue d'une seule et même force : Dieu. Dieu est en effet l'ensemble de nous tous. Pour être plus clair, disons que si on pouvait rassembler en un seul lieu toutes les étincelles divines de l'univers, on pourrait enfin voir de quoi Dieu a l'air. C'est la raison pour laquelle je crois en l'égalité absolue de toutes les composantes de l'humanité, des plus petites aux plus grandes, des plus lumineuses aux plus sombres. De plus, étant donné qu'elles sont toutes interreliées de par leur appartenance divine, chacune profite en permanence de l'expérience des autres. Ainsi, tout ce qu'expérimente l'Esprit, que ce soit celui du pire des malfaiteurs ou du plus grand des saints, est transmis automatiquement à tous les autres Esprits de l'univers.

Qui sommes-nous donc pour juger ? Nous avançons tous à notre rythme propre, mais sur des routes différentes. Notre mental a bien de la difficulté à admettre cela. C'est pourquoi il est constamment sur la défensive et juge comme irrecevable tout ce qui n'est pas conforme à sa façon de voir les choses.

Dans notre monde hiérarchisé, un monde conçu et mené comme par hasard par le mental, on retrouve toujours des gens en haut qui dirigent et d'autres en bas qui se soumettent. Prenez les diagrammes des compagnies, par exemple. Tout en haut de la pyramide, il y a un président-directeur-général, et, au-dessous, à des niveaux différents, des directeurs, des sous-directeurs, des contremaîtres, des employés, etc. Il y a toujours une personne qui est au-dessus d'une autre. On reconnaît encore une fois le modèle classique « maître-disciple ». J'ai lu un jour un article qui racontait qu'au Japon, certaines sociétés fonctionnaient avec des diagrammes circulaires. En un point central se situe la philosophie de base de la société et, répartis de façon égale sur le pourtour d'un cercle tracé autour de ce point, tous les employés qui y travaillent, quel que soit leur rang, du président-directeur-général au préposé à l'entretien. Personnellement, je trouve ce principe génial. Il pourrait parfaitement illustrer l'équité qu'on devrait retrouver entre tous les êtres de la planète et, pourquoi pas, entre tous les éléments de l'univers.

Traçons le même genre de schéma, en plaçant au centre la Vérité, celle qui est recherchée par tous. Puis sur le cercle, tout autour, disposons côte à côte tous les humains, chacun faisant son petit bonhomme de chemin, partageant chacun ses expériences avec son voisin, chacun évoluant à son propre rythme et sur une route distincte de celle des autres. On peut facilement concevoir qu'avec cette vision élargie et plus universelle, l'être le plus évolué pourra côtoyer l'idiot sans que l'un des deux soit plus proche de la Vérité que l'autre. C'est magique, n'est-ce pas ? Le mouvement incessant de la Vie fera peut-être en sorte que, dans une autre incarnation, le saint choisira de vivre l'expérience de l'idiot, et vice versa.

Dans le domaine de l'évolution, personne n'est plus important que l'autre. Chacun est à sa place, en train de faire la bonne chose, et au bon moment. Chacun aide l'autre à évoluer, quoi qu'il dise et quoi qu'il fasse. Le maître ne croira jamais qu'une personne est dans l'erreur. Sinon, il prouverait qu'il n'est pas un maître.

Si l'on admet le principe d'égalité que je viens d'exposer, comment peut-on accepter, en tant que maître, qu'un groupement, une religion ou un être humain conscient puisse se prétendre plus évolué que les autres ? qu'il puisse prétendre toucher la Vérité de plus près qu'un autre et, pis encore, qu'il puisse proclamer qu'il a trouvé cette Vérité et qu'il la détient à lui tout seul ? En agissant ainsi, il prouve exactement le contraire. Mais ne vous avisez surtout pas de le lui dire, car il tentera de vous rabaisser davantage pour vous faire admettre que vous aviez tort. Mais ce sera sans effet si vous êtes maître de votre vie !

À qui servent les titres que les gens se donnent, me demanderez-vous, surtout chez ceux qui se disent maîtres ? Dans notre société occidentale, les titres sont un piège de l'ego qui veut se démarquer de la masse et créer des inégalités qui lui permettront de redorer son blason. Pourquoi se donner un titre, si ce n'est pour se proclamer supérieur aux autres ? C'est assez évident, n'est-ce pas ? Mais combien de gens me jugeront pour ce que je viens de dire ? Réfléchissez-y à deux fois avant de répondre. Lorsqu'on est un maître authentique, est-ce qu'on sent le besoin d'étaler sa maîtrise aux yeux de tous ? Non, bien sûr !

Les titres, quels qu'ils soient, sont des instruments de soumission. Ils devraient être immédiatement mis au rancart par ceux qui aspirent à la vraie maîtrise, celle qui se bâtit dans l'ombre et à partir d'un seul terreau : soi-même. Cela peut paraître exagéré, mais cette action concrète est l'un des prix à payer pour devenir maître de soi.

Pour certains disciples, les titres qu'on leur assigne lors des cérémonies d'initiation peuvent augmenter momentanément leur confiance en eux. Vue sous cet angle, cette pratique n'est pas néfaste du tout. Mais, si ces gens veulent devenir des maîtres, ils devront abandonner leurs noms d'office et se contenter d'être au lieu de paraître. À cause de ce simple geste de sagesse, ils ne se laisseront plus jamais impressionner par les hauttitrés de ce monde.

On peut se demander pourquoi tous ces Monseigneurs, ces Saintetés, ces Maîtres I, ou Maîtres II, ces Cardinaux, ces Docteurs en ci et en ça, ces Bienheureux, ces Saints, ces Très Honorables, enfin ces tout-ce-que-vous-voudrez sentent le besoin de proclamer leur supériorité sur les « petites » gens qui n'ont pas eu la chance ou l'argent nécessaire pour détenir leur propre titre ? Peut-être est-ce pour garder ces petites gens plus longtemps sous leurs ailes, et pour s'assurer qu'ils comprennent bien qui détient le pouvoir et qui doit obéir. Je ne nie pas que ces titres font souvent partie de la culture d'un peuple, par exemple chez les Orientaux. Je les respecte, mais je ne peux m'empêcher de m'interroger à ce sujet. C'est d'ailleurs ce que le maître fait toujours : se poser des questions, tout remettre en cause. Et, croyez-moi, ce n'est pas reposant !

Lorsqu'on est un maître authentique, le seul titre que l'on détient, c'est celui qui ressort tout naturellement de nous, par le seul fait de notre présence. Il se voit dans notre sourire franc, dans l'étincelle divine au fond de nos yeux, par le contact de notre cœur, de tout notre être. Plus besoin de proclamer qui l'on est, ni même de faire valoir l'étendue de notre sagesse. Le sage se contente d'être totalement et sans réserve ce qu'il veut enseigner aux autres. C'est pourquoi son royaume est souvent celui du silence.

LE MAÎTRE ET
LE SAUVEUR

Connaissez-vous quelqu'un qui n'a pas un peu l'âme d'un sauveur ? Vous savez, ce sauveur intérieur, un sauveur qui impose de plus en plus sa présence, en particulier aux gens qui s'éveillent à la spiritualité. Qui d'entre nous n'a pas tenté, au moins une fois dans sa vie, de sortir quelqu'un de la dèche sans que celui-ci l'ait clairement demandé ? Vous me diriez que ça ne vous est jamais arrivé que je ne vous croirais pas. Désolé ! Cela fait partie de notre nature humaine, je dirais même animale, de vouloir préserver le bonheur de ceux qu'on aime. Et, dans le fond, on n'agit ainsi que dans l'espoir de se faire aimer en retour.

Lorsqu'on commence à gravir plus consciemment les marches de l'évolution, les nouveaux rayons de lumière que l'on découvre nous rendent si heureux qu'instinctivement, on désire les partager. On veut que tous nos amis en profitent et qu'ils puissent y baigner à leur tour. Un problème de taille se pose lorsque, poussé par notre enthousiasme, on ne se rend pas compte que ceux que l'on voudrait aider n'ont pas demandé qu'on le fasse : ils ne le veulent pas ou ils ne sont pas prêts à recevoir notre aide. Nos efforts se retournent alors parfois contre nous. C'est peut-être ce à quoi Jésus faisait allusion quand il disait : « Ne donnez pas de perles aux pourceaux ! » Car ceux-ci les piétineront comme de vulgaires cailloux, de sorte que ces perles se retrouveront enfouies très profondément et à tout jamais dans la boue. Nous pouvons tout au plus offrir certaines de nos perles aux cœurs qui semblent aptes à les recevoir, mais jamais les donner de force à quelqu'un qui ne saura pas les apprécier.

Lorsqu'on est disciple d'un maître ou d'une religion qui ne nous donne guère le droit de parole, notre seule consolation consiste souvent à trouver des gens à sauver autour de nous. C'est ce que font les sectes : elles incitent leurs membres à faire du porte à porte, soit-disant pour sauver le monde, mais en réalité, c'est pour faire du recrutement et assurer la relève.

Lorsqu'on amorce un cheminement spirituel, jouer au sauveur devient une agréable motivation ; cela donne une impression de partage (annoncer la bonne nouvelle…). Mais, avec le temps, on s'en fait une obligation, sans trop s'en rendre compte. On s'applique à poursuivre notre travail de sauveur jusqu'à ce que le maître en nous s'éveille. Nous cessons alors peu à peu ce petit jeu, devenu fastidieux. En fait, essayer de sauver quelqu'un malgré lui, c'est tenter de le changer en lui imposant nos propres croyances. C'est, la plupart du temps, le discours du faux maître qui dit à ses disciples qu'il est lui-même rendu au bout de la route de l'évolution, au-delà de laquelle se trouve le paradis. Il n'agit pas de mauvaise foi, puisqu'il croit vraiment ce qu'il dit.

Se voyant au faîte de son évolution, l'initié essaiera d'entraîner dans son sillage les nouveaux élus. C'est alors que se dresse le pire piège de l'ego, celui qui, à ce que l'on raconte, a causé la destruction de l'Atlantide : prendre la place de Dieu.

J'ai rencontré dernièrement une personne qui venait de terminer un stage intensif de guérison par l'énergie. Cet homme voyait de l'énergie partout ; il en mangeait, en buvait, en respirait. Vous voyez le genre ? À peine sorti de son stage, il disait à tous ceux qu'il rencontrait qu'il était prêt à les initier – quelle prétention de vouloir initier quelqu'un d'autre que soi ! Car un jour ou l'autre, selon ses dires, ces gens allaient devoir faire face à ce niveau supérieur d'évolution qu'il avait touché. Pourquoi ne pas le faire tout de suite avec lui ? concluait-il. Je regardai cet être sincère, qui faisait tout pour me rallier à sa cause et voulait me sauver. Je constatai rapidement que je ne pouvais rien faire pour lui. Je me tus et me retirai à la première occasion. Je ne revis jamais cet homme, et ne le cherchai pas non plus…

Toute méthode, technique, philosophie ou discipline que l'on a apprise doit être remise en question un jour ou l'autre, et parfois même jetée par-dessus bord dès qu'elle devient un obstacle à l'atteinte ultime de la simplicité. Le maître véritable n'a besoin de rien pour toucher à sa divinité. Notre âme toute-puissante est bien installée au cœur de nous-mêmes et c'est la seule et unique source d'énergie que nous ayons besoin de connaître. Comme elle a une puissance infinie, pourquoi irions-nous puiser de l'énergie à l'extérieur de nous, quand nous en avons en abondance en nous ?

Je vous parle par expérience, car j'ai moi-même enseigné des méthodes de guérison par l'énergie. J'expliquais aux gens comment capter les multiples énergies de guérison qui étaient à l'extérieur d'eux. Je le faisais de bonne foi, et la méthode que j'appliquais à cette période de ma vie était efficace et portait fruit. J'ai continué ainsi jusqu'à ce que j'accepte de m'ouvrir à quelque chose de plus grand et de plus simple. Aujourd'hui, je n'enseigne plus rien aux gens. Je leur montre à se reconnecter à leur propre Dieu intérieur, c'est tout.

Le maître de sa vie ne se contente jamais de ce qu'il sait. Il s'ouvre constamment à autre chose et accepte humblement de vider de temps en temps son sac de vieilles croyances pour en laisser entrer de nouvelles, plus simples et plus fraîches. Jusqu'à ce que ces dernières soient à leur tour remplacées. On n'arrête pas le progrès...

Souvenez-vous, mes amis, que le maître n'a personne d'autre à sauver que lui-même. Il a atteint un niveau de sagesse qui lui permet d'admettre son impuissance à sauver quelqu'un contre son gré. Il sait que certaines personnes doivent patauger un certain temps dans leur mare, et s'y enliser à l'occasion. Jusqu'au jour où, saturées de leurs souffrances, elles demanderont finalement de l'aide. C'est seulement à cet instant que le sage se permettra d'intervenir et qu'il changera leur vie si telle est leur requête. Sinon, il se taira et se contentera de faire ce dont il est devenu spécialiste : être...

Durant mes ateliers de croissance, j'étais souvent enclin à jouer au sauveur. Dernièrement, alors que je m'apprêtais à partir pour une autre tournée européenne, mon ami Yvon m'a envoyé ce courrier électronique : « Vas-y, André. Envole-toi et change le monde. » Je lui ai répondu tout de go : « Tu es malade ou quoi ? Je m'en vais m'amuser, me faire plaisir, et gagner ma vie par le fait même. Je n'ai nullement l'intention de sauver qui que ce soit, crois-moi. » Ce à quoi il m'a répondu par ces simples mots : « Bravo, hi ! hi ! hi ! » J'avais peut-être passé le test…

Parfois le guerrier de la lumière a l'impression de vivre deux vies en parallèle.

Dans l'une, il est obligé de faire tout ce qu'il ne veut pas, de lutter pour des idées auxquelles il ne croit pas. Mais il existe une autre vie, et il la découvre dans ses rêves, ses lectures, ses rencontres avec des êtres qui pensent comme lui.

Le guerrier permet à ses deux vies de se rapprocher. « Il y a un pont qui relie ce que je fais et ce que j'aimerais faire », pense-t-il. Peu à peu, ses rêves envahissent sa routine, jusqu'au moment où il se sent prêt pour ce qu'il a toujours désiré.

Alors, il suffit d'un peu d'audace, et les deux vies ne font plus qu'une.

Paulo Coelho

LE MAÎTRE ET
LA MÉMOIRE

Une des peurs que nous voyons naître en nous en prenant de l'âge, c'est de perdre la mémoire, d'oublier des choses, des visages, des noms. Pourtant, quand on y pense à deux fois, ce phénomène est tout à fait normal car, ce faisant, la mémoire fait exactement son travail. Avez-vous déjà réalisé que la fonction première de la mémoire était d'oublier, pas de se souvenir ? Pourquoi notre mémoire aurait-elle comme boulot d'emmagasiner dans tous les détails ce que nous avons vécu et appris durant des années ? Ce serait une tâche aussi ardue qu'inutile. Prenez l'exemple du jour de notre naissance. Si vous pouviez vous rappeler, pire encore ressentir tout ce que vous avez vécu durant ces moments où vous êtes venu au monde, vous seriez horrifié par le traumatisme subi. On prétend même qu'un adulte qui devrait revivre le processus de sa naissance en mourrait probablement. C'est pourquoi le cerveau a vite fait de l'oublier.

Le cerveau pourrait facilement être comparé à un ordinateur dont le disque dur s'appellerait, à juste titre, la mémoire. Durant les premières années de notre vie, des sommes magistrales d'informations s'enregistrent sur notre disque dur afin de former notre instinct de survie. Mais, avec le temps, ce disque devient saturé. Quand notre mémoire est remplie, elle se met petit à petit à oublier certaines choses sans importance pour ne retenir que l'essentiel. Et c'est très bien comme ça.

Par contre, l'énergie générée par ce que l'on a acquis de nos expériences n'est plus le lot de notre mémoire puisque cette énergie a été vécue. Elle demeure en nous, dans notre inconscient, lequel, contrairement à notre mémoire limitée, est infini. Ainsi, lorsque nous avons besoin de nous remémorer quelque chose d'important, notre inconscient se charge de le faire émerger à notre conscience. Et voilà, le tour est joué !

Depuis que j'ai compris ce principe fondamental et pourtant si simple, je ne note pratiquement plus rien. Je n'essaie jamais non plus de mémoriser quelque chose si je peux faire autrement. Quand j'anime des stages de croissance, je demande aux participants d'arriver sans papier ni crayon. Ainsi, ce n'est pas leur mental qu'ils nourriront, mais leur cœur, siège de l'inconscient. Et je peux vous assurer que ça fonctionne. Les gens sont ainsi beaucoup plus à l'écoute de ce que je dis, car c'est leur cœur qui est connecté directement au mien, pas leur tête, qui a peur de ne pas se souvenir. S'ils prenaient des notes, le contact profond qui a été établi entre nous au début de la session serait court-circuité. Et c'est le mental qui serait le plus occupé.

La mémoire est donc faite pour oublier, comme le dit le vieil adage. Elle fait très bien son travail quand on cherche le nom d'une personne, par exemple. Y a-t-il quelque chose de plus frustrant que de se retrouver devant quelqu'un qu'on connaît et dont on ne se rappelle pas le nom ?

Personnellement, avec le nombre de gens que je rencontre durant une année, cela m'arrive fréquemment. Au début, quand je me pliais à des séances de signature de livre, je paniquais facilement devant ces pertes de mémoire. Aujourd'hui, je me permets de dire à quelqu'un que je le reconnais mais que j'ai oublié son nom. Il me le révèle, et je sais que je l'oublierai encore, mais cette fois, je ne me taperai pas sur la tête.

Une des choses que le maître doit par contre se rappeler, c'est que, aussi longtemps qu'il est en contact avec sa Source, son âme, il l'est également avec son inconscient. Et c'est cet inconscient qui lui sert véritablement de mémoire. Au moment voulu, lorsque la situation l'exigera, il se remémorera exactement ce qu'il doit se rappeler. Pour le reste, il peut tout oublier sans remords.

Ah oui ! J'oubliais. Parlant de mémoire, vous connaissez le phénomène qu'on appelle les rechutes ? Savez-vous pourquoi on retombe facilement dans nos anciennes habitudes ? Parce qu'on a oublié ! Par exemple, vous avez compris quelque chose de très important, et vous en êtes particulièrement fier. Vous avez reçu un merveilleux rayon de lumière et tout est devenu clair dans votre tête. Vous vous jurez alors que la leçon est retenue pour la vie et que vous ne referez plus les mêmes erreurs. Fort bien !... Jusqu'à ce que vous oubliiez !

Eh oui ! la mémoire est faite pour ça, pour oublier. C'est ce qu'on peut appeler une rechute, une simple perte de mémoire. Donc, cessez de paniquer à la moindre rechute. Les gens sont parfois surpris d'entendre cela, mais c'est la stricte vérité. Rappelez-vous les rechutes que vous avez sûrement faites au cours de votre existence. Vous aviez compris, puis un jour… plus rien. « Mémoire effacée », peut-on lire sur votre écran cathodique. Et vous retombez dans vos vieux *patterns* pendant un certain temps, le temps que vous vous en aperceviez afin d'en rire et de réagir.

Devenir conscient, c'est cesser de paniquer et de s'en vouloir pour nos rechutes ; c'est dédramatiser nos oublis. Il ne nous reste plus ensuite qu'à se remémorer ce que l'on a appris. Souvenez-vous-en le jour où vous aurez oublié…

Pour le guerrier de la lumière, il n'existe rien d'abstrait. Tout est concret, et tout lui inspire respect. Il ne reste pas assis, dans le confort de sa tente, à observer ce qui se passe de par le monde. Le guerrier de la lumière accepte chaque défi comme une occasion de se transformer lui-même.

Certains de ses compagnons passent leur vie à critiquer l'absence de choix, ou à commenter les décisions des autres. Le guerrier, lui, transforme sa pensée en action.

Quelquefois, il manque son objectif, et il paie – sans se plaindre – le prix de son erreur. D'autres fois, il s'écarte du chemin et perd beaucoup de temps à revenir à son destin originel.

Mais le guerrier ne se laisse pas distraire.

Paulo Coelho

LE MAÎTRE ET
L'AMOUR DE SOI

Aimer ! Quel grand mot ! Et pourtant, peu d'entre nous en connaissent le sens profond. À bien y penser, c'est peut-être une chance, car si on savait vraiment ce en quoi consiste l'amour véritable, on plierait l'échine devant l'étendue des connaissances à assimiler. On cesserait peut-être alors de le chercher et ce serait une catastrophe. Car n'est-ce pas la quête d'amour qui est le moteur de notre vie ? En réalité, on ne fait que cela à la journée longue : chercher l'amour, que les actions entreprises à cet effet soient positives ou négatives. On peut aussi bien aimer dans la joie que dans la souffrance et on opte pour ce qui nous apporte le plus de sécurité. Pour beaucoup, c'est le tourment. Personnellement, j'ai décidé il y a longtemps de m'ouvrir totalement à la joie, mais je suis en même temps conscient que ce n'est pas le lot de tout le monde.

Combien de gens ont tellement peur de l'insécurité que procure le bonheur qu'ils passent toute leur existence dans d'interminables torrents de malheurs ! Pourquoi ? Parce que la souffrance est ce qu'ils ont toujours connu et ils s'y sentent en sécurité. La joie, cette inconnue, leur fait peur. Un rayon de soleil, un peu de lumière et d'espoir commencent-ils à poindre à l'horizon de leur vie qu'ils s'en méfieront comme de la peste. Comme ils n'ont jamais connu la félicité, ils plongeront dans leur habituelle infortune, car ils s'y sentent plus à l'aise.

Notre instinct de survie nous dicte de nous méfier, de craindre ce qu'on ne connaît pas. De là notre peur viscérale de l'inconnu... Le connu, c'est la sécurité, quelle qu'en soit la nature. C'est peut-être ce qui explique pourquoi certaines personnes semblent se complaire dans leur rôle de victime. Au moins elles ont alors l'impression d'être écoutées et aimées. Mince consolation, me direz-vous, mais vitale pour ces gens.

L'amour se retrouve à chaque tournant de notre vie. Chaque fois qu'on en découvre une parcelle, il prend de l'expansion. Jusqu'à ce qu'on touche à l'amour le plus grand qui soit : l'amour de soi. Durant les premières années de notre vie, tout ce que l'on cherche, c'est l'amour des autres. Toutes nos actions sont motivées par cette quête fondamentale : être aimé par notre mère, notre père, nos frères, nos sœurs, nos amis, nos enseignants, etc. Être aimé, c'est tout ce dont on a besoin.

Cette recherche constante de l'approbation d'autrui, avec l'amour qui en découle, ne correspond pourtant qu'à un premier niveau d'évolution, un niveau où reste confinée une grande partie de l'humanité.

Une grande artiste populaire québécoise, Ginette Reno, interprète avec brio une excellente chanson intitulée *L'essentiel, c'est d'être aimé*. Je suis d'accord, c'est bien beau être aimé, mais à quel prix ? Souvent ce prix, c'est la soumission, la dépendance envers des êtres dont on a maladivement besoin de l'amour, l'oubli de soi et de ses besoins affectifs fondamentaux.

Combien de femmes ont reçu une éducation qui les a amenées à se désintéresser d'elles-mêmes et à mettre toutes leurs énergies à se faire aimer de leur mari et de leurs enfants ? Combien d'hommes ont éteint leurs rêves les plus chers pour se conformer à l'image du mâle idéal, viril et sans émotions, qui leur était imposée par la société ? Combien de fois ai-je été infidèle à moi-même et à mes besoins fondamentaux pour répondre aux attentes des autres ? Tout cela pour être aimé, pour ne pas être jugé et pour devenir inconsciemment esclave de l'amour des autres.

Cette propension à vouloir être aimé à tout prix est une étape que nous traversons tous, mais qui doit être dépassée. Lorsque c'est fait, nous pouvons toucher à la phase deux de notre quête d'amour : celle de l'adulte – pas par l'âge, mais par le cœur. Cette phase consiste à aimer les autres sans rien attendre en retour. Certains parleront d'amour inconditionnel, un idéal que l'on peut se fixer, mais qui restera chimérique. Je l'ai déjà dit, il s'agit selon moi d'un objectif impossible à atteindre pour la majorité des humains.

Chaque étape de notre développement requiert la poursuite d'un but, même si celui-ci est utopique. De par sa nature animale, l'être humain n'accomplit que des gestes qui sont motivés par un intérêt quelconque. Cet intérêt peut être d'ordre personnel, financier ou relationnel, mais il est constamment présent. Qu'on l'admette ou non, l'espoir de quelque chose en retour est toujours présent derrière nos plus louables intentions.

Ne jouons pas à l'autruche. Regardons les gens qui se disent mus par l'amour inconditionnel. La plupart de ces individus agissent inconsciemment dans le but d'être appréciés pour leurs gestes humanitaires. Ce qui nous ramène à la case départ : être aimé !

L'amour dit inconditionnel se résume à ceci : aimer l'autre pour ce qu'il est, et non pas pour ce qu'il peut nous apporter. Éprouver un amour sans borne pour une personne malgré sa haine ou son indifférence à notre égard. Aimer un être sans qu'il le sache et sans attendre quelque remerciement ou quelque marque d'appréciation que ce soit de sa part. Aimer d'abord sa partie divine, même si elle semble absente ou qu'elle est cachée dans un coin sombre de son être. Tout un programme, n'est-ce pas ? Et maintenant, pouvez-vous encore vous regarder dans une glace, droit dans les yeux, en vous faisant croire que vous aimez de façon inconditionnelle ? Si oui, bravo… Mais désolé ! Je ne vous crois pas.

Si une personne a réellement atteint ce niveau d'amour inconditionnel, le mot *pardon* devient vide de sens. Personne n'est mauvais à ses yeux et personne ne mérite la disgrâce. Si nous en sommes encore à l'étape de vouloir pardonner à quelqu'un, c'est que nous le jugeons. Et le jugement appartient au monde de l'ego, au royaume du mental qui se situe complètement à l'opposé de l'amour inconditionnel. En passant, si l'on décompose le mot *jugement*, on obtient ceci : le juge ment… Juger, c'est mentir ; se juger, c'est se mentir. Mignon, n'est-ce pas ?

Lorsqu'un être a accédé à la deuxième phase de l'amour, la troisième commence déjà à se pointer à l'horizon. Il apprendra alors à s'aimer soi-même. C'est le niveau d'amour le plus sublime qui soit. Lorsqu'on l'a atteint, les deux premiers niveaux deviennent périmés : ils sont contenus dans le troisième. Si l'on arrive à s'aimer soi-même suffisamment, profondément et sincèrement, on n'aura pas besoin de l'amour des autres pour combler nos vides affectifs. Nous n'en aurons plus de toute façon, car nous serons déjà pleins d'amour pour soi, et cet amour débordera de tous bords, tous côtés. Notre pire problème sera alors de trouver des gens avec qui le partager.

La maîtrise de sa vie passe obligatoirement par l'amour de soi. Sinon, notre ancienne attitude de disciple en manque d'affection refera constamment surface et prendra toute la place. Le maître véritable est rempli d'amour de soi. Il ne ressent donc plus le besoin viscéral d'être aimé. Mais si cela se produit, il considère cela comme un cadeau divin, un clin d'œil amical que lui fait la vie. Il n'aime jamais les autres par obligation. Étant en contact avec leur Esprit et non leur ego, il les prend comme ils sont et ne cherche pas à les juger. S'il ne se juge pas lui-même, pourquoi le ferait-il avec les autres ? Et si ces derniers le jugent, il ne leur en voudra même pas, car il sait que ces gens sont encore des enfants impulsifs, ignorant leur affiliation divine.

L'amour de soi, avec toutes ses facettes, est la clef de la sagesse. C'est cet amour qui émane des plus grands maîtres de la Terre, vous savez ces maîtres généralement inconnus de la population, et qui n'ont pas de disciples officiels… Si vous voulez déjà commencer à pratiquer cet amour, ne vous gênez surtout pas. Vous épargnerez ainsi le temps que vous auriez mis à atteindre les deux paliers précédents. Comment allez-vous vous y prendre ? Demandez-le à votre maître intérieur, votre Esprit. Il s'empressera de vous mettre sur la piste, vous verrez.

Il vous le fera savoir la prochaine fois que vous passerez devant une glace, le matin, les cheveux ébouriffés. Il vous incitera à vous dire que vous vous aimez comme ça. Il vous fera accepter les imperfections de votre corps en vous expliquant que vous avez choisi votre véhicule tel qu'il est maintenant et que c'est avec cette petite merveille qu'il veut vivre. Il vous fera remarquer que votre corps est un écrin magnifique dans lequel se cache la perle que vous êtes. Il vous fera accepter vos erreurs et vous dira comment les transformer en expériences positives. Il vous suggérera de prendre du temps pour vous, sans vous sentir coupable ou égoïste. Il vous incitera à vous débarrasser de vos croyances limitatives ou désuètes. Qu'elles soient d'ordre religieux, familial ou sexuel, ces barrières vous empêchent de jouir pleinement de votre corps, ce temple de l'énergie divine créatrice trop souvent endormie. Il vous demandera de toujours vous accorder la première place dans votre vie. Il vous fera comprendre que vous êtes un être unique et que le plus beau cadeau que vous puissiez vous offrir, c'est de vous aimer comme vous êtes.

LE MAÎTRE ET LA
RECONQUÊTE DE SES POUVOIRS

C hacun de nous a vécu des centaines, voire des milliers, de vies durant lesquelles notre Esprit a revêtu tout autant de personnalités. Au cours de chacune de ces vies, nous avons développé certains talents et acquis certains pouvoirs au fil de nos expériences. Ces talents et ces pouvoirs ont parfois été soit oubliés, soit simplement déposés dans notre inconscient en attendant d'être redécouverts. Je ne parle évidemment pas ici du pouvoir qu'on a pu prendre sur les autres, mais de notre propre puissance. Durant toutes ces existences, nous sommes passés d'un extrême à l'autre, du maître au disciple, de la religieuse à la femme de joie, du spiritualiste à l'athée, etc. Au terme de ces mouvements de vie, certains de nos pouvoirs ont été temporairement remisés, comme dans des placards.

Lorsqu'on aspire à devenir maître de sa vie, on retrouve ces placards et on tente de récupérer ce qu'on y a laissé. Voici à cet effet un exercice très simple mais extrêmement puissant, qui vous permettra de reprendre contact avec les personnalités et les pouvoirs endormis de vos vies antérieures afin de les reconquérir. Vous pouvez le pratiquer en tout temps, mais idéalement le soir, avant de vous endormir ou encore le matin au réveil. Faites-le durant une certaine période de temps, jusqu'à ce que vous sentiez que votre épuration est achevée. Personnellement, je le pratique encore une à deux fois par jour, et depuis des mois. Libre à vous de faire de même.

Installez-vous confortablement, étendu sur le dos de préférence. Procédez à quelques respirations calmes et profondes pour vous relaxer au maximum. Placez ensuite tout autour de vous, grâce à la visualisation, une immense horloge divisée en douze parties (douze heures). Imaginez que vous êtes un essieu auquel est attachée une grande roue (l'horloge déjà mentionnée). Prenez votre temps et attendez que tout soit bien en place. Portez maintenant votre attention en haut à droite, et visualisez la première heure, le chiffre *un*. En inspirant, allez chercher dans cette partie de l'univers tous les pouvoirs et toutes les personnalités que vous y avez laissés. Sans vous demander ce qu'ils sont (ne permettez surtout pas à votre mental d'intervenir), laissez les énergies du *un* entrer en vous. À l'expiration, rejetez vos soumissions, vos peurs, vos inhibitions, vos frustrations, enfin tout ce qui peut faire obstacle à votre bonheur, à tous ces talents et pouvoirs que vous venez d'accueillir et qui vous appartiennent. Ne tentez pas d'identifier ces peurs, ces inhibitions ou ces frustrations. Votre expir se chargera de les emporter tout seul hors de vous et pour toujours.

Cet exercice ne se fait pas avec la tête, mais avec le cœur. Reprenez le processus (inspir, expir) au moins trois fois. Puis passez à deux heures, en haut et à droite, mais un peu plus bas. Inspirez l'énergie du *deux* ainsi que tous les pouvoirs que vous avez laissés dans cette partie de l'univers. Encore une fois, sans tenter d'identifier quoi que ce soit, laissez sortir de vous, par votre souffle, ce qui leur fait obstacle. Pendant que vous travaillez sur le *deux*, laissez les pouvoirs du *un* continuer à entrer en vous.

Passez ensuite au *trois*, suivant le même processus, le *un* et le *deux* ne devant pas cesser pour autant de ramener leur influx d'énergie dans votre centre : votre âme, dans la région du plexus solaire.

Poursuivez l'exercice avec les nombres quatre, cinq, six, sept, huit, neuf, dix, onze et douze, sans vous laisser déranger par votre mental, qui fera tout pour vous distraire.

Rendu à la douzième heure, soyez particulièrement attentif. Vous sentirez alors entrer en vous la totalité de vos talents et de vos pouvoirs perdus, en provenance de tous les points de la roue.

Mais tout n'est pas terminé après le douze. Il reste encore une zone à explorer, sexuelle cette fois.

Visualisez le nombre *treize*, situé entre vos deux genoux. À l'inspiration, laissez entrer par le chakra de base (situé entre l'anus et les parties génitales) les pouvoirs perdus ou oubliés de votre sexualité. Permettez à cette énergie de monter en vous et de remplir votre corps à satiété. Profitez de l'expiration pour vous débarrasser des tabous et des blocages sexuels accumulés au fil du temps.

Répétez cette treizième étape au moins trois fois, puis laissez-vous baigner quelques minutes dans cette mer d'énergie qui vous revient par droit divin. Il se peut que des images se mettent à monter jusqu'à votre conscience. Ce n'est pas le but de l'exercice, mais cela peut se produire. Acceptez ces images et sachez en bénéficier. Une de mes amies m'a dit qu'après avoir fait cet exercice la première fois, elle a vu s'élever de son nombril un long filet d'énergie dorée couronné d'une rose rouge, la rose étant considérée comme le symbole du pouvoir.

Ne soyez pas surpris si les effets de cet exercice se font sentir très rapidement : énergie sexuelle plus forte, pouvoir de guérison accru, reconquête de ses capacités médiumniques, visions de vies antérieures, etc. Qu'il soit bien clair toutefois que le but de l'exercice n'est pas de récupérer du pouvoir aux dépens des autres, mais de récolter une fois pour toutes ce que l'on a semé.

LE MAÎTRE,
LA BEAUTÉ ET L'ABONDANCE

Durant les premières années de mon éveil spirituel, je croyais devoir m'astreindre à une vie de pauvreté et de dénuement. Mais, au fil du temps, je me suis aperçu que, plus je devenais maître de ma vie, plus j'attirais de belles choses : de la richesse et de l'abondance sur tous les plans, sans que j'aie à le demander.

Un jour, mon vieux sage intérieur me fit savoir qu'il préférait vivre dans l'abondance plutôt que dans la dèche, et que la sagesse était aussi le berceau de la prospérité, la science du beau.

« Mais le détachement, dans tout ça ? lui demandai-je.

– Le détachement n'a aucun rapport avec le fait de vivre dans l'abondance ou dans le dénuement, me répondit-il. N'est-ce pas à travers la richesse qu'on peut le mieux parvenir au détachement ? On peut être riche, très riche même, et ne pas être attaché à ce que l'on possède. On a alors atteint notre but. Profite de l'abondance quand elle est là ; si c'est le cas, c'est qu'elle t'est offerte comme un cadeau du ciel. Si tu n'y es pas attaché, tu ne cesseras pas de vivre si elle venait à disparaître. »

Moi qui clamais que j'allais, toute ma vie, me contenter de peu, moi qui, dans mon for intérieur, jugeais parfois sévèrement les gens fortunés, les soupçonnant de malhonnêteté, j'en prenais pour mon rhume, croyez-moi. Mon Esprit me disait maintenant que l'opulence était divine, que la richesse était le lot du sage. Je lâchai donc prise et commençai à m'entourer de beauté, pour me rendre compte que celle-ci me nourrissait.

Plus j'apprenais à m'aimer, plus je m'ouvrais à l'abondance. Je me permettais de l'apprécier en me faisant, par exemple, de petits cadeaux de moi à moi, et en m'offrant à l'occasion ce qu'il y avait de meilleur au lieu de lésiner sur le prix.

S'il veut être honnête avec lui-même, un maître ne se contentera pas de miettes de pain s'il peut avoir la miche au complet. Penseriez-vous une seule seconde à offrir les restes de votre repas à l'être que vous aimez le plus au monde ? Non, évidemment. Alors, pourquoi le faites-vous avec vous-même ?

Dire oui à la vie, c'est ouvrir tout grand les bras à ce qu'elle nous offre à profusion de plus beau. Lui refuser ce privilège, c'est nier sa bonté ; c'est lui dire qu'elle n'a pas raison de vouloir nous rendre heureux ; c'est passer outre la loi divine de l'abondance. S'entourer de beauté et s'ouvrir à la prospérité, c'est chanter un hymne magnifique à la vie. C'est lui rendre hommage et c'est se rendre hommage à soi aussi.

Je suis bien d'accord avec ça, me diront certains. Je tente de m'ouvrir depuis des années à l'abondance, je médite sur elle, je prie, je demande… Mais ça ne fonctionne pas. Que faire ? Si ça marche pour les autres, pourquoi pas pour moi ? La réponse est simple, peut-être trop même : vous ne vous aimez pas suffisamment. Avec la tête, oui, vous croyez vous aimer, mais tout au fond de vous, il y a une partie très butée qui ne vous laisse pas vous accepter totalement tel que vous êtes.

Répondez à cette question sans trop y penser : Si vous aviez une baguette magique et que vous puissiez à l'instant même opérer un changement majeur dans votre corps, quel serait-il ? Si vous avez répondu à cette question, peu importe la réponse, c'est probablement que vous ne vous aimez pas « comme vous êtes ». Si, par contre, vous avez répondu instantanément et sincèrement : « Rien », je vous félicite. Vous êtes en paix et en amour avec vous-même, et vous vivez probablement déjà dans l'abondance.

L'abondance, ça ne consiste pas nécessairement à mener un train de vie de millionnaire, quoi que ce peut l'être aussi. Vivre dans l'abondance, c'est accueillir et savourer pleinement, dans l'instant présent et sans culpabilité, tout ce que la vie nous offre, en considérant cela comme un surplus divin. C'est faire ce que l'on aime et aimer ce que l'on fait, même les tâches qui, *a priori*, nous semblent désagréables. Vivre dans l'abondance, c'est s'aimer tellement qu'on n'hésitera jamais à se donner autant d'amour que l'on en offre aux autres. C'est profiter de tout ce qui passe, en le savourant et en remerciant le ciel de nous l'envoyer.

Si on s'aime, on attirera les gens et les événements qui viendront nous prouver qu'on a raison de s'aimer ainsi. À partir de ce moment, nos relations avec les autres changeront. On pourra, par exemple, supporter difficilement le contact des personnes qui se déprécient continuellement et qui semblent se complaire dans leur rôle de victime.

Aussitôt que l'on enclenche le processus de maîtrise de soi, la vie se charge de tout pour nous, c'est magique. Une habile sélection nous permet de choisir les personnes qui correspondent à notre nouvelle façon de vivre. Tout se transforme, en soi comme autour de soi. À mesure qu'on avance dans notre démarche, la vie s'emploie à nous entourer de beau et de vrai. Le laid et le faux peuvent certes passer dans le coin, mais ils ne restent pas longtemps sur le seuil de notre porte.

Entendons-nous bien. La beauté dont je parle ici n'est pas uniquement physique, quoique celle-ci ne soit pas à dédaigner non plus. Elle se retrouve aussi à l'intérieur des gens, dans l'essence des choses. Si vous entreprenez un processus sérieux de maîtrise de votre vie, votre corps se remodèlera tout seul, sans aucun effort ni régime. Il se sculptera selon votre volonté ou selon la sienne. Il perdra son excès de poids ou il gardera ses rondeurs, peu importe. Cela n'aura plus aucune importance pour vous puisque vous vous aimerez.

Aimez le beau, savourez-le quand il passe, créez-le en vous et autour de vous aussi souvent que vous le pouvez. Dites oui à l'abondance sous toutes ses formes. Soyez maître jusqu'au bout.

LE MAÎTRE ET
LE POUVOIR DE L'AMOUR

Pour moi, le pouvoir de l'amour a longtemps été un concept merveilleux mais abstrait. J'y croyais seulement avec ma tête, jusqu'à ce que la vie me permette de l'expérimenter.

Il y a quelque temps, j'ai vécu une expérience très perturbante qui a fait remonter en bloc des peurs qui étaient profondément ancrées en moi depuis mon enfance. Cet événement a fait exploser en mille morceaux ma légendaire sérénité. En l'espace de quelques heures seulement, ont afflué en moi une multitude d'émotions, toutes plus désagréables les unes que les autres. Des émotions que je croyais pourtant avoir dépassées. Ma vie a basculé. Mon corps réagissait douloureusement à la peur que je ressentais et se nouait de toutes parts. Je ne mangeais plus et j'ai perdu plusieurs kilos en quelques jours. Je n'arrivais pas à dormir non plus. Mon mental avait gagné sur toute la ligne, il était redevenu roi et maître de ma vie. Il s'amusait à bâtir dans ma tête des scénarios apocalyptiques sur l'issue de l'aventure rocambolesque que j'étais en train de vivre.

Je constatai alors toute ma faiblesse, moi qui me croyais invulnérable à force d'enseigner la sagesse. Quelle illusion ! Cette prise en charge de mon mental par rapport à ma vie a fait émerger mes doutes, m'a fait remettre en question certaines de mes valeurs, a provoqué des crises aiguës de « victimite », et j'en passe. La mare de boue dans laquelle je pataugeais m'a par contre permis de visiter des coins plus sombres de mon être, des coins que j'avais occultés. J'ai erré sur les rives de la dépression et du *burn-out*, j'ai effleuré le découragement. Je n'avais jamais cru que cela pouvait m'arriver, mais c'était bel et bien le cas. Ma vie ne tenait qu'à un fil.

Le miracle s'est produit au moment où je m'y attendais le moins. Je ne voyais aucun moyen d'échapper à cette tristesse déprimante qui assombrissait ma vie lorsque, soudain, je fus frappé de plein fouet par le pouvoir de l'amour. J'en avais vaguement entendu parler, mais je n'y croyais pas vraiment. Tant qu'on n'a pas expérimenté quelque chose, on ne peut pas vraiment en parler. Quelque part dans l'invisible, une campagne d'encouragement a été lancée en ma faveur.

Je commençai à recevoir des témoignages d'amour de toutes parts. Chaque phrase, chaque mot arrivait exactement au moment où j'en avais le plus besoin. Comme par hasard, des amis dont je n'avais pas entendu parler depuis longtemps se sont mis à m'envoyer des courriels pour m'exprimer leur amour. Des messages qui, en temps normal, m'auraient laissé froid ou seraient passé inaperçus. Mais, dans les circonstances, ils prenaient une valeur inestimable. Je me demandai pourquoi je recevais autant d'amour, et justement au cœur de ma tempête intérieure. C'était louche, tout ça !

Je reçus entre autres, par courrier électronique, un montage vidéo d'une amie. Celui-ci a eu sur moi l'effet d'une bombe. Il disait ceci :

« Si tu as tous ces problèmes qui te donnent des maux de tête

Si tu sens que ta vie ne tient qu'à un fil

Si tu remarques que ta peau commence à se friper et à vieillir

Si tu n'as plus la force de livrer ton combat quotidien

Reste tranquille et réfléchis un peu

Pense à tous les merveilleux moments de la vie

Pense à tes amis et à tous ceux qui t'aiment

Tu verras que tout n'est pas mauvais et noir

Sors de ta tête toutes tes pensées noires et dépressives

Tu verras que les nuits les plus noires peuvent devenir claires et brillantes

Tu comprendras que le ciel s'ouvre à ceux qui croient en un meilleur avenir et qui veulent se battre

Réalise tes rêves !

Je te souhaite une belle journée ensoleillée. »

L'amour entrait chez moi de toutes parts et par la grande porte, ce qui a agi instantanément sur mon moral. Je ressentis de plus en plus intensément la force qui s'en dégageait. J'étais tellement aimé et je ne m'en étais jamais rendu compte jusqu'à maintenant. Et c'est cette force inimaginable générée par l'amour de mes amis qui a opéré le miracle. Une amie commune à moi et à la personne avec qui j'étais en conflit nous a envoyé simultanément (elle me l'a raconté par la suite) une énergie d'amour explosive. Cette énergie nous a sûrement atteints tous les deux sans qu'on le sache, puisqu'elle nous a permis de régler notre différend en moins de deux. Nous avons très vite retrouvé notre paix intérieure et nous sommes redevenus de grands amis comme avant.

Ce n'est qu'après coup que j'ai réalisé toute l'ampleur des événements qui ont marqué cette période difficile. Les témoignages d'amour que j'avais reçus ont constitué l'étincelle grâce à laquelle j'ai survécu au découragement. Aujourd'hui, je suis convaincu de la puissance de l'amour que l'on donne à autrui. Et je ne peux faire autrement que de vous en témoigner aussi, afin que vous n'hésitiez jamais à dire sincèrement à quelqu'un que vous l'aimez, juste pour le plaisir de le faire.

Le pouvoir de l'amour, qu'on le reçoive ou qu'on le donne, ne peut se quantifier. Il est infini. Peut-être croyez-vous que votre intervention aura peu d'impact, mais détrompez-vous. Un simple geste d'amour, un petit message d'encouragement, un appel téléphonique spontané pour dire « Je t'aime », « Je suis avec toi », « Je suis fier d'être ton ami », tout cela aura une valeur inestimable pour quiconque le recevra avec son cœur. Donnez-vous dès aujourd'hui une mission : dire à quelqu'un qui ne s'y attend pas que vous l'aimez…

L'intuition est l'alphabet de Dieu.

LE MAÎTRE ET
LE DON DE SOI

Le maître de sa vie a un grand respect de ce que vivent les autres. Jamais il ne va s'immiscer dans leur vie contre leur gré. Avec des mots plus simples, disons qu'il se mêle de ses affaires. Ce n'est pas une mince tâche, car plus nos dons de clairvoyance se développent – dans le sens de voir clair… –, plus nous sommes en contact avec l'essence des gens. De sorte que nous captons des choses que la majorité d'entre eux ne voient pas. Ce qui peut nous mettre parfois dans des situations embarrassantes si on n'a pas la sagesse de se taire.

Lorsque j'ai commencé à accepter la présence de ces dons chez moi, je me suis longuement questionné sur le fait que la plupart des gens que je tentais d'aider souvent malgré eux – André, le sauveur – avaient le réflexe de me fuir après un certain temps. Je n'étais pourtant pas épeurant, du moins pas à mon avis. Mais où était le problème ?

Un de mes amis m'a alors expliqué que mon impulsion et mon insistance à vouloir aider les autres et les sauver à tout prix étaient si fortes que cela faisait surgir chez eux la peur du changement. Inconsciemment et au nom de l'amour – c'est ce que je croyais – j'envahissais les gens, même s'ils requéraient effectivement mon aide. Je leur donnais tout d'abord ce qu'ils demandaient et j'ajoutais le petit extra qui, j'en étais sûr, allait les faire avancer. C'est ce coup de pouce supplémentaire qui était de trop. Je ne tenais pas compte du fait que le rythme de ces personnes était différent du mien. Là était tout le problème.

Lors d'un voyage en Amérique centrale, j'ai expérimenté ce genre de chose. J'avais instinctivement offert mon aide à une dame que je venais de rencontrer. Elle avait dit oui tout de suite, enthousiasmée. Elle était radieuse et m'écoutait attentivement. Elle semblait parfaitement comprendre ce que je lui disais et elle recevait l'énergie que je lui transmettais sans y mettre de barrières. J'avais capté son attention dès le premier regard et touché, par le fait même, son cœur. Le soir venu, je lui donnai mon livre *L'Ultime Pardon* en souvenir de notre rencontre, en précisant que cet ouvrage allait l'aider à traverser la période difficile dans laquelle elle se débattait. Après une chaleureuse étreinte, nous nous sommes quittés. J'étais heureux et fier de... l'avoir aidée !

Le lendemain matin, anxieux d'assister à la transformation qui devait sûrement s'être opérée durant la nuit, et impatient de poursuivre le travail commencé la veille, je me précipitai à sa rencontre. À ma grande surprise, l'être épanoui que j'avais laissé le soir précédent s'était transformé en un bloc de glace. Elle évitait mon regard et je restai bouche bée devant son indifférence.

Le reste de la semaine, elle se retira dans sa coquille et se ferma à toutes les tentatives que je fis pour l'y rejoindre. Je passai de longues heures à essayer de m'expliquer sa conduite. D'une certaine façon, ne m'avait-elle pas demandé de l'aider ? tentai-je de me convaincre. Et moi, j'étais prêt à lui donner le double, même le triple de ce qu'elle demandait. C'est là qu'a été mon erreur. Le résultat ? La déception dans les deux camps. Cette dame s'était fermée à moi, m'obligeant par le fait même à reculer d'un pas. Mes doutes sont réapparus, de même que mes sempiternelles remises en question.

Quelques jours après cet événement, je suis allé dîner avec l'ami dont je vous ai parlé plus tôt. Il m'a expliqué une chose que je n'avais pas comprise jusqu'alors, soit que le maître ne doit jamais donner plus qu'il ne lui est demandé. Sinon, ce sera en pure perte. Lorsqu'une personne en manque d'énergie entre en contact avec une autre qui en est remplie, il est normal que cette dernière veuille s'en gaver et qu'elle s'ouvre tout entière à ce cadeau qui lui tombe du ciel. À cause des vibrations particulièrement élevées qui prévalent dans ce genre de situation, la compréhension se fait rapidement et facilement.

Le problème surgit lorsque la personne qui a reçu ce cadeau reprend possession de ses énergies. Son mental se manifeste et remet en question ce qui a été dit et fait lors de la rencontre, alors que l'énergie était au plus fort. Les jugements font alors leur apparition, et avec eux s'amorce souvent le travail de destruction. C'est malheureux, et ça m'horripile, mais c'est comme ça. Il faut bien se rendre à l'évidence : plus on en sait, plus on doit se taire...

Le maître qui vit intensément le moment présent n'utilisera qu'un petit surplus d'énergie pour aider une personne qui le demande. S'il réussit à le faire, il sera projeté un pas en avant. Mais si, pour une raison ou pour une autre, il insiste et en fait, comme on dit, plus que le client en demande, son intervention aura comme effet de le faire reculer de deux pas. S'il veut regagner le terrain perdu, il devra tout recommencer à zéro. Pour respecter cette simple mais cruciale loi du « petit surplus d'énergie », le maître devra se contenter d'entrouvrir les portes et laisser la personne y entrer quand elle sera prête, afin de continuer sa route à son rythme à elle mais sans lui. Le maître passera à une prochaine mission seulement lorsque cela lui sera demandé expressément. Encore une fois, il utilisera un seul petit surplus d'énergie, jamais plus. Ainsi, les gens qu'il aidera à avancer grâce à son attitude empreinte de modération et de respect lui permettront de le faire lui aussi. Ils deviendront ainsi des maîtres l'un pour l'autre.

J'avais donné plusieurs surplus d'énergie à cette dame dont j'ai parlé tout à l'heure. Enflammé par les résultats que j'escomptais si elle continuait à avancer de la sorte, j'étais prêt à lui en donner encore plus. Ce fut une erreur, mais cette erreur a été en un sens bénéfique, car elle m'a appris à modérer mes élans et à me taire. Ah ! que je trouve ça difficile ! Vous devez savoir de quoi je parle. Dans notre société où l'ignorance fraie avec la soumission, on ne laisse pas souvent la parole à ceux qui ont vraiment quelque chose à dire. On l'accorde plutôt à ceux qui veulent conserver leur pouvoir. Mais il y a de l'espoir : cette situation peut changer si on commence d'abord à se changer soi-même...

LE MAÎTRE ET
LE TEMPS

J'ai un jour reçu une carte d'anniversaire avec cette simple phrase écrite dessus : *L'âge est une conception du mental ; si on l'oublie, il perd toute son importance.* Quoi de plus vrai, n'est-ce pas ? L'âge que nous avons n'est en réalité qu'un nombre qui nous rappelle notre appartenance à un système temporel. D'aussi longtemps que je me souvienne, j'ai toujours eu peur soit de manquer de temps, soit d'en avoir trop. Quel dilemme ! Lorsqu'arrivaient les grandes vacances, je craignais de m'ennuyer durant ces longues journées à ne rien faire. Mais plus le temps passait, plus j'avais peur d'en manquer. J'ai cessé d'alimenter cette ronde infernale quand j'ai commencé à prendre conscience que le temps n'avait de valeur que dans l'instant présent. Tout ce qui est en dehors de ce que nous vivons maintenant, notre tête le crée de toutes pièces, en projetant dans le futur des événements (scénarios) mis en scène à partir de nos expériences passées. Tout ce qui n'appartient pas à l'instant présent est potentiellement faux. Seul l'humain fonctionne selon cette notion mentale.

Imaginez un oiseau qui vole dans le ciel. Croyez-vous qu'il s'interroge sur l'heure qu'il est ou sur ce qu'il fera demain ? Non, bien sûr ! Il ne pense qu'à se nourrir. Le reste du temps, il vole et joue. Tout comme l'arbre ou le rocher, l'animal se fiche du temps. Il se contente d'« être », de se laisser fondre dans l'instant de vie qu'il traverse. Il ne craint rien et obéit à son instinct de survie, qui l'avertira du danger au moment voulu. Chaque être vivant, animal ou végétal, possède un instinct de vie. Son passé ne le suit pas, pas plus que son futur ne le préoccupe. Il n'y a que nous, les humains, qui ayons besoin d'un système temporel pour survivre.

Quand j'ai amorcé ma démarche en vue de maîtriser ma vie, je me suis mis à oublier les dates d'anniversaire des gens qui m'entourent – vous me direz que c'est la caractéristique de bien des hommes, mais passons... Même les fêtes comme Noël, le Nouvel An ou Pâques devenaient des journées comme les autres. Je n'y pouvais rien, c'était comme ça. Par contre, la raison de ces oublis commence à m'apparaître de plus en plus claire et simple.

Au moment où je sortais de mon mental, je m'extirpais aussi du temps. Car lorsque nous sommes dans notre tête, nos émotions nous transportent ailleurs dans le temps et dans l'espace, et on sent moins le besoin de célébrer des événements. C'est une sorte de fuite, une façon de nous distraire, de nous échapper de nos préoccupations, un peu comme on le ferait avec la drogue ou l'alcool. Réalisez-vous cela ? Nous nous droguons de temps ! En soulignant certaines journées de façon cyclique, notre intellect nous ramène en arrière – hors du si précieux temps présent – et nous rappelle ainsi notre appartenance à un système temporel.

Qu'est-ce qu'on dit habituellement lors d'un anniversaire ? « Encore un an de plus ? Comment tu te sens aujourd'hui, maintenant que tu es plus vieux d'une année ? » Il est difficile de se sortir de ce *pattern* profondément ancré dans nos coutumes, car le temps nous rattrape toujours par la porte d'en arrière. Vous me direz qu'on n'a pas le choix, que la société est basée sur le temps, les horaires, les rendez-vous. Je suis d'accord avec vous. J'ai moi-même un agenda électronique et je porte toujours ma montre au poignet. Je suis conscient qu'il s'agit là d'outils très utiles à mon mental et que je serais fou de ne pas y avoir recours. Par contre, je n'en ai plus besoin le reste du temps, lorsque je suis en contact avec mon Esprit. Ainsi, les deux parties de moi, la mentale et la spirituelle, sont toutes nourries et satisfaites. Le jour où j'aurai entièrement fusionné avec mon Esprit, je jetterai ma montre et mon agenda, et je me laisserai totalement guider par la vie… Mais je n'en suis pas encore rendu là !

Au moment où j'écris ces lignes, je réalise qu'on est le 2 janvier. Hier, c'était le Jour de l'An et je n'y ai pratiquement pas pensé. Céline non plus. On le savait, c'est sûr, mais on n'a même pas songé à le fêter. Et on ne s'en porte pas plus mal à en juger par la mine déconfite de nos amis qui ont célébré toute la nuit. Plus nous sortons de notre tête, plus nous sortons du temps. L'âge n'a plus d'importance. Je suis même surpris et tout mêlé quand on me demande le mien. Il me faut calculer ! Quand je rencontre des personnes de mon âge, je me dis parfois « Ah ! ce qu'ils ont l'air vieux ! »

Je le répète : l'âge est un pur concept du mental. Si le cœur est resté jeune, les années qui se sont écoulées importent peu. Vous connaissez sûrement des gens supposément âgés qui peuvent discuter allègrement et sans complexes avec des personnes de vingt ans, parce qu'ils se sentent sur la même longueur d'onde qu'eux. La raison en est simple : plus on avance en sagesse, plus on sort du temps. Le contraire est également vrai. Les personnes inconscientes, quant à elles, s'enferment de plus en plus dans le temps et deviennent vite aigries... Tout ça à cause du temps !

On dit que dans le monde de l'Esprit, le présent, le passé et le futur se confondent, c'est-à-dire que tout se passe en même temps. Cette notion est vraiment difficile à cerner quand on tente de l'analyser avec notre mental. Mais cette affirmation devient toutefois plausible quand on la scrute avec notre Esprit. Aussitôt qu'on quitte le plan terrestre, que ce soit physiquement, en rêve ou en pensée, le temps se met à basculer.

Des chercheurs ont déjà placé une horloge sophistiquée à bord d'un avion supersonique qui a ensuite été envoyé à très haute altitude autour de la Terre. Ils avaient pris soin, auparavant, d'en laisser une de même type sur le plancher des vaches. Eh bien, croyez-le ou non, ils ont constaté, au retour de l'avion, que le temps indiqué par l'horloge qui était à bord de l'avion différait de celui indiqué sur la Terre. Étonnant, n'est-ce pas ?

Un autre exemple de la fragilité du concept relatif au temps : on a observé que lorsque les astronautes reviennent d'un voyage dans l'espace, ils n'ont pas vieilli aussi rapidement que s'ils étaient restés sur la Terre. Le même phénomène se produit de façon subtile lorsque nous rêvons. Nous sortons alors du temps. D'une façon plus ou moins consciente, nous reculons dans le passé et visitons parfois le futur.

J'ai déjà vécu une expérience étonnante que je propose parfois en stage. Elle m'a prouvé que, lorsqu'on s'élève au niveau de l'inconscient, on peut influencer notre futur, mais aussi… notre passé. En d'autres mots, ce que je suis devenu aujourd'hui influence André quand il était tout jeune. Difficile à croire, n'est-ce pas ? Le mental peut difficilement admettre ce genre de chose, mais l'Esprit, lui, le fera avec facilité si on lui en donne l'occasion.

Devenir maître de sa vie, c'est sortir de l'illusion selon laquelle nous sommes des êtres à la dérive dans le temps qui passe. En réalité, le temps ne passe pas. C'est plutôt nous qui le traversons ! La fameuse fontaine de Jouvence ne se trouve ni dans les crèmes de beauté, ni dans les élixirs miraculeux, ni dans les cures de rajeunissement, mais plutôt dans une conception élargie et illimitée du temps. Le maître réalisé connaît ces choses, mais il peut difficilement en parler. De toute façon, il n'a rien à prouver à personne. C'est pourquoi plus il avance, plus il savoure l'instant qu'il lui est permis de vivre.

Essayez, au cours des prochaines heures, de vivre chaque minute comme si c'était la dernière. C'est là un beau défi, celui de toute une existence. Gardez quand même votre montre et ne jetez pas tout de suite votre agenda. Utilisez-les plutôt pour rassurer votre mental et pour vous faire ensuite oublier le temps. En libérant ainsi votre Esprit, vous cesserez d'y penser constamment. Commencez à accorder moins d'importance aux fêtes. Elles ne sont là que pour vous rappeler que vous êtes des êtres temporels, donc mortels. « Tu ne vas quand même pas dire, André, que nous sommes immortels », me direz-vous. Peut-être pas, car la mort est encore gravée dans notre ADN. Mais nous devrions vivre beaucoup plus longtemps que ce à quoi l'on s'attend généralement.

Vous avez peut-être entendu parler de ce sage nommé Babaji, qui demeure quelque part dans les montagnes de l'Inde ? On dit qu'il a plusieurs centaines d'années et qu'il a encore l'air d'un jeune homme. Et Mathusalem, n'en est-il pas une preuve ? Comment peut-on croire aux autres histoires de la Bible, mais pas à la longévité de ce patriarche ? Il y a aussi les Hunzas dont j'ai déjà parlé dans mon livre *Un vieux sage m'a dit...* Il s'agit d'une communauté habitant dans une vallée de l'Himalaya et dont les membres vivent facilement jusqu'à cent quarante ans. Des femmes de cent ans peuvent avoir des enfants et des hommes du même âge font encore du sport et se portent comme s'ils en avaient quarante. Ce peuple s'est malheureusement mis à dégénérer il y a quelques années, lorsqu'on a construit une route qui les reliait au reste du monde. Au contact de la civilisation dite évoluée, leur espérance de vie a considérablement diminué. Le Coca-Cola, la bière et les attitudes limitatives des peuples voisins n'ont sûrement pas aidé à leur cause...

Bon, je sais, il est temps… que je termine ce chapitre ! Quel heure est-il, au fait ? Woups ! Le temps vient de me rattraper : il réussit toujours, ce sacripant. Personne n'est parfait, hein ?

P.- S. Alors que je déposais mon crayon, mon vieux sage intérieur m'a rappelé une chose importante que je veux vous faire partager : « Nul n'est parfait, sauf dans l'instant présent où tout l'est. Toute imperfection découle du fait qu'on se compare, soit à ce qu'on a connu dans le passé, soit à nos projections dans le futur. »

Le guerrier sait que les mots les plus importants, dans toutes les langues, sont de tout petits mots.

Oui. Amour. Dieu.

Ce sont des mots qui vous viennent facilement et emplissent de gigantesques espaces vides.

Cependant, il existe un mot, lui aussi très bref, que beaucoup de gens ont du mal à prononcer : non.

Celui qui ne dit jamais non *pense qu'il est généreux, compréhensif, bien élevé ; parce que le* non *a la réputation d'être maudit, égoïste, primaire.*

Le guerrier se garde de tomber dans ce piège. Il y a des moments où, tout en disant oui *aux autres, on peut se dire* non *à soi-même.*

Aussi ne dit-il jamais oui *avec les lèvres si son cœur pense* non.

Paulo Coelho

LE MAÎTRE ET
LE TROU...

J e vais maintenant vous raconter une petite histoire qui n'est pas destinée à vous endormir, mais à vous éveiller... Il était une fois un homme qui avait accepté d'être le disciple d'un maître durant toute sa vie. Un soir qu'il marchait seul sur une rue mal éclairée, il ne vit pas un immense trou qui s'ouvrait devant lui. Comme il ne vivait pas dans le moment présent, préférant rêvasser entre son passé et son futur, il perdit pied et se retrouva en moins de deux au fond du gouffre. Il n'a pas pensé une seule seconde qu'il pouvait se tirer seul de sa gênante situation. Aussi, se mit-il à crier à l'aide. Comme par hasard, son maître passait par là. Il entendit les appels de désespoir de son élève, s'approcha de la fosse et vit le malheureux qui tremblait de peur au fond de son trou. Le maître lui dit qu'il allait le sortir de là, puis il lui lança une corde et lui dit de se hisser hors du trou. Une fois sorti de là, le disciple se jeta aux pieds de son sauveur, le remercia chaleureusement et s'en retourna chez lui en pensant à autre chose.

Le lendemain, le même scénario se répéta. Notre disciple n'avait rien retenu de sa mésaventure de la veille et il repassa au même endroit. La tête dans les nuages, comme vous pouvez l'imaginer, il se fit encore prendre au piège et se retrouva au fond du même trou. Comme il l'avait fait la veille, il appela à l'aide. Son maître finit par passer par là et il le sauva encore une fois en lui lançant la même corde et en lui enjoignant de se hisser hors du trou. Le disciple était doublement heureux d'avoir pu attirer l'attention de son maître et de recevoir son assistance deux jours d'affilée. Quel privilège ! Ce scénario se répéta à plusieurs reprises, jusqu'à ce que le disciple change de quartier.

Mais un jour, ce fut au tour du maître de se laisser emporter par ses pensées et de tomber dans le piège maudit. Comme c'était un véritable maître, il ne se mit pas à crier à l'aide. Il étudia plutôt la situation avec calme, évitant de paniquer et se refusant à demander à quelqu'un d'autre de l'aider à sortir. Il remarqua alors la présence de quelques aspérités sur la paroi. Il s'en servit pour s'agripper et il se hissa de peine et de misère jusqu'en haut. Libéré de sa fâcheuse position, il continua sa route sans regarder derrière, en se demandant pourquoi il n'avait pas vu le fameux trou qu'il connaissait pourtant. Le lendemain, riche de son expérience de la veille, il redoubla de prudence lorsqu'il passa par là. Il reconnut l'endroit où se trouvait le trou et le contourna. Le jour suivant, il crut sage de modifier son parcours et d'éviter simplement cette route remplie d'embûches.

Cette histoire, quoique simple, illustre bien la différence qui existe entre les comportements du disciple et ceux du maître. Le disciple compte toujours sur le maître pour se sortir des situations problématiques dans lesquelles il s'est embourbé. Tandis que le maître, lui, sait qu'il est né seul et qu'il mourra seul ; et qu'entre-temps, il ne peut compter sur personne d'autre que lui. Il sait aussi que seules les leçons tirées d'expériences pleinement vécues et assumées, sans haine et sans culpabilité, lui seront utiles au moment où il en aura besoin.

Et vous, comment agiriez-vous si vous tombiez malencontreusement dans le même trou ? En maître ou en disciple ?

Le guerrier se concentre sur les petits miracles de la vie quotidienne. S'il est capable de voir ce qui est beau, c'est qu'il porte en lui la beauté – puisque le monde est un miroir qui renvoie à chacun l'image de son propre visage.

Bien qu'il connaisse ses défauts et ses limites, le guerrier fait son possible pour conserver sa bonne humeur dans les moments de crise.

En fin de compte, le monde s'efforce de l'aider, même si tout, alentour, semble dire le contraire.

Paulo Coelho

LE MAÎTRE,
L'ACTION ET LA GRATITUDE

Nous avons l'habitude de remercier les gens qui nous rendent service. C'est la moindre des choses. Mais il serait peut-être plus important de dire merci à ceux que nous aidons. Paradoxal, n'est-ce pas ? Laissez-moi vous expliquer… Au cours de ma dernière tournée de conférences en France, j'ai rencontré, à Aix-en-Provence, un ami du nom de Georges que je n'avais pas vu depuis des années. J'avais appris par une tierce personne qu'il venait de sortir d'une grave maladie. Aussi lui ai-je offert, sans trop savoir pourquoi, de lui faire un traitement énergétique.

Aussitôt que je posai mes mains sur son dos, Georges sentit une forte énergie sortir de mes pouces et investir chaque cellule de son corps. Comme il était déjà très réceptif à cette énergie que je laissais couler naturellement de mon âme à la sienne, il en retira tous les bienfaits en quelques minutes. Lorsque j'eus terminé, je m'attendais à recevoir un gros merci de sa part. Mais ce ne fut pas le cas. Il me regarda avec ses yeux d'ange et me dit avec son chaud accent marseillais : « Ce fut merveilleux André, et je me demande qui doit dire merci à l'autre. » Je suis resté bouche bée, me demandant quelle mouche l'avait piqué et je fis semblant d'en rire. Puis le temps a passé, et j'ai oublié l'incident.

À mon retour au Québec, alors que pour une énième fois je remettais en question ma participation à ces tournées éreintantes de conférences et de stages, je reçus de mon ami Georges un courriel qui allait m'aider à y voir plus clair. Comme par hasard, j'avais passé une partie de la nuit à m'interroger : « Est-ce que je devrais arrêter de donner des conférences ? Pourquoi m'entêter à vouloir expliquer des vérités toutes simples à des gens qui, bien souvent, les reçoivent avec leur mental et qui ne semblent pas comprendre mon langage ? Pourquoi ne pas me contenter de ne rien faire, d'*être* tout simplement, au lieu de parcourir le monde en parlant de sagesse ? N'est-ce pas dans l'inaction que je pourrais évoluer le mieux ? Et pourquoi ai-je tendance à m'enliser dans cette inaction aussitôt que je m'arrête pour souffler un peu ? » C'était le genre d'interrogations qui me hantaient à ce moment-là…

Voici donc le message intégral que m'envoya mon Esprit par l'intermédiaire de mon bon ami Georges ce matin-là où j'étais prêt à tout lâcher… « Depuis l'époque des Chevaliers du Moyen Âge jusqu'à celle des Templiers, une vieille légende retrace l'histoire du saint Graal. Ce calice aurait contenu le sang du Christ lors de la Dernière Cène. Les Frères de la Lumière auraient conservé ce réceptacle afin d'abreuver les hommes qui recherchaient justement cette lumière (la fameuse quête du Graal). Le saint Graal n'a de raison d'exister que s'il remplit sa fonction : se remplir à ras bord et se vider ensuite, pour se remplir de nouveau et se vider de nouveau, et cela, *ad vitam æternam*.

« Il en est de même pour l'homme : ce vase doit se remplir d'énergie pour qu'il puisse vivre, boire le sang du Christ (l'énergie christique), s'en abreuver à satiété et donner aux autres ce qu'il a reçu. Après avoir fait le vide en lui, son calice intérieur a besoin de se remplir de nouveau et de redonner cette énergie. Et ainsi de suite...

« Tout ce qui existe dans l'univers est sans cesse dans l'action, comme le ressac des vagues sur la grève. C'est un processus qui se renouvelle à chaque instant. Dès que l'homme a pris la décision de donner, il ne cesse de se renouveler. Jusqu'à ce qu'il devienne un instrument du Grand Architecte de l'univers, un nouveau Frère de la Lumière. La maladie ou tout autre aspect négatif n'existe plus en lui, car il renaît à chaque instant de sa vie. Le mouvement ainsi créé chez l'humain élimine les impuretés et régénère automatiquement son corps. Les gens qui demeurent statiques, les indolents ne se fragilisent que dans l'inaction : ils meurent à petit feu. »

Ce message arrivait à temps. Il me fit comprendre, entre autres choses, que le fait de cesser mes activités me mènerait à l'inaction, donc à ma perte. Mon rôle était d'abreuver ceux qui avaient soif et de me laisser ensuite remplir par le Grand Architecte, comme mon ami Georges se plaît à appeler le Créateur.

Mais la leçon n'était pas terminée et je reçus le lendemain un second message qui venait compléter le premier : « Cher André, je n'ai été ou, plus humblement, il m'a été donné de n'être que l'étincelle qui a permis que te soit révélé ce qui était en toi mais dont tu n'avais pas conscience. Dans l'univers, les soleils s'éclairent entre eux, et dans l'infiniment petit, nous agissons exactement comme eux. Rien ne se perd, rien ne se crée, tout se transforme. On pourrait longuement parler du saint Graal, mais tenons-nous-en à l'essentiel : la quête que chacun entreprend un jour et à laquelle personne ne peut échapper, et qui consiste à s'élever vers la lumière comme l'arbre qui s'élance vers le ciel en se tournant vers le soleil. Le Dieu de notre cœur n'est-il pas justement un soleil ? Je crois que le chevalier qui sommeille en nous se limiterait à ce seul et unique combat durant toute son existence. C'est probablement lui qui nous fait prendre conscience que tout, dans l'univers, obéit à cette loi : s'élancer et s'élever pour s'approcher le plus possible du soleil ou de la lumière. Il suffit d'observer les galaxies, les astéroïdes et les comètes pour comprendre quel sera notre chemin. Ne suivons-nous pas tous la même trajectoire à travers les étoiles ? Seul le choix des mots fait la différence.

« Même pour le mot merci, il y a une prise de conscience à faire car on y retrouve la notion de vide et de plein. Celui qui a reçu de l'énergie – j'utilise ce terme de façon générale mais ce peut être un cadeau, un mot tendre, un sourire, un regard compatissant – dit merci parce qu'il avait un vide. Son manque a fait qu'il a pu recevoir. Il s'est rempli et, à cause de ce surplus d'énergie, il a eu envie de donner à son tour. Il a donné, puis s'est de nouveau vidé, créant un manque de ce qui allait de nouveau le remplir, comme la sève de l'arbre à la fin de l'automne et au début du printemps. Dès qu'il y a un peu de lumière et de chaleur, la sève remonte dans les veines de l'arbre et prépare la venue des fleurs et des fruits, qui donneront à leur tour des graines. C'est ainsi que la vie s'exprime et que l'univers nous parle : de l'inspir à l'expir, du flux au reflux. Tous des opposés, qui ne peuvent exister l'un sans l'autre, comme le bien et le mal d'ailleurs.

« Il n'y a aucune vanité dans la question : *Qui doit dire merci ?* Car nous devrions tous nous remercier mutuellement. Il y a tant de choses à donner, tant de choses à recevoir. Selon moi, il faut dire merci à celui qui nous a permis de donner, car c'est grâce à lui qu'on existe en cet instant même, qu'on sert à quelque chose, qu'on accueille son acceptation et sa confiance. On s'est peut-être vidé de notre énergie pendant une fraction de seconde, mais c'est grâce à cela qu'on va se remplir à nouveau. Cette nouvelle énergie est comme l'eau fraîche que l'on va chercher au petit ruisseau qui descend de la montagne, et que l'on boit au petit matin. »

Après avoir lu ce message, croyez-vous encore que j'ai eu le goût de m'arrêter ? Je me suis aussitôt remis à l'action.

LETTRE À MON ESPRIT

Pour terminer cette première partie, voici un texte que m'a aimablement transmis une amie, Nathalie Sitherlé, lors d'un stage de croissance au terme duquel elle avait pris contact avec son Esprit. Je vous le propose car, à lui seul, il résume ce que vous avez lu jusqu'ici.

« Ceci est mon nouveau contrat avec la vie, donc un contrat avec moi-même. À partir de maintenant, je décide de devenir maître de ma vie, de vivre entièrement dans mon corps, d'expérimenter ce qu'il me propose, d'être heureuse et bien dans ma peau de terrestre. En conséquence, je m'accepte telle que je suis. Je lâche prise face à ce que je ne peux contrôler. Je m'abandonne à la vie qui me porte et me soutient depuis que je suis née. Elle me guide vers le meilleur en tout. J'intègre facilement, rapidement, simplement et joyeusement les leçons qu'elle me donne et qui m'aident à grandir. Mon passé est de plus en plus loin derrière moi et, devant moi, seul se dresse le présent.

« Je sais déjà que je suis sur le bon chemin, celui qui me permettra d'accéder au quatrième palier de mon évolution, le palier de mon Esprit. Je sens que je suis tout près, j'en ai presque la certitude.

« Dès à présent, je me libère de mon passé de victime. Je me dégage de mes doutes, de ma tristesse et de toutes les choses négatives de mon existence. Je chemine désormais sur une route paisible, joyeuse et douce. La solitude que j'y trouve se transforme en plénitude. Je grandis, je m'aime, j'aime la vie… De plus en plus d'autres frères et sœurs viennent me rejoindre sur ma route et nous parcourons désormais le chemin ensemble. Je suis heureuse, j'ai envie de danser, de chanter, de rire. Et je le fais. Je rétablis le contact avec moi-même, avec la vie, avec les autres, avec l'amour.

« J'aime la vie, je vous aime, je m'aime ! ! ! »

Deuxième partie

LES SEPT PORTES DU BONHEUR

Il existe deux sortes de prières.

En premier lieu, celles dans lesquelles on demande que des choses déterminées se produisent, et l'on essaie de dire à Dieu ce qu'Il doit faire. On ne laisse au Créateur ni le temps ni l'espace pour agir. Dieu – qui sait très bien quel est le meilleur pour chacun – va continuer de décider comme il Lui convient. Et celui qui prie reste avec la sensation de n'avoir pas été entendu.

Les autres prières sont celles dans lesquelles, même sans comprendre les voies du Très-Haut, l'homme laisse s'accomplir dans sa vie les desseins du Créateur. Il prie pour que lui soit épargnée la souffrance, il demande la joie dans le Bon Combat, mais à aucun moment il n'oublie de dire « Que Votre volonté soit faite. »

Le guerrier de la lumière prie de cette seconde manière.

Paulo Coelho

QU'EST-CE QUE
LE BONHEUR ?

Un maître de sa vie devient-il automatiquement un être heureux ? La réponse n'existe malheureusement pas, car la définition du bonheur diffère de l'un à l'autre. Je peux toutefois affirmer, sans craindre de me tromper, que, comparé à la moyenne des gens, le maître connaît d'intenses moments de paix intérieure. Pour lui, le bonheur est un état de bien-être continuel, peu importe les joies ou les peines qui parsèment sa route. Parce qu'il croit fermement que tout a sa raison d'être, il accueille un à un les événements heureux ou malheureux qui se présentent à sa porte. Il vit des émotions, il les vit pleinement, mais il ne perd pas pied. Ainsi, il peut passer rapidement à autre chose, sans perdre de temps à analyser à outrance.

Le maître de sa vie a aussi appris de par son expérience que le bonheur est une façon d'être qui dissout d'elle-même les souvenirs malheureux, que le bonheur brûle le passé. Quoi de plus vrai ! En effet, combien de fois j'ai constaté que quelques moments de joie vécus intensément équivalent amplement à de multiples heures passées à suivre des thérapies de toutes sortes. Ces dernières peuvent être fort utiles, j'en conviens ; le problème, c'est qu'elles doivent souvent traverser les barrières du mental avant d'atteindre le point névralgique à traiter : le cœur. Tandis que la joie vécue intensément dans le moment présent ne passe pas par quatre chemins. Elle a la particularité de nous mener directement au but visé. Si nous sommes bien ancrés dans l'instant présent, le passé se dissipera tout seul et sans souffrance. Ses aléas s'évaporeront comme l'eau sous l'action du soleil. Lorsque seule la vie nous intéresse, ici et maintenant, on n'a pas à déterrer les morts...

Quelques instants de bonheur par jour suffisent, la plupart du temps, à raviver la flamme qui s'est peu à peu éteinte par suite de nos pensées négatives et défaitistes. Le feu se chargera de brûler ce passé inutile et rempli de souffrance que l'on traîne derrière soi. N'en avez-vous pas assez de souffrir à cause des innombrables fantômes que vous avez créés par votre obstination à vivre ailleurs que dans l'instant présent ? Oui ? Alors, cessez de le faire. Vous pouvez agir immédiatement. Vous n'avez qu'à le décider, pas demain ni la semaine prochaine, pour que le processus s'enclenche, parce que vous l'aurez ordonné.

Après avoir franchi ce pas, certains d'entre vous pourront entendre leur Esprit leur dire : « Ah ! mon vieux. Il était temps ! Je n'attendais que ça, que tu me fasses un signe, que tu me donnes carte blanche pour mettre sur ta route les gens et les événements qui t'apporteront la joie que tu souhaites. Ouvre très grand les bras et ACCEPTE enfin ce que la vie essaie désespérément de t'offrir depuis longtemps. »

Ainsi se bâtit le bonheur du maître, de petites en grandes joies, parce qu'il a découvert qu'il a le droit absolu et divin au bonheur. C'est que la victime qui sommeille en nous fait monter à notre conscience le doute et la peur : peur d'être trop heureux, ou d'avoir à payer pour nos instants de joie. Le disciple peut savoir ces choses, mais seulement dans sa tête ; tandis que le maître, lui, les vit à chaque instant qui passe.

Un jour que je m'amusais à faire un retour dans mon passé, j'ai réalisé que lorsque j'étais malheureux, c'était parce que je fermais certaines portes. Je vais donc vous en faire la liste afin que vous puissiez identifier les vôtres, pour pouvoir les garder ouvertes le plus possible dans le futur.

LA PREMIÈRE PORTE DU BONHEUR :
LA DÉDRAMATISATION

Comme le monde est sérieux de nos jours ! On dirait qu'aussitôt qu'on sort de l'enfance, la société nous enlève le droit de jouer. Ce n'est qu'à l'âge mûr que cette envie de vivre pour soi en s'amusant remonte à la surface. Il existe, selon moi, deux grandes maladies largement répandues, et qui sont la source de presque toutes les autres. En premier lieu, on retrouve le stress que l'on se crée à force de penser, puis l'autre, la plus destructrice à mon avis, que j'appellerais la « sériosité ». Nous en sommes presque tous atteints à un degré ou à un autre. Ne sommes-nous pas tous plus ou moins « sério-négatifs » à certains moments de la journée ?

De nos jours, tout est affaire de « sériosité » : le travail, les loisirs, les relations amoureuses, la spiritualité. La majorité des religions et des mouvements spirituels prétendent détenir la vérité, c'est bien connu. C'est foncièrement humain de croire détenir la vérité en tout ou en partie. Ce n'est pas mauvais en soi. Ce qui est néfaste par contre, c'est d'être convaincu que ceux qui ne pensent pas comme nous sont dans l'erreur et qu'ils seront par conséquent rejetés par Dieu. Quelle prétention !

Si les religions acceptaient honnêtement de s'entraider en travaillant la main dans la main sur les bases de leurs croyances communes – car elles en ont toutes – au lieu de se battre férocement à cause de leurs différences, leur attitude de coopération ferait naître l'espoir. Chacune pourrait enrichir l'autre. Au lieu de cela, elles lancent des flèches empoisonnées en direction du voisin, juste parce qu'il ne pense pas comme elles. On dénigre la différence au lieu de s'en nourrir. Quand des enfants commencent à se faire du mal, ils cessent de s'amuser. Chaque humain possède en lui une minime parcelle du grand Tout que certains nomment Dieu.

Comment le seul fait de dédramatiser les choses peut-il nous rendre plus heureux ? Parce que cela nous empêche de nous prendre trop au sérieux. Aussitôt qu'on met le pied dans le monde du mental, on devient sérieux. Quand la tête est aux commandes, elle chasse le rire et souvent la joie en général. Pour le mental, la vie n'est pas une comédie. Si on a le malheur d'oublier cette règle, il se charge de nous la rappeler.

Le maître de sa vie ne se laisse plus dicter aucune règle par sa tête. Il devient de plus en plus habile à faire des choses sérieuses sans se prendre au sérieux. L'humour est son outil de prédilection, un terrain de jeux où il va souvent se ressourcer. Dès qu'il quitte cette aire de jeu, son Esprit le ramène à l'ordre : « JOUE, sapristi ! Joue ! ». Ne dit-on pas à juste titre que l'humour est la caractéristique des grands sages?

Un maître dépourvu d'humour est un disciple qui se prend pour un maître, et Dieu sait comme il y en a sur la Terre. Et, je ne me le cache pas, je fais partie de cette catégorie à certaines occasions. J'ai aussi mes petites crises de « sériosité »... La tête n'entend pas à rire, elle a toujours d'autres chats à fouetter. Et, de toute façon, entre vous et moi, elle est bien trop... sérieuse pour ça.

Aussitôt qu'on pénètre dans le royaume du mental, on est assailli par ses subalternes, les émotions. Celles-ci nous amènent à nous bâtir des scénarios, puis à y croire. Ces scénarios sont montés de toutes pièces par notre mental-menteur. Ils sont les grands responsables de la plupart de nos souffrances et de nos frustrations, en plus de nous empêcher de vivre pleinement le moment présent. Et, croyez-moi, le mental est un maître dans la scénarisation. Ce qu'il faut savoir, c'est que les films qu'il fait tourner dans notre tête ne se déroulent pratiquement jamais comme prévu dans la réalité. Cela parce que nous changeons de cap à chaque instant de vie qui passe. Une rencontre impromptue, une prise de conscience, une pensée créatrice, une décision, et hop ! ce qui devait arriver n'a plus lieu d'être et s'est déjà transformé. Cette ronde incessante se poursuit chaque jour et nous renvoie dans d'autres directions. Comme le prônent les Tibétains avec leurs fameux mandalas, rien n'est permanent.

Un élément des plus importants pour dédramatiser notre vie est donc de cesser d'alimenter les scénarios qui prennent forme en nous. Un autre, tout aussi valable, consiste à cesser de prendre à notre charge la souffrance des autres. Chaque être humain est unique. Il traverse l'existence à son propre rythme et en suivant ses propres routes, celles qu'il croit appropriées. Mais notre mental essaiera toujours de nous convaincre que nous possédons la vérité et que tout le monde devrait suivre le même chemin que nous, ce qui est tout à fait illusoire. Plus ou moins inconsciemment, nous jouerons donc au bon berger en faisant tout ce qui est en notre pouvoir pour ramener les brebis égarées au bercail, le nôtre évidemment !

Personne n'a à souffrir pour les autres, encore moins à prendre leur peine sur ses épaules. Les gens tourmentés ont inconsciemment choisi d'emprunter la route de la souffrance, et c'est à eux d'assumer leur choix. On peut certes les accompagner durant un certain temps et leur offrir notre soutien, mais jamais, au grand jamais, porter leur croix pour eux. Avez-vous remarqué, chose étonnante, que les gens qui portent déjà les plus lourdes croix sont ceux qui sont les plus enclins à prendre la croix des autres sur leurs épaules ? Allez savoir pourquoi ! Comme si leur fardeau n'était pas assez pesant ! Serait-ce pour souffrir un peu plus peut-être ? pour attirer la pitié ? pour se sentir utile ? pour se permettre de s'apitoyer sur leur sort ? Je dirais : toutes ces réponses.

Sur la porte de la dédramatisation de la vie, se trouve une affiche géante sur laquelle sont inscrits ces mots en lettres d'or : VIVRE ET LAISSER VIVRE. Le maître sait qu'il ne peut aider personne en pleurant avec lui sur son sort. C'est pourquoi il aura la sagesse d'intervenir quand ce sera le bon moment, lorsque les larmes seront séchées et le cœur de la victime soulagé.

Je me souviens d'une dame qui était venue me voir après une conférence. Elle était en pleurs et me pressait de lui suggérer un livre qu'elle désirait offrir à un de ses amis pour le sauver de son désarroi. Les yeux rougis, elle me raconta qu'elle aimait beaucoup le jeune homme en question, qui avait déjà tenté de se suicider et qui semblait nourrir encore le même genre d'idée. Elle se disait affligée et démunie devant son impuissance à l'aider. En sanglotant, elle me pria de venir aider cet ami au moyen d'un de mes écrits.

Je regardai la dame droit dans les yeux et, pour détendre l'atmosphère, je lui dis en souriant : « Serait-il possible que ce soit vous plus que lui qui ayez besoin d'un livre ? » Perplexe devant mon attitude, elle me répondit : « Euh ! Pourquoi dites-vous ça ?

– C'est que vous êtes en train de vivre le malheur de votre ami à sa place. Et vous ne l'aidez pas en agissant ainsi, je vous assure. Vous ne lui permettez pas d'aller au bout de sa folie parce que vous-même ne l'avez jamais fait. Est-ce exact ?

– Euh ! oui, vous avez peut-être raison, m'avoua-t-elle en baissant les yeux. Je me suis retenue toute ma vie.

– Alors, rétorquai-je en entrant vivement dans la porte qu'elle venait d'entrebâiller, je vais vous suggérer un livre, mais ce sera pour vous, d'accord ? Je crois que vous en avez plus besoin que lui actuellement.

– Vous croyez ?

– Certainement !

Je lui remis mon ouvrage *L'Ultime Pardon* et elle s'en retourna, la mine songeuse. Je ne la revis jamais. Peut-être s'est-elle reprise en main ou alors elle est retombée dans son rôle de sauveur. Si cela est, je n'y peux rien. Le choix de cette dame ne me regarde pas. Moi aussi je me sens parfois impuissant, mais j'apprends ainsi à ne pas me créer d'attentes. Tout ce qui est demandé aux êtres compatissants, c'est d'accompagner les personnes qui ont besoin d'aide afin de les encourager et de les soutenir au besoin. La tempête qu'elles doivent traverser aura pour effet de les faire grandir. Si on agit à leur place, en souffrant pour eux, on ne fera que retarder le rythme de leur évolution ainsi que le nôtre. Et dès qu'on aura le dos tourné, ces personnes en profiteront pour retrouver leur souffrance. Nous serons intervenus pour rien.

Quand on veut dédramatiser les événements qui jalonnent notre vie, il faut se mettre dans la tête que personne n'est responsable de ce qui arrive aux autres. On n'a de responsabilité qu'envers soi-même. Nous avons tous des buts différents à atteindre et nous choisissons en conséquence les acteurs qui sont les plus aptes à nous aider en ce sens, dans la souffrance ou dans la joie. Aussitôt qu'un enfant sort du ventre de sa mère, il prend en charge sa propre vie. Ses parents sont certes là pour lui donner l'élan et le soutien nécessaires à son envol, mais c'est tout. Évidemment, si vous ne croyez pas que l'Esprit d'un enfant puisse choisir ses parents, vous pourrez difficilement admettre cela. Mais si vous acceptez l'idée que l'Esprit qui s'incarne sur la terre choisit un entourage qui lui permettra d'atteindre ses buts, tout s'éclairera.

Inconsciemment, l'enfant (par son Esprit) choisit sa famille. Il sait pertinemment pourquoi il le fait et il sait ce qu'il est venu expérimenter ici-bas. Alors, vous n'avez pas à vous sentir responsable de ce qui lui arrive, puisque c'est lui qui l'a choisi.

Ainsi, chaque acteur offre la meilleure performance qu'il peut dans la grande pièce de théâtre qu'est la vie et il a un rôle déterminant à jouer. Certains auront des rôles plus agréables, d'autres devront accepter de jouer les méchants et certains devront se contenter de faire de la figuration. Mais tous essaieront de donner le meilleur d'eux-mêmes, car chacun joue sa vie. Vous connaissez sûrement, autour de vous, de ces acteurs qui sont devenus maîtres dans l'art de la scène, des bons comme des méchants. Je vous vois sourire en lisant ces lignes, et j'aime bien vous voir rigoler : ça ouvre le cœur au maître qui est en train de naître en vous.

Chacun sert donc d'instrument d'évolution pour les autres. Quand on comprend cela, on cesse automatiquement d'en vouloir à nos ennemis. On cherche à comprendre en quoi leur attitude nous a permis de nous dépasser. Cet aspect n'est peut-être pas facile à admettre, j'en conviens. Mais faites un petit effort. Vous verrez que si vous parvenez à saisir ce principe, le mot *pardon* disparaîtra à jamais de votre vocabulaire. Vous cesserez de vous faire du mal à force d'en vouloir aux gens qui vous font souffrir. Car, en réalité, ils ne font que le travail qui leur a été demandé pour vous obliger à avancer.

Le fait de dédramatiser les événements de sa vie a un autre avantage. Il permet à l'enfant en soi de sortir de son mutisme et de recommencer à s'amuser. Les enfants détestent ce qui est sérieux. Quand ils se disputent entre eux, ça ne dure souvent qu'un instant. Tandis que pour l'adulte, cela peut durer toute une vie ! Toute une différence, n'est-ce pas ?

On a tous en soi un enfant endormi qui ne demande qu'à s'éveiller et à nous entendre lui glisser à l'oreille qu'on lui redonne la permission de JOUER. Le pire ennemi de notre enfant intérieur, c'est évidemment notre mental, car il tolère difficilement les comportements infantiles. Les esclandres de l'enfant qui est en soi ont pour effet de l'énerver et de lui faire perdre son contrôle. Quel malheur ! Ou plutôt quel bonheur, selon le côté où l'on se situe.

À mesure qu'une personne vieillit en sagesse, elle retourne vers l'enfance. Le cycle de la vie est ainsi fait : l'enfant s'amuse, l'adolescent commence à s'emmerder et l'adulte, lui, continue à le faire... Puis la vieillesse arrive. La personne âgée revient à la case départ et termine son cycle en s'amusant (pas tous les gens, évidemment, mais ceux qui acceptent de retrouver leur cœur d'enfant). Si vous vous situez quelque part entre la jeunesse et la vieillesse, peut-être devriez-vous commencer à vous amuser dès maintenant, avant qu'il ne soit trop tard.

La dédramatisation face à sa vie a le très grand avantage de faciliter le pardon. Quand on sait transformer à temps les drames en comédies, on n'est plus porté à garder ses malheurs ancrés trop long-temps en soi. On cesse de s'en faire pour des pec-cadilles. On réussit ainsi à contrer les efforts de notre mental qui essaie constamment de monter en épingle la moindre petite anicroche. Le maître réalise très tôt que haïr quelqu'un ne sert qu'à se faire du mal. C'est seulement à cela que sert la haine. Pensez-y sérieusement. La personne qui est à l'origine de notre colère ou de nos ressenti-ments s'en fait-elle bien longtemps pour nous ? Assurément non. Elle continue sa vie, tandis que nous empoisonnons la nôtre à entretenir notre amertume.

Je me rappelle d'une participante lors d'un stage que j'animais. C'était une femme d'une grande beauté extérieure mais dont l'intérieur était rempli de haine. Selon ses dires, tous ses mal-heurs dépendaient des autres. Au fil du temps, cette haine s'était transformée en un ver hideux qui la rongeait de l'intérieur. Je l'ai vite ressenti. Comme elle insistait pour que je lui dise ce que je pensais d'elle, je ne pus résister à la tentation de faire preuve de transparence. Je la décrivis comme une magnifique pomme à la peau tendre et lisse, mais dont le cœur recelait un ver immonde qui se nourrissait de ses énergies de haine. Comme le ver se rapprochait dangereusement de sa peau, je crus bon d'avertir cette dame que le cancer la guet-tait si elle n'empêchait pas la haine de grandir en elle. Secouée, la dame éclata en sanglots. Je crois qu'elle a compris le message que son Esprit lui envoyait en passant par moi. C'est tout ce que je pouvais lui dire pour la faire sortir de son attitude d'autodestruction.

COMMENT FAIRE POUR
DÉDRAMATISER NOTRE VIE

L a première étape consiste à s'exercer à lâcher prise devant les événements qui viennent perturber notre quotidien. Ce qui ne veut pas dire qu'il faut cesser d'agir, bien au contraire. Pour cela, il faut suivre le mouvement de la vie, sans ramer à contre-courant, et être prêt à se lancer dans l'action le moment venu. En d'autres termes, il faut se faire à l'idée que tout a sa raison d'être dans notre existence et que rien n'est le fruit du hasard. À partir de chaque situation qui se présente, on peut soit grandir, soit s'enfoncer davantage dans le malheur. Le choix nous appartient. Se cramponner à ses drames mène directement à la mort, tandis que lâcher prise redonne un second souffle à notre vie.

Le maître est convaincu que le hasard n'existe pas. Il n'a pas peur de la solitude, car il s'en sert pour réfléchir et pour faire le lien entre ses échecs et ses succès. C'est à cause de ces introspections qu'il obtiendra un jour son diplôme de l'Université de la Vie. Il sait que tout ce qui lui arrive peut le faire évoluer. Ce pourra être dans la peine ou dans la joie, mais ce sera son choix, sa réaction. Sachant cela, il cessera de lutter contre les vents violents qui balayent son existence. Tel un *surfer*, le maître se laissera glisser sur les vagues de la vie. Avouez que c'est beaucoup plus facile et agréable de vivre ainsi.

Chaque problème peut connaître une issue heureuse, il n'y a que nous qui puissions l'empêcher de se manifester. Voici un exemple.

Je me rendais dans le nord du Québec pour donner une conférence. Après deux longues journées de route, je me présentai à l'endroit où devait avoir lieu ma prestation. Je me suis alors aperçu, à mon grand désarroi, qu'une erreur s'était glissée quelque part et qu'aucune salle n'avait été réservée pour moi. Comble de malheur, j'attendais ce soir-là plus de cent personnes. Je commençai à m'énerver et à paniquer, mais à la demande expresse de mon organisatrice, je tentai de me calmer et... de lâcher prise. C'est plus facile à dire qu'à faire, je vous le garantis.

Il ne restait donc aucune salle disponible, sauf un bureau pouvant contenir à peine une vingtaine de personnes. En désespoir de cause, nous nous sommes rabattus sur le bureau. Je me demandais bien ce que j'allais faire avec les quatre-vingts autres personnes qui allaient se présenter. Les installer dans le corridor, peut-être ? Finalement, je lâchai prise et voici ce qui se passa : une tempête de neige se leva sur la ville. Et devinez combien de personnes ont pu se rendre sur place pour venir m'entendre ? Oui ! vingt exactement. La chaleur humaine qui se dégageait de la petite assistance me remplit d'amour. Je vendis beaucoup de livres et la salle ne me coûta rien. « Excellent compromis, criai-je à la vie après coup. Ça valait la peine de lâcher prise. »

Le lâcher-prise se fait beaucoup plus facilement quand on s'abandonne corps et âme à sa bonne étoile. Et nous en avons tous une. Le problème, c'est que nous ne la voyons pas, que nous n'y croyons pas ou que nous ne la laissons pas nous guider. Nous préférons garder la mainmise sur notre vie et tâtonner dans le noir. Ce qui fait de nous des êtres fatigués et aigris par plusieurs efforts improductifs.

Il ne faut pas non plus exagérer et vouloir lâcher prise à tout prix. Ce ne sont surtout pas les exercices mentaux, les visualisations ou les prières qui vont nous permettre d'y arriver. Tenter de lâcher prise en utilisant notre mental ne fera que nous enliser davantage. La seule façon de réussir est de croire que tout ce qui nous arrive est bien, d'avoir confiance en la justice divine. Les gros coups durs qui nous frappent sont toujours, et j'appuie bien sur le mot *toujours*, des tremplins qui peuvent nous propulser vers quelque chose de plus haut et de plus grand. La plupart du temps, les aléas de la vie nous aident à nous surpasser en nous obligeant à sauter à pieds joints dans le vide. Selon que l'on a confiance ou non en sa bonne étoile, on sombrera ou alors on émergera comme par magie sur un palier supérieur.

Le maître n'a besoin de l'assentiment de personne pour se convaincre qu'il a bien agi. Quand ses actes sont mus par le cœur, les jugements des autres ne le touchent plus. J'ai visionné, il y a bien longtemps, un dessin animé dans lequel un vieillard avait été injustement accusé de vol par les gens de son village. Il s'était sauvé durant la nuit avec son chien, un simple baluchon sur l'épaule. On le voyait, le visage serein, dire à la lune : « Je me fiche éperdument qu'on me croie coupable. Il y a au moins deux personnes qui reconnaissent mon innocence : il y a toi, mon Dieu, et il y a moi. Et ça me suffit amplement... »

Avant de terminer cette section sur la dédramatisation, je vous propose de vous amuser un peu avec le jeu des erreurs. Notez sur une feuille de papier les événements les plus malheureux qui vous soient arrivés (accident, divorce, décès, etc.). Choisissez uniquement ceux qui se sont passés depuis un certain temps pour vous assurer que les cendres sont retombées et que les émotions qui ont été générées ne viendront pas brouiller les cartes. À côté de chaque événement, écrivez en quelques mots ce qu'il vous a permis d'apprendre (pardon, acceptation de soi, prise en charge, réorientation, etc.). Vous constaterez alors que vos bienfaits actuels ont eu comme source les pires événements de votre existence.

Lorsqu'on maîtrise sa vie, on ne peut faire autrement que de la voir comme une grande pièce de théâtre. Au départ, elle avait été conçue pour être une comédie, mais au fil du temps, elle s'est transformée en tragédie. La maîtrise consiste donc à devenir le metteur en scène de cette pièce et à en réécrire continuellement le scénario. À partir de maintenant, faites-vous une priorité de consacrer du temps au jeu et au rire. Lorsque vous sentez que vous êtes en train de terminer un acte, laissez tomber le rideau et attaquez-vous immédiatement au suivant, en essayant cette fois de vous amuser un peu plus.

LA DEUXIÈME PORTE DU BONHEUR : L'ENGAGEMENT

L'être qui est devenu maître de sa vie a su s'engager totalement dans la démarche qu'il a entreprise. L'engagement envers ses aspirations fondamentales est crucial. Si nous ne sommes pas engagés, le découragement risque de nous frapper au moindre écueil. Tout nous servira de prétexte pour nous faire baisser les bras. Lorsque nous ne nous investissons pas dans nos actions, nos forces et notre motivation déclinent. Mais il ne faut pas s'oublier dans ce processus, car être maître de sa vie suppose que l'on a appris préalablement à se donner autant d'amour qu'on en donne aux autres, sans nous sentir coupables. Ce n'est pas toujours ce qui nous a été enseigné, loin de là. Pourquoi, pensez-vous ? Peut-être parce qu'il y a dans une société trop de maîtres qui veulent avoir la mainmise sur les citoyens. Cela devient gênant et quelque peu menaçant pour ses dirigeants. Quelles personnes sont les plus faciles à dominer ? Les disciples soumis qui donnent tout aux autres et que l'on fait se sentir égoïstes s'ils pensent un peu trop à eux, ou une joyeuse clique de maîtres conscients de leur autonomie ? Les premiers, évidemment.

Savez-vous ce qui fait la différence entre un échec et un succès ? Le petit pas de plus. Eh oui ! je vous surprendrai peut-être en vous disant que l'échec n'existe pas : il n'y a que des gens qui ont cessé d'avancer. Pour illustrer cette affirmation, prenons l'exemple d'un homme à la recherche d'un emploi. Un bon matin, il va offrir ses services à une douzaine d'entreprises qu'il a préalablement ciblées. Il commence sa tournée très tôt, CV à la main. Mais devant la mauvaise volonté des employeurs potentiels, il se laisse gagner par le découragement, et la frustration s'installe. Après la huitième tentative, il s'en retourne chez lui, abattu. Il s'avoue vaincu et déclare forfait : il a échoué !

Ce qu'il ignorait, le pauvre, c'est qu'à la neuvième entreprise où il devait se rendre, on avait justement besoin d'un homme comme lui et on allait lui offrir un excellent salaire, de bonnes possibilités d'avancement, la chance de faire des voyages d'affaires intéressants, etc. Le seul fait que cet homme n'était pas assez engagé pour faire ce petit pas de plus a transformé un succès potentiel en un cuisant échec.

La vie nous envoie constamment ce genre de petit test afin de vérifier la force de notre engagement envers elle. Prenez maintenant quelques instants pour vous remémorer ce que vous considérez comme votre dernier échec. Pourriez-vous dire qu'un petit pas de plus aurait pu faire la différence ? Ne laissez pas votre tête répondre de manière trop expéditive à cette question. Écoutez plutôt ce que votre cœur a à dire…

Le seul fait de s'engager sans réserve dans une démarche a l'avantage non négligeable de nous garder bien en VIE. L'engagement garde l'étincelle magique dans nos yeux et les gens la voient scintiller quand nous avons plein de buts à atteindre. S'engager, c'est éliminer de notre existence la monotonie (métro-boulot-dodo) qui s'y est peut-être installée à notre insu.

Il m'a fallu attendre trois longues années avant que mon premier manuscrit, *Sur la voie de la sagesse,* soit accepté par un éditeur. J'avais fait tout le nécessaire et envoyé des dizaines de manuscrits à autant de maisons d'édition. Mais je ne recevais jamais de réponse de qui que ce soit. Je suis allé voir des clairvoyants – j'en étais friand à l'époque – et ils m'ont tous dit que je n'étais pas prêt, ce que mon ego s'empressait de réfuter du revers de la main !

Un jour que j'étais passablement en paix avec moi-même, mon vieux sage intérieur m'a fait comprendre que c'était la peur de m'engager qui empêchait mon projet de se réaliser. En y pensant bien, j'ai compris que j'avais une peur bleue de me faire taquiner et juger par les gens du petit village où j'habitais et où l'on trouvait, entre autres, une importante communauté religieuse. Comme je parlais de la vie après la mort, de karma, de vies antérieures et de réincarnation dans cet ouvrage, j'appréhendais les jugements dont j'allais sûrement être victime si mon livre avait le malheur de passer entre leurs mains.

À la suite de cette prise de conscience, j'ai décidé de mettre mes craintes de côté et d'assumer mon ouvrage comme le ferait un vrai maître. Je fis savoir à mon Esprit que j'étais prêt à m'engager, quel que soit le prix à payer. Mon premier livre a été mis en vente dans les mois qui ont suivi.

Chaque fois qu'un de nos projets n'aboutit pas, c'est que, intérieurement, nous n'acceptons pas d'en payer le prix. De toute évidence, il y en a toujours un à payer. Ce n'est pas nécessairement quelque chose de négatif, mais cela implique des changements. Le refus de payer le prix fait en sorte que rien n'avance, que tout semble figé dans le béton. Et ce n'est pas de la faute des autres. Si nous avons peur des conséquences que peut entraîner une décision relative à un changement d'orientation, l'énergie qui nous habite le sait. Elle s'organisera alors pour que rien ne se mette en marche afin de ne pas nous perturber. En d'autres mots, c'est nous qui, sans le savoir, contrecarrons nos propres projets. C'est comme si on les sabotait !

Prenons un autre exemple. Vous êtes à la recherche active d'un compagnon ou d'une compagne de vie, et chacune de vos tentatives à cet effet se résulte par un échec. Se pourrait-il qu'au fond de vous-même vous appréhendiez cet éventuel engagement en vous disant qu'à la longue, il vous apportera plus de désagrément que de bonheur ? Pensez-y bien. Un compagnon occasionnel, cela peut s'avérer très agréable. Mais s'il est là en permanence, dormant ou ronflant tous les soirs à vos côtés, dans votre lit, réclamant des soins au moindre symptôme – vous connaissez, mesdames, les fameuses « grippes d'hommes »... –, vous accaparant durant vos rares moments de loisir, ne croyez-vous pas qu'il s'agit là d'une situation qui demande réflexion ? Et si vous n'étiez pas prêt à payer le prix ? Dans l'affirmative, ne cherchez pas plus loin. Vous savez maintenant pourquoi tout ne se passe pas comme vous l'espérez.

Quelle que soit la nature de vos projets (personnels, d'affaires, relations amoureuses, etc.), faites tout d'abord le point sur l'impact que leur réalisation aura sur votre vie. Si vous acceptez les petits caractères du contrat que vous vous apprêtez à signer, la vie s'occupera du reste. Sinon, cessez de vous plaindre. Vous n'aurez qu'à refaire l'exercice un peu plus tard pour voir si vous en êtes toujours au même point ou si vous êtes prêt, cette fois-ci, à franchir le pas.

Lorsqu'on s'engage envers la vie, la vie le fait automatiquement envers nous, et c'est vrai dans les deux sens. Nous sommes les artisans de notre destin, ne l'oublions pas. Nous croyons parfois être en mesure de tout gérer avec notre tête, mais c'est faux. Notre mental n'est qu'une petite partie de nous-mêmes, mais il essaie pourtant de nous faire croire le contraire en prenant toute la place. Il n'est pas notre ennemi cependant, mais un associé qui doit cesser de jouer au patron.

Mais comment s'engager sans que ce soit trop lourd ? Premièrement, en se fixant des objectifs réalistes. La lourdeur qui caractérise nos projets vient souvent du fait qu'on voit trop loin, que l'agréable colline du début s'est transformée en montagne... À moins d'être un excellent alpiniste, on se décourage et on abandonne à mi-chemin. Si on m'avait dit, après l'écriture de mon premier livre, que j'en aurais plus de onze à mon actif quinze ans plus tard, que je parcourrais le monde pour donner des conférences, moi qui étais timide, à peine capable de parler en public – c'est vrai, je vous le jure –, j'aurais sans doute tout arrêté sur-le-champ en voyant l'ampleur de la tâche. « Le mont Everest, c'est pas pour moi », vous aurais-je dit sans autre commentaire. Mais, de colline en colline, je me suis fait à l'art de grimper, j'y ai même pris goût. Maintenant, je peux escalader de hauts sommets à ma guise et à mon aise.

Je propose parfois aux gens qui assistent à mes conférences un exercice tout simple pour voir où ils en sont rendus dans leur vie. Si vous avez envie de le faire, le voici :

Installez-vous confortablement, en position assise ou couchée, et commencez à respirer calmement, deux fois, trois fois ou plus, jusqu'à ce que vous ayez trouvé une certaine paix intérieure. Demandez-vous ensuite si vous êtes heureux dans votre travail actuel (carrière ou autre). Considérez-vous que vous y avez atteint vos objectifs ? Changeriez-vous d'emploi maintenant, si on vous en donnait la possibilité ? Si oui, dans quel domaine vous orienteriez-vous ? Quel serait, selon vous, le prix à payer pour cette décision ? Seriez-vous disposé à le payer ? Si la réponse qui monte en vous est un oui retentissant, n'hésitez pas un seul instant et passez immédiatement votre commande à l'univers. Si vous êtes attentif, vous verrez bientôt apparaître sous vos yeux la magie (l'âme agit...) de la vie.

Si les réponses à ces questions sont négatives, continuez à œuvrer dans le domaine où vous êtes. À la différence que, cette fois, vous saurez pourquoi vous restez. Vous cesserez alors de vous apitoyer sur votre sort. La victime en vous aura été reconnue et apaisée.

Cet exercice peut aussi s'appliquer à d'autres secteurs de votre existence : amour, amitié, études, engagement religieux, etc. Il vous permettra de mieux vous connaître et de savoir ce que vous voulez ou ne voulez pas.

Le maître de soi est conscient que tout engagement, qu'il soit pris envers soi ou envers les autres, exige de la souplesse et des remises en question régulières. En d'autres termes, tout contrat avec Dieu ou avec la vie (c'est la même chose) est renégociable, comme c'est le cas dans le monde des affaires. C'est pourquoi le maître, le vrai, se donne toujours le droit à l'erreur et à la renégociation. Il sait que chaque décision n'est valable qu'à l'instant où elle est prise. Et comme les règles du jeu changent constamment au fil de l'évolution, rien ne peut jamais être considéré comme définitif.

Si un engagement est pris sous le coup de l'émotion ou durant une période particulièrement difficile, il peut devenir un boulet avec le temps. Il n'y aura alors pas d'autre solution que d'accepter ce fait ou de couper la chaîne qui nous retient au boulet.

Dans la troisième partie de ce livre, nous verrons que même les engagements relatifs au plan affectif doivent être constamment révisés. Le temps peut créer de lourdes chaînes entre les partenaires, et la lourdeur de l'un pourra empêcher l'autre de s'envoler. Il s'agit là d'un problème important, qui demandera à être résolu. Mais nous y reviendrons, soyez patient !

Les faux maîtres ou les gurus en quête de disciples savent qu'ils n'ont qu'à faire prendre à ceux-ci des engagements inimaginables pour les garder sous leur domination. Le maître de sa vie, lui, ne s'engage qu'envers lui-même. Et encore, il fait preuve d'une souplesse et d'une flexibilité exemplaires.

LA TROISIÈME PORTE DU BONHEUR : LE JUSTE MILIEU

Il y a un certain temps, j'ai visionné un film relatant l'histoire de Bouddha. Celui qui devait plus tard fonder le bouddhisme s'appelait Siddharta quand il était jeune. Il a vécu ses premières années dans l'opulence, isolé du reste du monde et ignorant ce qu'était la pauvreté. Quand il arriva à maturité, le jeune homme décida de changer complètement de vie. Il abandonna volontairement sa vie d'abondance pour devenir un ascète dépourvu de tout. Il se mit à sillonner les rues, nu, à méditer et à mendier sa nourriture.

Un jour, Siddharta s'arrêta et prit refuge sous un grand arbre aux abords du Gange. Il s'assit et passa de longues semaines à méditer et à jeûner. À force de mener cette vie de privation, il était devenu l'ombre de lui-même. Son corps maigre et décharné était tout à l'opposé de celui de l'homme qu'il était auparavant.

Un événement vint alors bouleverser sa vision des choses. Il vit une barque qui glissait sur le fleuve sacré. Un professeur de cithare se trouvait dans la barque avec un enfant auquel il enseignait son art. Le maître montrait à l'élève comment accorder son instrument et le vent souffla ses paroles vers Siddharta : « Si tu ne tends pas assez les cordes de ta cithare, disait-il, elles ne vont pas sonner. Mais si tu les tends trop, elles casseront. Le secret, c'est de les étirer juste assez pour obtenir la bonne sonorité. »

À ce moment, Siddharta s'éveilla tout à coup de sa léthargie et comprit le sens profond de ces paroles, des paroles qui lui étaient en fait adressées. Il réalisa que ce n'était ni dans son abondance passée, ni dans sa pauvreté actuelle qu'il allait trouver l'illumination, mais plutôt dans l'équilibre entre les deux : le juste milieu. Il se leva résolument et recommença à se nourrir. Il vécut dès lors une vie normale, et il devint celui qu'on connaît maintenant sous le nom de Bouddha.

Quelle belle histoire, n'est-ce pas ? Comme bien des gens, le Bouddha lui-même a dû toucher les extrêmes avant de pouvoir trouver la paix, qui se trouve en plein centre. Mais, comme je vous l'ai cité plus tôt, *quand on n'essaie pas... on ne sait pas*. Maîtriser sa vie, c'est chercher activement à découvrir toutes les facettes de soi. C'est parfois aller toucher les extrêmes pour ensuite s'installer dans l'équilibre. Ce n'est en effet que dans l'instant présent que l'on peut trouver le bonheur. Les extrêmes, quoique nécessaires parfois, sont remplis de souffrance et de dépendance. Pourquoi, me direz-vous, l'humain ressent-il le besoin irrépressible de les expérimenter quand même ? Pour comprendre, avec l'expérience, que le bonheur durable ne s'y trouve pas. S'il y est, ce sera à très faible dose.

L'adolescence est une période incontournable d'essais. Les parents auront beau expliquer en long et en large à leurs enfants les conséquences qu'aura tel ou tel geste, les supplier de ne pas les faire, leur démontrer, preuves à l'appui, qu'ils sont sur la mauvaise route, ils ne pourront rien y faire.

Les enfants doivent passer par l'expérimentation. Pourquoi ? Parce que c'est ce que leur demande leur Esprit qui, comme on l'a vu, n'évolue que par l'expérience, non par les belles paroles ou le vécu des autres – surtout pas celui de leurs père et mère. Au lieu de sombrer dans le découragement en voyant son impuissance, le parent a tout intérêt à entourer son enfant d'amour et à l'accompagner discrètement dans son expérimentation, en évitant de le juger. C'est souvent le jugement qui brise les liens dans une famille.

Combien de parents exigent de leurs enfants qu'ils pensent et agissent comme eux ? C'est normal, mais complètement illusoire. Aucun cerveau ne possède les mêmes données de base, n'est mû par le même instinct de survie, et ne fonctionne de la même façon. Personne n'a les mêmes expériences à vivre.

Si c'est dans l'équilibre qu'on trouve la paix, c'est dans les extrêmes qu'on trouvera le déchirement, la frustration et la solitude. Les extrêmes sont dangereux, tout le monde le sait. Mais nous les aimons sûrement, puisque nous avons un plaisir fou à y mettre régulièrement les pieds. Et le pire, c'est qu'aussitôt que la leçon est tirée de l'expérience qu'on a vécue et que l'on a enfin retrouvé l'équilibre, on cherche d'autres avenues tout aussi excessives à explorer. Faut être masochiste ! N'oublions pas que nous nous sommes incarnés sur une planète d'expérimentation. Nous sommes venus au monde pour cela, sinon on serait restés en haut à se prélasser... Aussi bien profiter pleinement de notre « pas – sage » sur la Terre.

Nous expérimentons tous des extrêmes, à un moment ou l'autre de notre vie. Chacun le fait à sa façon et à différents degrés : alcool, drogues, médicaments, jeu, sexe, religion, etc. J'avoue humblement avoir déjà jugé très sévèrement les personnes qui se vautraient dans les extrêmes. Prostitués, alcooliques, drogués n'étaient pas sur ma liste d'amis, je vous le jure. Jusqu'au jour où j'ai compris un principe fondamental que m'a enseigné un de mes grands maîtres et ami, un principe qui peut se résumer dans ces trois mots : Apprendre – Comprendre – Saturer.

Je vous explique. Nous passons une grande partie de notre vie à apprendre (intellectuellement) toutes sortes de choses, à l'aide de livres, de cours, de conférences. Cette information est emmagasinée dans notre cerveau, jusqu'au jour où l'on sent le besoin de l'expérimenter. Nous aurions beau lire tous les livres de recettes du monde, à quoi cela servirait-il si on ne mettait jamais la main à la pâte ? Quand la soif d'apprendre est étanchée, il s'ensuit une période de digestion durant laquelle la connaissance acquise est mise en application dans notre vie. C'est ce qu'on pourrait appeler la phase d'expérimentation ou de compréhension profonde.

Un enfant ne saura jamais en quoi consiste la douleur causée par le feu s'il ne s'est jamais brûlé. Ainsi en est-il pour l'adulte. S'il se contente d'être un disciple soumis à l'enseignement de son maître, il se complaira dans la première étape. Celle où il ne fait que savoir avec sa tête que certains concepts existent, sans les mettre en application.

Il écoutera béatement ses maîtres en parler, sans passer lui-même à l'action. Pourtant, l'ultime objectif d'un disciple ne devrait-il pas consister à pouvoir quitter son maître pour voler un jour de ses propres ailes, et devenir éventuellement le guide de quelqu'un ?

Pour la majorité des chercheurs de vérité, la période d'expérimentation s'étendra sur toute la vie. Mais certaines personnes – pas toutes – devront obligatoirement passer par une troisième étape, celle de la saturation. Se saturer d'une chose, c'est aller au bout de celle-ci, même si la route empruntée est parsemée de souffrances et de peurs. Ainsi, on peut considérer que les gens ayant de fortes dépendances (alcool, drogue, jeu, sexe, etc.) sont en fait des êtres courageux et en pleine évolution. Ces êtres ont choisi inconsciemment de se saturer de ce qu'on pourrait appeler leurs vices, pour pouvoir s'en débarrasser à tout jamais.

Lorsque j'ai eu compris ces trois étapes (apprendre – comprendre – saturer) du cheminement spirituel de l'être humain, j'ai réalisé que je ne pourrais plus juger les gens que j'avais pourtant méprisés jusque-là, à cause de leurs excès. Les hommes et femmes que je croyais perdus étaient en train de vivre une extraordinaire période d'initiation, afin de passer d'un niveau à un autre. S'ils ne s'étaient pas permis d'aller à l'extrême limite de leur folie, ils n'auraient pas eu l'opportunité de passer un jour à l'étape suivante.

Vous avez sûrement connu de ces personnes – ou vous en avez entendu parler – qui se sont sorties du cauchemar de la drogue ou de l'alcool et sont devenues par la suite des... anges – n'ayons pas peur des mots ! Pour ce faire, ils ont dû descendre tellement bas dans leur dépendance que les seules portes qui leur restaient ouvertes étaient soit la mort, soit la vie.

Dans bien des cas, hélas, si le fond n'a pas été touché, toute tentative de remise à flot est vouée à l'échec. On peut forcer quelqu'un à aller en thérapie de désintoxication, mais s'il n'a pas décidé de lui-même qu'il en avait assez et qu'il était temps de faire quelque chose pour lui (pas pour les autres), les chances de réussite sont minces.

J'étais en France et je venais de donner ma conférence sur les sept portes du bonheur. Une dame assez corpulente vint me rencontrer pour me parler de sa dépendance à la nourriture. « Parfois, me racontait-elle, j'ai des fringales tellement fortes – il était évident qu'elle mangeait ses émotions – que je peux m'empiffrer pendant des heures. Et le pire, ajouta-t-elle en baissant les yeux, c'est que plus je me sens coupable, moins je peux m'arrêter. » Je lui expliquai de nouveau le principe « apprendre – comprendre – saturer ». Puis je lui fis comprendre que si elle avait eu le courage de venir me parler ouvertement de son problème ce soir-là, c'est qu'elle était probablement rendue à la limite de sa saturation, donc prête à s'en sortir.

« Mais que dois-je faire ? me demanda-t-elle. Je veux bien me saturer, mais de là à exploser... (Et elle s'esclaffa, ce qui détendit l'atmosphère.)

– Promettez-moi deux choses, lui proposai-je. La prochaine fois que vous sentirez poindre à l'horizon une de ces fameuses fringales, pensez à moi. Puis mangez consciemment tout ce que vous aurez sous la main, mais cette fois sans vous sentir coupable. N'oubliez pas : aucune culpabilité. C'est ce qui va faire toute la différence. »

Ma réponse sembla la surprendre au plus haut point. La dame s'en retourna donc chez elle, sceptique et pensive, après m'avoir promis, toutefois, qu'elle allait y réfléchir. Je la revis quelques jours plus tard et elle me raconta, toute joyeuse, qu'elle avait suivi mes recommandations. « Et le plus drôle dans tout ça, me dit-elle, c'est qu'après avoir dévoré pendant quelques minutes tout ce que j'avais sous la main, j'ai pensé à vous. Au lieu de m'en vouloir, je me suis rappelée que vous m'aviez donné la permission de le faire, ce qui m'a enlevé toute envie de continuer à manger. » Cette dame avait atteint le bout de sa folie, le fond du baril. Il ne lui restait qu'à remonter à la surface, à se réhabituer à sa nouvelle vie et à poursuivre sa route.

D'ailleurs, pensez-y une seconde. Quel est le meilleur moyen d'empêcher un enfant de faire quelque chose ? Donnez-lui la permission et il ne voudra plus rien savoir de cette activité. Trop simple ? Ne vous en faites pas, le mental a horreur de la simplicité, car ses connaissances chèrement acquises deviennent alors caduques et sans utilité.

Mon but n'est pas de vous convaincre d'une vérité que je ne détiens pas, mais de permettre à la vôtre de s'éveiller et de se concrétiser. Il ne s'agit pas de la vérité des autres qui a été entreposée dans votre cerveau, mais de la vôtre, celle qui se trouve si près de vous, dans votre cœur.

« Sommes-nous tous obligés de passer par la saturation avant de passer à autre chose ? », me demanderez-vous. Je vous répondrai par la négative, car plusieurs d'entre nous ont déjà expérimenté la ou les dépendances en question dans des vies antérieures. Comme ces expériences s'accompagnaient de certains plaisirs, notre inconscient se les rappelle et nous le fait savoir. C'est pourquoi nous sommes tentés d'aller y retremper un orteil ou deux, puis nous passons à autre chose.

Le même processus a cours chez les personnes naturellement talentueuses, mais qui n'ont jamais eu la patience ou le goût de développer leurs talents. Elles passent avec une rapidité déconcertante d'une passion à une autre, mais elles ne s'y attardent pas, parce qu'elles finissent par s'y ennuyer. Tout feu tout flamme au début, elles se lassent en moins de deux. Ce qui se produit, c'est que leur mémoire du passé se réveille, le temps d'un soupir…

Si vous êtes vous-même au cœur d'une période de saturation, assumez-la jusqu'au bout, sans vous sentir pour autant diminué ou coupable. Si cela se produit, c'est probablement parce que, à l'image de cette dame à l'appétit d'ogre, vous êtes sur le seuil d'une porte de sortie. Il ne vous reste qu'un petit pas à faire, et hop, que la vie continue !

Par contre, si vous vivez présentement avec une personne qui est en état de saturation, ne vous sentez pas obligé de subir les contrecoups de ses comportements. N'essayez surtout pas de la sauver malgré elle. De toute façon, vous n'y parviendrez pas. Si vous avez choisi d'accompagner cette personne sur sa route de souffrance, prenez garde de ne pas vous y perdre en même temps. La ligne entre aider et sauver est très mince, vous savez ! Comme dans chaque situation, toutes les parties concernées évoluent. Peut-être que cette situation n'est là que pour vous obliger à vous affirmer et à vous respecter…

Il ne faut pas se le cacher, tous les humains sont des êtres de plaisir, et c'est très bien comme ça. Nous recherchons le bonheur d'abord par la satisfaction de nos sens, et cela s'applique à TOUT ce que nous faisons. Lorsque nous allons au cinéma, que nous passons une soirée avec des amis, que nous dansons, dégustons un bon repas, l'unique but recherché est de se faire plaisir. Comme nous l'avons vu plus tôt, le plaisir durable se retrouve uniquement dans le juste milieu, dans l'équilibre où nous ne rencontrons ni ne créons aucune dépendance. Que de la joie de vivre intensément le moment présent. Cependant, comme nous sommes en constant cheminement, notre curiosité instinctive nous porte à franchir un autre palier dès que nous avons atteint un équilibre dans notre existence. Sur cet autre palier, le déséquilibre et les extrêmes seront encore au rendez-vous. On n'arrête jamais d'avancer et d'expérimenter toutes sortes de choses ; c'est peut-être ce qui rend si excitante l'existence du chercheur de vérité.

Voyons maintenant comment on peut parvenir à l'équilibre quand on tend naturellement vers le contraire. Le seul fait d'accepter notre propension à l'excès est déjà un pas dans la bonne direction. Un autre pas sera fait quand on cessera de combattre nos excès et qu'on se permettra de les vivre pleinement et consciemment, en sachant que nous sommes ainsi sur la voie de les régler. Ce qui importe, c'est d'agir sans ressentir de culpabilité. Se sentir coupable, c'est nier sa divinité. C'est contrecarrer la plus importante mission de notre Esprit, soit d'expérimenter la vie dans notre corps, autant à travers nos succès que nos échecs, autant à l'aide de nos qualités que de nos défauts. La culpabilité est l'ennemi numéro un du candidat à la maîtrise de sa vie. Et c'est par cette porte que notre mental tentera en premier lieu de pénétrer pour contrer nos efforts.

Tout chercheur d'équilibre et de vérité doit cesser de se prendre trop au sérieux. Il doit assumer sa spiritualité dans son quotidien, en mariant le spirituel et le matériel.

Durant les premières années de ma démarche spirituelle, je m'étais imposé des règles de vie très strictes que je suivais scrupuleusement. Je méditais à heures fixes, toujours au même endroit, dans la même position et de la même façon. Après ma méditation matinale, j'oubliais tout. Je me levais et j'allais travailler, peinard, en me laissant emporter dans le tourbillon de la vie. À quelques minutes d'intervalle, je me retrouvais d'un extrême à un autre : l'histoire de ma vie… et probablement celle de plusieurs d'entre vous…

Je menais à cette époque deux vies, celle du spiritualiste et celle du matérialiste ; je ne les mélangeais pas. J'ai changé de cap le jour où j'ai participé, à New York, à un week-end de méditation intensive dirigé par un éminent maître hindou. À la fin de ces deux jours d'enseignement, le maître déclara ceci : « La véritable méditation débute aussitôt que vous vous levez de votre coussin. » Quelle révélation ce fut pour moi ! L'effet de ce séminaire se fit immédiatement sentir. Contrairement à ce à quoi je m'attendais, cette expérience m'a fait abandonner progressivement mes pratiques intensives de méditation. Je me suis plutôt appliqué à être présent à chaque instant de mon quotidien. Il m'arrive encore de méditer, mais ce n'est plus un but en soi comme auparavant. C'est un simple moyen de poser le pied sur une marche que je vais un jour dépasser.

Le plus précieux outil que possède un maître se trouve au-dedans de lui, car la source de tous ses pouvoirs prend naissance dans son âme. Quand ce qui est censé n'être qu'un outil (technique, mantra, rituel) devient un but, c'est qu'une poussière s'est glissée dans l'engrenage. Le méditant qui s'accroche à quelque chose d'extérieur à lui perd toute sa puissance et s'éloigne de son autonomie. Il devient dépendant de quelque chose, soumis, donc... un disciple.

Les êtres équilibrés ont ceci en commun qu'ils ne jugent pas. De par leur contact avec les extrêmes, ils ont compris que dans un conflit opposant des gens d'opinions différentes, tout n'est jamais entièrement blanc ni entièrement noir. La bonne volonté aidant, il pourra se créer une zone mitoyenne entre ces personnes, juste entre les deux opinions différentes. Dire à une personne qu'elle n'est pas du bon côté, parce qu'on est en désaccord avec ce qu'on croit être vrai et bon, est une marque flagrante d'immaturité spirituelle. Cette dernière affirmation remet en question la plupart des religions traditionnelles, qui condamnent tout ce qui ne correspond pas aux croyances qu'elles prônent : « Hors de l'Église, point de salut ! »

Un véritable maître ne condamne ni ne juge. Il peut certes avoir une opinion différente, mais c'est tout. Il a saisi depuis longtemps que tout homme est dans SA vérité, jamais dans LA vérité.

Une autre façon très efficace pour atteindre le bonheur et l'équilibre est la recherche de compromis. Dans une situation conflictuelle, au lieu de condamner sans pitié l'adversaire, il serait bon d'essayer de trouver un compromis acceptable pour les deux protagonistes. Vous me direz que c'est bien beau, les compromis, mais lorsqu'ils ne se font que dans un sens, où est l'équilibre ? Et vous aurez parfaitement raison.

Un être conscient ne peut rien faire lorsqu'il se bute à l'inconscience. C'est une des raisons pour lesquelles bien des aspirants maîtres de leur vie se retrouvent seuls et, à l'image des enfants dits « indigo », ont tendance à s'enfermer dans leur bulle.

Lorsque le compromis ne s'applique que dans un sens, le déséquilibre s'amplifie. N'oublions pas qu'en devenant maître de sa vie, on accepte de devenir de plus en plus autonome et responsable de soi. C'est un des prix à payer, mais le but est tellement sublime qu'on ne pensera pas à offrir de résistance. On pourrait… mais on ne le désire pas !

S'il est doté d'une véritable sagesse, un maître ne peut jamais être en total désaccord avec un autre maître. Certains malentendus peuvent naître de la friction causée par un ego frustré de ne pas avoir raison, mais ce ne sera que des « malentendus ». Les gens de bonne volonté ne s'attardent pas à ce qui les sépare, mais recherchent plutôt leurs points communs. Au lieu de se faire la guerre pour des peccadilles, ils construisent des ponts qui réuniront, à certains endroits, leurs routes parallèles.

Pouvez-vous imaginer ce qu'il adviendrait de la Terre si les religions et les gouvernements décidaient de ne plus se battre à cause de leurs différences, mais de travailler en coopération à partir de leurs ressemblances ? Cela peut paraître utopique, je l'admets. Mais si les maîtres que nous sommes commencent à agir dans ce sens, le reste de l'humanité n'aura d'autre alternative que de suivre nos traces. Ne comptons pas sur les dirigeants religieux pour nous guider vers notre salut. Nous seuls pouvons le faire. Le Messie, que bien des disciples attendent passivement, est en nous, installé depuis longtemps dans notre centre, très près de nous. Si près que nous avons peine à y croire, encore moins à le voir.

Aussitôt que nous admettons que nous sommes maîtres de notre vie, nous laissons les autres être maîtres de la leur. Ainsi, avant de déclarer haut et fort que nous ne sommes pas d'accord avec quelqu'un, nous devons avoir la sagesse de chercher à en savoir un peu plus sur ses croyances. Car il ne faut pas sauter trop vite aux conclusions. Vous savez, un petit pas vers l'autre peut éclairer suffisamment notre lanterne pour nous empêcher de le condamner.

Lors d'un Salon du livre où je présentais mon premier ouvrage, *Sur la voie de la sagesse,* je croyais à cette époque avoir découvert la Vérité. J'affrontais donc courageusement – mais en vain, vous pouvez me croire – ceux qui dénigraient les théories que je défendais. Quels conflits ont été créés à cause du jugement des uns et des autres ! Un jour que je débattais de la théorie de la réincarnation, je demandai à l'un de mes détracteurs pourquoi il n'adhérait pas à cette croyance qui me semblait pourtant évidente. Il me répondit sans hésitation que de revenir sur la Terre en papillon ou en fleur sauvage ne l'attirait pas vraiment. Je souris et lui avouai que selon sa définition du mot « réincarnation », j'étais entièrement d'accord avec lui. Au lieu de rester sur la défensive, je pris le temps de lui expliquer ma vision du phénomène. Après quelques minutes, nous nous sommes retrouvés sur la même longueur d'onde et avons pu en discuter calmement.

Le maître qui tend vers l'équilibre voit son langage devenir plus large et plus universel. De plus, comme il est persuadé qu'il ne détient pas la vérité, il s'ouvre constamment aux autres croyances et ajuste les siennes au fil de son évolution. Son ego en prend parfois un coup, surtout s'il est gros… mais c'est tant pis pour lui !

Un autre fait intéressant à souligner est que deux maîtres de leur vie qui discutent entre eux ne se critiquent jamais de façon négative. Ils n'essaient jamais de changer l'autre pour le rendre semblable à eux-mêmes. Ils peuvent certes se proposer des moyens pour élargir leur vision des choses, mais pas plus.

Un jour, un homme d'une grande sagesse m'a fait comprendre que je n'avais pas à me changer. « Contente-toi de t'améliorer, André, me conseilla-t-il, un sourire au coin des lèvres. Ce sera déjà une tâche plus que louable… » Ce que je tente de faire depuis…

Quand tu réussis à surmonter de graves problèmes relationnels, ne t'arrête pas au souvenir des moments pénibles, mais à la joie d'avoir traversé cette épreuve. Quand tu sors d'un long traitement pour recouvrer la santé, ne pense pas à la souffrance que tu as dû affronter, mais à la bénédiction de Dieu qui a permis la guérison.

Emporte dans ta mémoire, pour le reste de ton existence, les choses positives qui ont surgi au milieu des difficultés. Elles seront une preuve de tes capacités et te redonneront confiance devant tous les obstacles.

Chico Xavier

LA QUATRIÈME PORTE DU BONHEUR : LA PENSÉE POSITIVE

On a tellement entendu parler de la pensée positive dans les années *peace and love* qu'on a facilement tendance à en rire ou à en négliger l'importance. Pourtant, la pensée positive est à la base du bonheur ; elle est très précieuse. Tant qu'on ne l'a pas maîtrisée, on ne peut espérer accéder à notre autonomie. Pourquoi ? Parce que c'est par nos pensées, nos actes, nos croyances et nos convictions que nous bâtissons, pierre par pierre, le sentier de notre avenir.

Je me permets d'insister encore une fois sur un des principes fondamentaux qui régissent le fonctionnement humain : nous attirons inlassablement vers nous les gens et les événements qui vont nous prouver que ce en quoi nous croyons est vrai. Ainsi, une personne peut posséder un corps d'une beauté sans égale, si elle ne s'aime pas, elle s'attirera des regards suspicieux et des commentaires qu'elle interprétera négativement en les retournant contre elle. Évidemment, le contraire est également vrai. Si nous nous aimons avec le corps que nous possédons, avec nos qualités et nos défauts, avec nos points forts et nos points faibles, notre entourage manifestera à notre endroit la même estime que l'on a pour nous.

La pensée positive sert à débroussailler la route que nous devrons emprunter durant notre périple sur la Terre. Elle fait fleurir, tout au long de celle-ci, des petits bonheurs inattendus, des clins d'œil de la vie. Vous savez, ces cadeaux du ciel qui nous tombent dessus lorsqu'on s'y attend le moins.

Cela peut sembler quelque peu cliché, mais si vous croyez fermement que vous méritez l'abondance et que vous passez votre existence à ouvrir tout grand vos bras pour recevoir les cadeaux que la vie vous offre, eh bien ! celle-ci vous prouvera que vous avez raison de penser ainsi. Par contre, si vous êtes convaincu que vous êtes né pour un petit pain, c'est ce que vous obtiendrez à coup sûr.

Dans mon livre *Poussées de croissance*, je raconte une anecdote intéressante dans un chapitre intitulé « La pensée négative, ça marche ! ». Lorsque j'étais jeune, ainsi que je l'ai déjà dit, j'attrapais toutes les maladies qui passaient et il m'arrivait toutes sortes de pépins. Ce n'est qu'après avoir lu le livre du Dr Joseph Murphy, intitulé *Les miracles de la pensée positive*, que j'ai pris conscience de la quantité de malheurs que je m'attirais avec mes pensées négatives. Son livre m'a fait réaliser que j'étais la cause de tous mes problèmes. Quelle belle leçon d'humilité ! Moi qui croyais au hasard et qui n'avais aucune idée de la puissance de mes pensées. En bon Gémeau que j'étais, un signe d'air, je changeai mon attitude du tout au tout. Ma vie prit aussitôt un nouveau tournant.

Le maître de sa vie pense de façon positive, certes, mais il ne joue jamais à l'autruche. Il demeure réaliste face aux événements que la vie lui envoie. Il peut donc en voir le côté négatif, mais à quoi cela servirait-il d'en tenir compte, sinon de renforcer cet aspect ? Il croit que chaque être et que chaque situation a un bon côté, même s'il ne peut pas le distinguer pour le moment. Il le fera plus tard s'il s'en donne le temps et la chance. Le Soleil n'est-il pas toujours présent dans le ciel, même si les nuages produisent parfois de l'ombre ?

Le maître a la certitude absolue qu'il est guidé par sa bonne étoile. Et il n'en démord pas, même si son mental essaie de le convaincre du contraire en lui envoyant des vagues d'idées noires durant ses périodes de doute et de faiblesse. Jamais il ne combat ses idées défaitistes, car cela leur donnerait de la force. Il se contente de les accueillir et de les laisser passer. Ainsi, il peut se reprendre rapidement en main et poursuivre sa route.

LA CINQUIÈME PORTE DU BONHEUR : LA TOLÉRANCE

La tolérance, qui est l'acceptation de la vie sous toutes ses facettes, ouvre toute grande la porte au bonheur. Nous parlons ici de la tolérance envers les autres, mais aussi et surtout de la tolérance vis-à-vis de soi. Tout maître en cheminement a dû passer un jour ou l'autre par l'intolérance et le jugement avant d'atteindre un certain niveau de tolérance. Il est donc normal qu'il comprenne l'intransigeance de certaines personnes à son égard. Il accepte ces personnes comme elles sont, sans les juger. En fait, un maître digne de ce nom a l'humilité d'admettre que, parfois, il n'est pas un maître du tout. Il est capable de rire de lui et de ses défauts, ce qui lui donne une occasion rêvée de retomber les pieds sur terre lorsqu'il commence à se prendre trop au sérieux.

Pourquoi la tolérance est-elle une porte du bonheur ? D'abord, parce que si on réussit à accepter les gens comme ils sont, on ne tentera RIEN pour essayer de les changer. À moins qu'ils en fassent la demande expresse, et encore ! Si vous lisez ce livre, c'est évidemment parce que, sur le plan de l'Esprit, vous l'avez demandé. Vous ne l'avez pas fait verbalement, mais un désir a tout de même été exprimé. Vous vouliez que quelqu'un vous propose des moyens d'évolution, et c'est moi qui ai répondu à votre appel en décrivant dans un livre des moyens qui m'ont été d'une grande utilité. Je ne veux plus aller prêcher ma vérité dans la cour des autres. J'ai déjà joué trop longtemps à mon goût à ce jeu : le jeu de sauveur-des-âmes-perdues. J'y ai joué à m'en saturer, défonçant à coups de grands discours autant les portes ouvertes que celles qui étaient fermées à double tour. Plus souvent qu'autrement, je me suis blessé à vouloir changer le monde malgré lui. Mon vieux sage intérieur m'a alors lancé : « À l'avenir, ne réponds qu'aux questions que l'on te posera. Le reste du temps, ferme-la ! » Le message était clair et j'ai obtempéré sans hésiter. Durant les jours qui ont suivi cet avertissement, je suis resté muet comme une carpe et je m'en suis très bien porté.

La tolérance envers ce qui est ou ce qui sera exige qu'on n'essaie jamais de changer d'autres personnes que soi. C'est un principe fondamental pour le maître en devenir, mais une loi difficile à respecter. Car le maître voit des choses qu'il ne voyait pas avant, et il a besoin de le dire.

Je me souviens d'avoir discuté longuement avec une amie qui vivait à cette époque de graves conflits avec son conjoint. Celui-ci était devenu un boulet à ses pieds. Mon amie exigeait qu'il suive des cours de croissance personnelle et des thérapies individuelles et de couple. Elle me laissa entendre qu'elle désirait qu'il la rejoigne sur son palier et qu'il devait donc se plier à ses exigences. Son conjoint se sentait dépassé par les événements et, malgré de louables efforts, il ne tenait jamais ses promesses. Il trouvait toujours mille et une excuses pour retarder les démarches que son épouse lui demandait de faire.

Je fis réaliser à mon amie qu'elle s'était donné comme mission de changer son homme, mais que lui, dans le fond, ne le voulait pas. Il n'était pas prêt, et pas encore assez motivé pour le faire. Elle devait l'accepter comme il était ou le laisser. C'est pour cette dernière solution que, finalement, elle opta. Le résultat fut des plus positifs car, à peine un an plus tard, chacun d'eux a refait sa vie avec un nouveau partenaire, qui répondait mieux à leurs aspirations respectives.

Une autre façon de développer la tolérance consiste à faire preuve de compassion. Il s'agit d'accepter que certaines personnes aient une propension à souffrir, à se faire du mal pour des raisons futiles. Des raisons que nous voyons clairement, nous, mais pas elles. Il serait facile pour nous de leur montrer la route qui leur permettrait d'éviter ces souffrances, mais elles ne nous comprennent pas. Rappelons-nous le principe dont on a parlé un peu plus tôt : apprendre – comprendre – saturer.

La majorité des humains n'intègrent la connaissance que par l'expérimentation. Tout ce que le maître a à faire lorsqu'il se sent impuissant dans ce genre de situation, c'est de manifester de la compassion envers la personne en question. En l'encourageant, en lui accordant son support, son soutien et en l'assurant que tout va bien se passer – vous savez, la petite tape amicale dans le dos qui fait tant de bien dans les moments difficiles, et qui vaut bien les plus savants discours.

Je sais ce dont je parle, car j'ai longtemps été un spécialiste dans les sermons moralisateurs. Dès qu'une personne prise dans ses problèmes venait à moi, je sortais mes grandes phrases du dimanche. Je lui dictais LA route à suivre au lieu de la laisser vivre cette situation de saturation et en ressortir par la suite enrichie de son expérience.

Tenter de changer quelqu'un selon ses propres critères moraux n'est jamais le lot du maître. Cela ne donne rien de toute façon, car une personne submergée par le flot de ses émotions ne raisonne qu'avec sa tête. Le cœur est difficile à atteindre à ce moment-là et tous les conseils reçus dans ces conditions seront vite oubliés. La mémoire fera son travail encore une fois : oublier !

Lorsqu'on comprend le processus de l'évolution par l'expérience, on devient de plus en plus attentif à ce que vivent les gens. Et, au lieu de les devancer, on se contente de les rassurer, en leur offrant notre soutien et notre compassion. C'est le mieux que l'on puisse faire. Si nous agissons ainsi, nous verrons s'éloigner de nous les disciples à la recherche de maîtres aux larges épaules sur lesquelles ils pourraient déverser leur lot de problèmes. La compassion que nous témoignons aux autres nous est également très utile, car elle nous permet de vivre totalement nos peines, sans nous en décharger sur quiconque. Le maître est le seul qui puisse vraiment s'aider.

La tolérance constitue une porte essentielle pour accéder au bonheur, car elle annihile tout jugement envers ceux qui ne sont pas comme nous ou qui ne pensent pas comme nous. Elle est un outil important en ce qui regarde l'acceptation de soi dans toute notre globalité.

LA SIXIÈME PORTE DU BONHEUR : L'AUTHENTICITÉ

Bien des maîtres ont croisé ma route au cours des dernières années. Il y en a eu des vrais, il y en a eu des faux, mais peu importe, tous m'ont fait grandir à leur façon. Les faux se présentaient à moi comme les détenteurs de la vérité absolue. À la moindre occasion, ils étalaient devant mes yeux de disciple les titres et les attributs qu'ils s'étaient eux-mêmes donnés la plupart du temps. Les vrais maîtres, eux, ne faisaient rien de tout cela. Leur franchise et leur authenticité faisaient foi de tout. Ces personnes sont en vérité une denrée rare à une époque où le développement personnel est davantage axé sur le « faire » que sur le « être ».

En fait, ces êtres authentiques qui ont été mis sur notre route ne réalisent même pas qu'ils sont des maîtres. Du moins, s'ils le savent, ils ne l'affichent jamais ouvertement. Pour eux, maîtriser sa vie signifie avant tout de gérer le plus divinement possible leur existence, pas celle des autres. Voilà toute la différence entre le vrai maître et le faux maître. Les maîtres authentiques occupent leur temps à être simplement heureux et à répandre autour d'eux le bonheur qu'ils possèdent. Ils ne le font pas par la parole, mais par leur bonhomie, leur simplicité, leur amour et… leur humour !

L'authenticité est une porte essentielle pour accéder au bonheur, du moins elle l'a toujours été pour moi. Quand on sent le besoin de porter un masque pour plaire aux autres, qu'on exécute des pirouettes à n'en plus finir pour se faire aimer de notre entourage, c'est le signe qu'on n'est pas encore entièrement fidèle à soi-même. Tout ce que j'ai fait dans ma vie pour me faire aimer ! Comme je ne m'aimais pas comme j'étais, je ne pouvais imaginer que quelqu'un d'autre puisse le faire. C'est normal. Et c'est derrière la porte de l'authenticité que se cachait le plus grand obstacle à mon bonheur.

Si nous sommes arrivés sur la Terre avec le corps que nous avons et le caractère qui nous anime, c'est que nous devons vivre et fonctionner avec ces instruments. C'est ce que nous avons décidé avant même notre naissance. Bien sûr, tout peut changer en cours de route. On peut améliorer certaines choses, changer notre caractère et même notre aspect physique. C'est d'ailleurs un des buts de l'incarnation : s'améliorer. Par contre, le rythme de notre évolution dépendra invariablement de notre degré d'acceptation de soi. Au fil de cette acceptation, les grands changements se produiront tout seuls, sans effort ni souffrance, sans thérapie ni régime.

Lorsque j'ai accepté de gravir la marche de l'Esprit, j'ai changé de vie et j'ai abandonné le monde de la soumission pour entrer dans celui de l'autonomie. Mon corps s'est transformé comme si j'étais né à nouveau. Qu'ai-je fait pour ça ? Rien, si ce n'est de demeurer à l'écoute de mes besoins, le premier étant de cesser de m'empiffrer. À ceux qui me demandent ma recette, j'aime bien décrire ainsi ma cure d'amaigrissement : « J'ai juste changé mon auge pour une assiette ordinaire ! » Quand je m'alimente, je reste à l'écoute de mon corps, pas de ma tête. Dès que mon corps me signifie qu'il n'a plus faim, j'arrête de manger tout simplement. Mon mental se met alors à rouspéter de plus belle en me criant : « Mange, André, mange, même si tu n'as plus faim. C'est si bon ! » Heureusement, avec le temps, j'ai appris à ne pas donner trop d'importance à ce tyran qu'est le mental-menteur !

C'est quoi, manger avec sa tête ? Supposons que nous ouvrons un sac de *chips*. Le mental fait : « Hum ! Ça a l'air délicieux. » Une de nos mains plonge alors à l'intérieur du sac et porte rapidement à notre bouche une pleine poignée de croustilles que nous engloutissons. Pendant que nous les mâchons à la hâte, notre tête nous dit : « J'en veux encore, et vite. » Et voilà la main qui replonge dans le sac et qui remonte vers la bouche. Si bien que celle-ci suffit à peine à la tâche. « Vite ! vite ! s'écrie le mental, on attend à la porte. » Nous nous dépêchons « crunch, crunch », et hop ! Une autre bouchée et déjà la main replonge dans le sac.

Vous comprenez comment le mental fonctionne quand il est aveuglé par ses désirs et ses besoins compulsifs. L'estomac n'a qu'à bien se tenir et à se soumettre. À la longue, c'est évidemment le corps qui paie le prix pour tous ces excès.

Mais laissons nos croustilles et revenons-en à notre sixième porte, l'authenticité. C'est l'une des qualités les plus recherchées dans un monde où le mensonge règne trop souvent en roi et maître. À qui peut-on réellement se fier aujourd'hui ? Même nos dirigeants sont constamment obligés de porter des masques pour plaire à leurs électeurs afin de conserver leur poste le plus longtemps possible. Dans bien des pays, c'est la ligne du parti qui fait la loi. Chaque politicien doit la suivre scrupuleusement, même s'il est contre au-dedans de lui. Il doit obtempérer, sinon il sera expulsé des rangs et remplacé, dans les jours ou les heures qui suivront. Il a beau être, au départ, une personne remplie de bonnes intentions et d'une honnêteté exemplaire, s'il ne fait pas ce que ses pairs lui dictent de faire, il aura tôt fait de disparaître de la scène publique.

Où peut-on alors trouver cette authenticité tant recherchée ? Eh bien, en soi, juste en soi. Le mensonge appartient au monde de l'ego. En effet, seul le mental a intérêt à mentir. Deux Esprits ne peuvent se tromper l'un l'autre. Prenez les jeunes enfants. Ils sont encore authentiques et éclairés par leur Source divine, si bien qu'ils savent instinctivement ce que ressentent les adultes en face d'eux. Vous n'avez qu'à écouter parler un enfant après sa première journée d'école. Il décrira d'instinct le caractère de ses professeurs, même s'il ne les a vus qu'une fois. L'Esprit voit au-delà des masques. On ne peut lui jouer la comédie sans qu'il s'en aperçoive.

Un maître authentique s'efforce de mettre quotidiennement en pratique ce qu'il prêche. Sinon, ses messages de paix n'atteindront pas les gens qu'il côtoie. Il sait qu'il n'est pas parfait et qu'il a des lacunes, mais il ne le cache pas. Il se montre toujours sous son vrai jour. C'est une des raisons pour lesquelles les artistes populaires les plus appréciés sont, pour la plupart, des gens vrais et transparents. Vous connaissez sûrement l'excellente chanteuse québécoise Céline Dion. Vous êtes-vous déjà questionné sur ce qui fait sa popularité ? Certes, elle possède une très belle voix, un corps bien proportionné, un bon gérant et une excellente équipe. Mais c'est le cas de beaucoup d'autres artistes de talent, et combien d'entre eux traversent le temps ? Ce qui distingue Céline du reste de la colonie artistique, c'est sa remarquable authenticité. Les gens croient en elle et s'identifient à elle, parce qu'ils voient dans cette femme une des qualités qu'ils recherchent le plus : la transparence.

Ce que nous apprécions le plus chez les autres, c'est ce que nous voudrions posséder nous-mêmes. Prenez par exemple les adolescents. Ils tapissent les murs de leur chambre d'affiches représentant leurs groupes ou artistes préférés. Demandez-leur ce qu'ils admirent le plus chez leurs idoles, et leurs réponses vous renseigneront sur ce qu'ils sont venus développer sur la Terre : la confiance en soi, le besoin d'affirmation, le désir d'exprimer ouvertement l'amour qu'ils n'osent pas extérioriser, etc. Leur désir viscéral d'authenticité les porte à exprimer parfois violemment ce qu'ils attendent de la société et ce que celle-ci ne leur fournit pas.

Le maître de sa vie ne sent plus le besoin de porter quelque masque que ce soit pour s'attirer l'amour des autres. Il s'aime suffisamment pour ne plus dépendre de leur amour ou de leur approbation. Partout où il passe, il est animé par la même personnalité. Quand il parle, quand il rit, quand il est sérieux, quand il joue, quand il est au travail ou avec sa famille, c'est toujours la même personne que l'on voit. Combien de personnes qui semblent pourtant si douces dans leur vie sociale, au bureau par exemple, enlèvent leur masque dès qu'elles reviennent à la maison et laissent alors exploser leurs frustrations ? Où qu'il soit et quoi qu'il fasse, le maître n'a qu'un seul visage. Jamais il ne jouera un rôle quelconque pour se faire aimer.

Au long de mon cheminement, j'ai rencontré nombre de gens à la réputation plus qu'enviable, mais qui agissaient à l'opposé de ce qu'ils prêchaient. La plupart d'entre eux ont fini par se retrouver seuls sur leur île ou ils ont succombé au piège du pouvoir et de l'argent. Aujourd'hui, je ne les juge plus, car je sais qu'ils sont de grands maîtres en devenir. Ils ont été happés par les tentacules de l'ego et se sont donné comme défi de gérer le pouvoir sans s'y perdre. Tout un défi ! Qu'ils réussissent ou non, cela n'a pas d'importance. S'ils ratent leur sortie, ils reviendront, c'est tout.

Être transparent ne signifie pas qu'on accueille béatement tous les prédateurs de la société et qu'on devienne vulnérable, au nom de la spiritualité et de l'amour. Des loups sans scrupule sont toujours aux aguets, à la recherche de proies faciles, surtout dans le domaine du développement personnel. Mais il ne faut pas se laisser manger la laine sur le dos. Quand on devient maître de sa vie, on peut tout aussi bien être doux comme un chat et, l'instant d'après, rugir comme un lion. Quand on est maître de sa vie, on bat de ses deux ailes, la noire comme la blanche. Je suis sûr que Céline Dion peut être aussi colérique qu'elle est douce. Et, lorsqu'elle bat de son aile noire, je ne voudrais pas me retrouver sur sa route, croyez-moi !

Si vous voulez répandre autour de vous les perles que vous avez acquises par vos expériences de vie, n'essayez pas de le faire par la parole. Contentez-vous d'« être » ce que vous voudriez enseigner. L'enseignement par l'exemple fait que tous les maîtres authentiques de ce monde finissent un jour par se retirer de la vie publique. Ils choisissent de se taire, de VIVRE pleinement et simplement ce qu'ils ont tenté d'inculquer à leurs disciples...

LA SEPTIÈME PORTE DU BONHEUR : LA SIMPLICITÉ

Vous deviez bien vous douter, n'est-ce pas, que la simplicité allait se retrouver quelque part dans le processus permettant d'atteindre le bonheur. Tout est compliqué de nos jours, et dans tous les domaines, même et surtout dans celui de la spiritualité. Bien des gens affirment haut et fort la simplicité de la voie spirituelle et s'en font même un point d'honneur, tout en continuant à rechercher mille et un trucs, tous plus laborieux les uns que les autres, pour arriver à contacter Dieu. Si, comme ils le prétendent, ils possèdent la divinité en eux, pourquoi auraient-ils besoin de rituels, de prières et de méditations pour entrer en contact avec lui ? Tout cela est contradictoire, à mon avis.

Si, par exemple, nous voulons regarder notre gros orteil droit, nous n'allons pas lever la tête pour chercher dans le ciel. Nous allons plutôt poser notre regard sur notre pied droit. Et si nous avons mal à l'estomac, nous mettrons instinctivement notre main à l'endroit où se situe cet organe, et dans bien des cas, le soulagement se fera sentir instantanément. Ainsi, si nous voulons entrer en contact avec Dieu, nous avons juste à concentrer notre attention sur notre âme, qui est située au centre de notre poitrine. On n'a qu'à commencer simplement à lui parler, sans préambules et sans formules sacrées. Entrer en contact avec Dieu, ce n'est pas plus compliqué que cela. L'auriez-vous cru ? Pas besoin d'églises, de temples, de prêtres ou de maîtres. Pas besoin de qui que ce soit d'autre que SOI.

Mais nous, les humains, avons la fâcheuse manie de tout compliquer, pour finalement rebrousser chemin et retrouver la simplicité. Nous passons tous par là à un moment ou l'autre de notre vie. Et je ne fais pas exception à la règle, croyez-moi. J'ai travaillé durant des années à tenter de développer mes facultés PSI. Je passais des heures devant la glace à regarder mon troisième œil (vous savez, ce point situé entre les deux yeux). Je restais là sans cligner des yeux – faut le faire – dans le but de voir passer devant moi le reflet de certains visages de mes vies passées. Cela a fonctionné à quelques reprises, mais pas de façon systématique. Ce que je souhaitais à ce moment-là, c'était développer ma vision psychique et devenir clairvoyant à tout prix, au risque de m'assécher les yeux.

Jusqu'au jour où mon Esprit m'a lancé cette tirade au beau milieu d'une de mes séances : « André, ne crois-tu pas qu'il est plus important de voir clair que d'être clairvoyant ? » J'ai éclaté de rire, car je devais admettre que j'avais toujours vu clair chez les gens que je rencontrais. Je n'avais qu'à croiser leur regard pour me glisser dans leur âme et apprendre certaines choses sur leur vie. Je leur disais alors quelques paroles qu'ils avaient besoin d'entendre.

Mais il semble que ce n'était pas assez pour monsieur Harvey ! Il voulait beaucoup plus que ça : il voulait voir l'aura des gens ; il voulait voir défiler derrière ses yeux clos des scènes précises de leurs vies antérieures ; il voulait passer pour un vrai clairvoyant ! « Chimères que tout ça ! m'écriai-je intérieurement, comme si je venais de m'éveiller à la vérité et à la simplicité. Si je me contentais d'être tout simplement moi. » Ce que je fis illico. Je mis alors au rancart toutes les techniques que j'avais apprises et ce, dans l'unique but de devenir une autre personne que moi.

Au cours de cette même période, mon Esprit m'a également fait comprendre que tout ce qui s'éloignait de la simplicité s'éloignait également de Dieu et de Sa Vérité. Quel merveilleux coup de balai cette phrase m'a permis de donner dans mon passé ! Je cessai progressivement de lire tous ces livres dont même mon mental avait de la difficulté à saisir le sens. Je me suis appliqué à simplifier mes façons de faire, tous ces rituels auxquels je m'étais habitué et dont je n'avais jamais réussi à me débarrasser complètement, mes lectures, mes croyances, tout ! Depuis lors, je m'efforce de faire les choses en moins de temps, avec moins d'efforts et avec plus de plaisir. J'ai découvert là l'un des secrets les plus précieux pour apprécier le simple fait d'être en vie.

Parce que son existence est dénuée d'artifices, le maître de sa vie passe le plus souvent inaperçu. Il n'attire jamais l'attention de personne et, d'une certaine façon, c'est dommage. Plusieurs chercheurs de vérité, qui recherchent plutôt le fantastique, passent à côté de très grands maîtres, juste parce que ceux-ci n'ont rien de spectaculaire ou de compliqué à leur montrer. Mettez sur la place publique un homme heureux et, à côté de lui, un guru qui exécute ce qu'on pourrait appeler des miracles. Qui, pensez-vous attirera le plus l'attention et sera le plus populaire auprès du public ? Le magicien, bien sûr. Les disciples en quête de miracles se régaleront des prodiges qu'ils verront. Mais seulement quelques rares apprentis maîtres de leur vie préféreront la compagnie de l'homme heureux ; celui qui n'a rien d'autre à offrir que sa simplicité et sa bonhomie. Le bonheur passe inaperçu, c'est la triste réalité.

Dieu n'a qu'un seul langage, et c'est celui de la simplicité. N'oubliez jamais que tous les livres dits sacrés du monde entier ont dû passer par le cerveau et la main de l'homme. Jusqu'où peuvent-ils être le reflet fidèle de la parole de Dieu ? Le disciple a besoin d'un livre pour le guider. Pas le maître qui, lui, écrit le sien au fil des jours. Si les vrais chercheurs de vérité et de paix se donnaient la peine d'expérimenter ce que la vie leur présente, les leçons ainsi retenues vaudraient, à elles seules, tout le savoir des livres sacrés et tous les enseignements de ce bas monde. Je le crois sincèrement, mais je ne détiens pas la vérité, et je m'en excuse… en toute simplicité.

VOUS ÊTES MALHEUREUX
DANS VOTRE VIE ?

Je vais maintenant faire un survol des sept éléments que nous venons de voir et qui, comme je l'ai dit au tout début, représentent mes propres portes du bonheur. Le principe est simple : si vous êtes malheureux dans votre vie, c'est qu'il y a au moins l'une d'entre elles qui est fermée. Redécouvrons-les ensemble, si vous le voulez.

La dédramatisation : Ne seriez-vous pas en train de dramatiser un événement qui n'en vaut vraiment pas la peine ? Peut-être êtes-vous atteint de… « sériosité » aiguë. Serait-il possible que vous vous montiez des scénarios apocalyptiques qui ne se réaliseront jamais ? Et si vous vous mettiez à vivre intensément le moment présent, au lieu de vous culpabiliser par rapport au passé ou de craindre un futur tout à fait improbable ?

L'engagement : Peut-être n'êtes-vous pas suffisamment motivé ou engagé dans certains domaines de votre vie (travail, amitiés, relations amoureuses, etc.) ? Une renégociation en profondeur ou une éventuelle rupture de contrat pourrait-elle vous remotiver et vous faire retrouver votre joie de vivre en même temps qu'un second souffle pour continuer votre route ? Et si vous vous engagiez, cette fois avec vous-même, à vous respecter et à vous donner un peu plus de bonheur chaque jour ? Êtes-vous prêt, dès maintenant, à accepter les conséquences d'un changement d'orientation dans votre vie ?

Le juste milieu : Si vous sentez que vous touchez un extrême dans votre vie, peut-être êtes-vous en train de vous saturer de quelque chose pour pouvoir passer à autre chose. Un déséquilibre quelconque laisse-t-il au fond de vous un goût amer de culpabilité ? Et si vous vous permettiez d'aller jusqu'au bout de ce déséquilibre, en sachant que le juste milieu sera bientôt à votre portée, à quelques pas peut-être ?

La pensée positive : Seriez-vous devenu une victime éplorée qui a besoin qu'on s'occupe d'elle ? Nourrissez-vous inconsciemment, de par vos pensées défaitistes, ce que certains appellent des entités négatives ? Regardez autour de vous : êtes-vous entouré de victimes ou de maîtres de leur vie ? Cette constatation en dira long sur votre état actuel… Et si, en cet instant, vous admettiez une fois pour toutes que vous avez une bonne étoile qui ne vous laissera jamais tomber ?

La tolérance : Manqueriez-vous de tolérance envers les autres ou, pire encore, envers vous-même ? Si vous acceptiez aujourd'hui même et sans vous juger, que vous n'êtes pas un être parfait, que vous avez le droit comme tout le monde d'avoir des imperfections ? Dites, ça vous tenterait de battre un peu plus souvent de votre aile noire, quitte à éclabousser certaines personnes autour de vous ? (Si votre réponse est oui, ne dites surtout pas que c'est moi qui vous l'ai suggérée… ah ! ah !)

L'authenticité : Auriez-vous tendance à porter un masque, soit en permanence, soit en certaines occasions, pour qu'on ne puisse pas voir qui vous êtes vraiment ? Vous ne vous aimez pas, n'est-ce pas ? À partir de maintenant, il vous faut travailler sur ce point crucial : l'amour de soi. Relevez le défi suivant, si ça vous intéresse : durant une heure, deux ou même pendant une journée entière, engagez-vous vis-à-vis de vous-même à rester authentique et à dire ce que vous avez à dire avec amour et sans jugement… (Au fait, à bien y penser, commencez donc par une session d'une heure. Inutile de vous traumatiser en partant…)

La simplicité : Votre vie serait-elle si compliquée que vous avez vous-même du mal à vous comprendre ? Faites un grand ménage dans tout ce qui ne fait plus « wow ! » en vous : rituels, prières, croyances, techniques, relations, etc. Répétez-vous plusieurs fois par jour – écrivez-le si nécessaire – que tout ce qui s'éloigne de la simplicité s'éloigne aussi de la vérité.

BONHEUR, OÙ ES-TU ?

Permettez-moi de clore cette deuxième partie en vous proposant un merveilleux texte dont je ne connais malheureusement pas l'auteur ni la provenance. C'est un texte qui en dit très long en peu de mots : *Bonheur, où es-tu ?*

Si tu ne trouves pas le bonheur,
c'est peut-être que tu le cherches ailleurs, ailleurs que dans tes souliers,
ailleurs que dans ton foyer. Le plus gros obstacle au bonheur,
c'est sans doute de le désirer trop grand.
Sachons en cueillir la plus petite parcelle,
car ce sont les petites gouttes qui font les océans.
Ne cherchons pas le bonheur dans nos souvenirs ;
ne le cherchons pas non plus dans l'avenir.
Cherchons-le plutôt dans le présent,
car c'est là seulement qu'il nous attend.
Le bonheur, ce n'est pas un objet que l'on peut trouver en dehors de soi.
Le bonheur, ce n'est qu'un projet qui part de soi et qui se réalise en soi.
Si votre figure vous déplaît quand vous vous regardez dans le miroir,
ce n'est pas le miroir qu'il faut blâmer ou casser,
mais simplement vous-même qu'il faut changer…

****

Je souhaite du plus profond de mon cœur qu'en cet instant même, vous décidiez de cesser de souffrir…

Quelqu'un avertit le guerrier de la lumière : « Ne provoque pas une tempête dans un verre d'eau. » Mais il n'exagère jamais les difficultés et s'efforce de garder son sang-froid.

Cependant, il ne juge pas la douleur des autres.

Un petit détail – qui ne le touche en rien – peut déclencher la tempête qui couvait dans l'âme de son frère. Le guerrier respecte la souffrance de son prochain et il n'essaie pas de la comparer à la sienne.

La coupe des souffrances n'a pas la même taille pour tout le monde.

Paulo Coelho

Troisième partie

LA SEXUALITÉ ET LES RELATIONS AMOUREUSES

Comment devenir maître de sa vie sans avoir besoin d'un autre maître que soi !

Le guerrier de la lumière ne craint pas de paraître fou.

Il se parle à voix haute quand il est seul. Quelqu'un lui a appris que c'était la meilleure manière de communiquer avec les anges, et il cherche ce contact.

Au début, il constate combien c'est difficile. Il pense qu'il n'a rien à dire, qu'il va répéter des sottises.

Pourtant, le guerrier insiste. Chaque jour il converse avec son cœur. Il dit des choses qu'il ne pense pas vraiment, il dit des bêtises.

Un jour, il perçoit un changement dans sa voix. Et il comprend qu'il est en train de canaliser une sagesse supérieure.

Le guerrier semble fou, mais ce n'est qu'un masque.

Paulo Coelho

Quand nous élevons notre conscience, notre sexualité et nos relations amoureuses se transforment afin de s'adapter à notre vision plus élargie des choses. L'éveil spirituel qui s'est effectué sur notre planète au cours des dernières années a vu émerger de nouveaux couples où l'amour-attachement s'est transformé en amour-détachement. Chez les êtres devenus conscients, la sexualité est maintenant considérée comme génératrice d'une énergie divine créatrice, essentielle au maintien de la vie. Elle est, désormais, utilisée sciemment pour permettre à la conscience de croître. Elle est entièrement dénuée de culpabilité. Les relations amoureuses qui font plus de place à l'amitié et à la liberté s'en trouvent énormément enrichies. Lorsque deux maîtres forment un couple, aucun ne prend possession du corps ou de l'Esprit de l'autre. Au contraire, chacun se fait un devoir d'écouter et de respecter ses aspirations et ses besoins.

Dans cette troisième partie du *Petit maître de poche*, je vais parler de sexualité. Je le ferai de façon différente et directe. En d'autres mots, nous allons en discuter entre maîtres, sans préjugés, ni tabous, ni idées préconçues, comme si nous abordions ce thème pour la première fois et devions pour cela tout reprendre à zéro. C'est ce que j'ai d'ailleurs dû faire pour pouvoir en parler aussi aisément aujourd'hui. Je vais me dévoiler entièrement, sans pudeur, et croyez-moi, ce n'est pas facile. Je suis conscient que je vais être jugé par certains. Mais c'est le prix à payer quand on choisit la transparence. Il est donc possible que certains de mes propos vous choquent quelque peu. J'en assume les conséquences. Mais dites-vous bien que lorsqu'on se sent dérangé, c'est que quelque chose en nous demande à être ajusté.

On peut être dérangé par une personne ou un événement qui nous surprend et nous sort de notre rang (*dé-ranger*), de notre sécurité, de la confortable vérité à laquelle on est habitué. L'aspirant maître acceptera volontiers d'être dérangé, car il sait que cela va l'obliger à faire un pas en avant. Vous ne le verrez pas fuir ou s'enfermer dans le jugement. Il ne cessera pas de poursuivre sa quête.

Allons-y maintenant, même si ça me demande du courage de commencer cette troisième partie, au risque de me faire juger, de ne pas me faire aimer ! Si j'ose vous dévoiler mes côtés les plus secrets, c'est autant pour moi que pour vous. En fait, à bien y penser, ce ne sera que pour moi…

MA PETITE HISTOIRE

Pour faciliter les choses, je vais parler de moi à la troisième personne. André Harvey est né et a été élevé dans un milieu où la religion et les principes moraux étaient passablement présents. Après une enfance très heureuse, malgré un caractère renfermé, il est allé étudier pendant sept ans dans un pensionnat pour garçons, le Petit Séminaire de Québec. C'était un collège reconnu qui dispensait des études dites classiques, mais dont le principal objectif était de former l'élite de la société : les futurs professionnels et surtout… les prêtres. Si un élève manifestait son intention de se diriger vers la prêtrise, les bourses d'étude lui étaient beaucoup plus faciles à obtenir. Le Séminaire étant une école réservée strictement aux garçons, vous comprendrez sans peine que les filles étaient bien loin de hanter l'esprit de notre futur séminariste.

À part les touchers dits impurs et, pis encore, les masturbations exécutées aussi secrètement qu'habilement sous les couvertures, dans le dortoir commun, la sexualité demeurait pour André une véritable inconnue. D'ailleurs, après chacune de ses pratiques solitaires, André était submergé par la culpabilité d'avoir commis un péché, et bourrelé de remords. Aussi s'empressait-il d'aller au confessionnal le plus proche ou chez son directeur de conscience, afin de soulager sa conscience. Il se confessait de ses actes d'impureté en ressentant beaucoup de honte. En le voyant arriver, le prêtre caché derrière son grillage posait toujours la même question : « Seul ou avec d'autres ? » Je me rappelle ces séances comme si c'était hier.

Ce n'est qu'après avoir reçu l'absolution du représentant de Dieu et exécuté scrupuleusement la pénitence qui lui était imposée qu'André pouvait reprendre sa vie d'étudiant, heureux d'avoir été, une fois de plus, lavé de sa souillure. Jusqu'à la prochaine tentation…

C'est donc dans ce climat de puritanisme où la culpabilité vis-à-vis du sexe était à l'honneur qu'André passa une grande partie de sa jeunesse. Au sortir du Petit Séminaire, alors qu'il était en pleine crise d'adolescence, André se mit à voyager, car il voulait connaître autre chose que ce que ses maîtres religieux lui avaient enseigné. Le sac au dos, il parcourut l'Afrique et l'Europe durant plus d'un an et demi, à la recherche de sa vraie personnalité. Il avait les cheveux longs, l'air déluré et un peu délinquant ; il mena durant de longs mois une vie de bohémien. Ses hormones commençant à le travailler, il se mit à regarder les filles d'un autre œil. Mais, tout au fond de lui, il rejetait sa sexualité. Ses expériences solitaires le satisfaisaient amplement, puisqu'il ne connaissait pas autre chose. Il eut certes quelques aventures avec des jeunes filles de passage, mais rien de vraiment marquant.

À son retour de voyage, où il avait appris à se connaître un peu mieux, André retrouva Céline, une de ses premières flammes. Il l'avait rencontrée durant sa période rebelle alors qu'il jouait de la musique dans les bars. Dès qu'il la vit, son cœur fit deux bonds. Son vieux sage intérieur, qu'il commençait déjà à écouter, lui fit savoir que c'était la femme de sa vie. Quelques mois plus tard, leur destin était lié. Ils se sont mariés et se sont jurés fidélité jusqu'à la fin de leurs jours. Pour André, la discussion était close.

Vingt-cinq années ont passé, des années remplies de bonheur et nourries par leur attachement mutuel. Sans s'en rendre compte, les deux partenaires sont entrés dans le moule du parfait petit couple de ce temps-là, en menant leur vie « comme cela devait se passer ». Après deux décennies de cette existence modèle, leurs relations sexuelles commencèrent à diminuer en fréquence comme en qualité. L'amour était toujours présent, certes, mais le sexe, quelle corvée !

André avait tendance à se laisser aller. Il avait pris du poids et s'était mis à ronfler. Ce dernier point lui donnait d'ailleurs une excellente raison pour changer de chambre au beau milieu de la nuit afin de ne pas avoir à faire l'amour le lendemain matin. Comme bien des hommes, il n'était pas satisfait de ses performances au lit. C'est pourquoi il préférait s'abstenir, plutôt que se sentir diminué dans son orgueil de mâle. Il commença à parler de faire chambre à part. C'était le signe avant-coureur du début de la fin…

Comme cela se produit souvent, leur vie de couple aurait pu en rester là, mais la vie en avait décidé autrement. André entra dans une période d'introspection où il prit de plus en plus souvent contact avec son Esprit. Ce dernier lui fit rencontrer un ami qui allait changer le cours de son existence. Cet ami lui parla de la sexualité d'une façon très différente de ce qu'il avait toujours entendu. Entre autres, de son importance dans le processus d'évolution de l'être humain.

« La sexualité est présente dès le tout début de la vie, racontait-il, et jusqu'à la toute fin. C'est par elle que tu deviens humain. On prétend même que l'homme a souvent une érection à son dernier soupir. Entre ces deux moments de vie, il faut entretenir la flamme. Si tu laisses mourir la sexualité dans ta vie, comme tu es en train de le faire, tu commenceras à t'éteindre toi-même. André, ne lance pas tout de suite la serviette. Ce serait trop bête. Tu es encore jeune et tu peux réapprendre à jouer, dans ton quotidien comme dans ta sexualité ! »

Jouer avec la sexualité ? Quelle surprise d'entendre ça ! André n'avait jamais considéré le sexe selon cette perspective. Faire l'amour était pour lui quelque chose de très sérieux, surtout pas un jeu. Il avait appris qu'une relation sexuelle réussie devait comporter trois étapes. Numéro un : quelques caresses (venant de l'homme) ; numéro deux : pénétration ; numéro trois : éjaculation. Et voilà, le tour était joué. Si une seule de ces conditions n'était pas remplie ou mal remplie, l'acte sexuel n'était pas correctement consommé. Rien d'étonnant à ce que sa conception de ce merveilleux moment fusse si biaisée.

Pendant plus de vingt-cinq ans, André s'était laissé guider par des principes moraux très stricts. Pas une seule fois, il ne s'était senti à la hauteur en matière de sexualité. Jamais il n'avait ressenti la joie d'avoir bien fait son « devoir », en satisfaisant totalement sa compagne. Il avait donc accumulé les échecs et était passé de déception en déception. D'ailleurs, il se préparait sérieusement à déclarer forfait. Faire l'amour ne l'excitait plus. Parfois, son désir envers Céline était très fort, mais d'autres fois, le corps de sa compagne le laissait indifférent. Pourtant, ils s'aimaient tous les deux. Il devait bien y avoir une raison pour expliquer ses contre-performances.

Apparemment, ils étaient arrivés au bout de la route et se retrouvaient dans un cul-de-sac. Ils rencontrèrent alors une personne qui leur offrit son aide et qui, grâce à un traitement énergétique, ranima leur libido. Le traitement a eu un effet bœuf. Comme ils communiquaient désormais plus ouvertement, ils s'aperçurent que leur relation en avait toujours été une de mère-fils. Depuis une dizaine d'années, André se surprenait à appeler régulièrement sa compagne *maman*, tandis que cette dernière le surnommait *mon bébé*. Pour André, il devint évident que le fait de coucher avec sa mère n'avait vraiment rien d'excitant. Et c'était probablement vrai dans l'autre sens.

Avec la remontée de leur libido et le constat que leur relation en était une de mère-fils, une nouvelle énergie anima nos deux tourtereaux. Leur relation se transforma et le sexe devint une affaire moins sérieuse. Ils se promirent d'abord de ne plus s'appeler *maman* ou *mon bébé*. André abandonna facilement son rôle de fils et il commença alors à découvrir la femme qui se cachait derrière Céline. Elle en fit autant avec l'homme qui vivait à ses côtés. Les premières semaines, la fréquence de leurs relations sexuelles augmenta de façon spectaculaire, allant de une fois par mois à deux fois par jour. Les adultes étaient redevenus enfants et ils réapprenaient à jouer. Il était grand temps.

Ils transformèrent une pièce libre de la maison en chambre des amours. On y retrouvait musique, encens, et un litre d'huile de massage. Tout était là pour les sortir de leur routine et pour effacer les marques laissées par leurs vies antérieures de religieux. André avait en effet vécu de nombreuses existences en tant que prêtre ou moine, tandis que sa compagne avait revêtu le voile à maintes reprises. Vous imaginez la scène ? Le curé et la bonne sœur qui se retrouvent dans le même lit, à tenter de se débarrasser de leurs principes moraux. Quel beau défi pour tous les deux ! Un défi qu'ils relevèrent avec courage.

Après cette période consacrée à s'initier aux jeux sexuels, l'amour-attachement qui caractérisait nos deux amoureux depuis le début de leur mariage se transforma en amour-détachement. En devenant tous les deux maîtres de leur vie, ils découvraient qu'ils devaient aussi devenir maîtres de leur corps et de leur sexualité. Leur plaisir ne devait plus dépendre uniquement de l'autre, mais d'eux-mêmes. Si André ne réussissait pas à s'épanouir sexuellement comme il le voulait, ce n'était pas la faute de Céline, ni celle de personne d'autre. Chacun reprenait peu à peu sa vie en main et dans le respect de soi.

Durant cette période, André expérimenta le massage, ce qui l'obligea à accepter l'inacceptable : que les mains d'une autre femme que la sienne touchent son corps. L'immense culpabilité ressentie au début se transforma peu à peu en plaisir, celui de sentir circuler une nouvelle énergie, une énergie qu'André n'avait jamais connue auparavant. Du bien-être, juste du bien-être ! Cette expérience, quoique dérangeante, se révéla cependant concluante. Chaque fois qu'André recevait un massage, une flamme nouvelle s'allumait en lui. Une flamme qu'il s'empressait de transmettre à Céline. Le curé jetait sa soutane, et la nonne en faisait autant.

Les deux années qui suivirent se révélèrent riches en enseignements et ponctuées de rebondissements de toutes sortes. C'est le résultat de ces expériences que je vais tenter de vous transmettre, d'ici à la fin du livre, afin que vous puissiez y trouver vos propres vérités…

Bonne route !

L'ÉNERGIE SEXUELLE :
UNE ÉNERGIE DIVINE CRÉATRICE

L'énergie véhiculée par la sexualité est beaucoup plus puissante que ce que nous ont laissé croire les milieux bien-pensants. Cette force créatrice ne se retrouve-t-elle pas à l'origine et au terme de la vie ? C'est par elle que l'humain a été créé et c'est elle qui va l'accompagner au moment de sa mort. Quelle est donc cette énergie qui demeure si puissante en nous tout au long de notre existence ? Lorsque nous avons exploré, un peu plus tôt, le monde des émotions, nous nous sommes rendu compte que nous agissions un peu comme un filtre, à travers lequel notre Mère, la Terre, fait circuler son énergie vitale. Cette énergie entre en nous par la plante de nos pieds, puis elle traverse notre corps de bas en haut pour arriver jusqu'au sommet de la tête, d'où elle ressort pour se fondre dans l'univers.

Nous avons compris également que l'énergie qui circule en nous se transforme en émotion dès que notre mental en bloque le flux par son verbiage et ses jugements. Ainsi, le « couvercle de la poubelle » se ferme et l'énergie vitale redescend vers le bas. Elle est aussitôt retournée vers le haut, puisque la Terre ne prend pas, elle donne. Elle redescend donc encore une fois pour remonter ensuite, jusqu'à ce que, lassée par ce va-et-vient continuel, elle se fixe finalement dans le corps et se matérialise un jour par un malaise ou une maladie. C'est le même principe qui prévaut pour les pulsions sexuelles. Suivons-en le processus.

Comme je viens de l'expliquer, l'énergie coule en nous tout naturellement. Mais voilà que passe, par exemple, une personne qui nous attire sexuellement. « Wow ! se dit-on, quel beau corps ! Comme j'aimerais le toucher ! » Et notre tête se met à créer des fantasmes, fermant ainsi le couvercle et bloquant le flux du courant énergétique, qui redescend alors vers la Terre. L'énergie sexuelle remonte en nous, et les pulsions sexuelles deviennent de plus en plus fortes. L'homme peut sentir venir une érection et fantasme de plus belle dans sa tête, maintenant que le couvercle est hermétiquement fermé.

Plus ça va, plus l'énergie s'accumule et plus la sexualité réclame son dû. Dans bien des cas, c'est seulement l'orgasme qui, telle une soupape de sécurité, s'ouvrira lorsque la pression sera trop forte, mettant ainsi un terme à ce mouvement de l'énergie sexuelle en nous.

Par contre, si les pulsions sexuelles sont constamment refoulées, elles se transformeront en émotions négatives et en frustration. Le corps encaissera encore une fois le coup, mais, à la longue, il en subira les conséquences. C'est ce traitement que plusieurs religions réservent à leurs membres et dirigeants sous prétexte de préserver la morale et de garantir la chasteté. C'est comme si on refusait que ces gens aient accès à cette énergie divine créatrice qui propulse l'être vers Dieu. En effet, comme nous le verrons plus loin, l'orgasme nous permet de faire « un » avec notre Esprit et notre âme. C'est un moment tout à fait extraordinaire et unique de paix avec soi.

Au risque de me faire taper sur les doigts par les puristes, je dirai que, dans la société occidentale, le refus de la sexualité, au nom de Dieu en plus, est contre nature en plus d'être absurde et inhumain. Certains feront valoir que c'est pour apprendre à transcender et à sublimer la sexualité qu'on les incite à se passer de relations sexuelles. Comment dépasser une chose qu'on n'a pas su préalablement rejoindre ? Très peu de gens peuvent transcender le sexe par le renoncement. De très grands maîtres l'ont fait, certes, mais avec leur pleine conscience, pas dans l'ignorance.

Rappelons ici le principe de la saturation, expliqué dans la deuxième partie de cet ouvrage. Avant de pouvoir transcender quoi que ce soit, il est habituellement nécessaire de s'en saturer. Si la sexualité a été assumée sous toutes ses formes dans une autre vie, ce qui n'est pas le cas de la majorité, l'être humain peut s'en passer. Celui-ci est alors naturellement capable de sublimer son énergie sexuelle afin d'accéder à quelque chose d'encore plus grand. Quant à moi, je ne crois pas que bien des gens puissent dépasser quelque chose uniquement par la méditation et l'abnégation. Si vous voulez dépasser une personne qui marche devant vous, vous devez d'abord la rattraper, faire un bout de chemin à côté d'elle, puis presser le pas afin de vous en distancer. Le même principe, qui est valable pour la peur, l'est également pour la sexualité. N'espérez pas transcender votre peur de prendre l'avion, par exemple, si vous n'acceptez pas un jour d'y faire face en montant à bord d'un appareil qui va ensuite s'envoler.

Durant une grande partie de ma démarche spirituelle, j'ai cru pouvoir sublimer le sexe en l'occultant de ma vie. Même que durant deux ans, à la suggestion de l'un de mes enseignants aux principes moraux plus que stricts, j'ai cessé de me masturber. Si vous saviez toutes les frustrations qui se sont accumulées en moi durant cette période, ma soupape de sécurité étant condamnée. Avec le recul, je me rends compte que mon regard perdait alors sa lumière et que ma vie était en train de basculer. Pourquoi ? Parce que je refusais de laisser la vie circuler en moi.

L'énergie divine créatrice est celle-là même qui nous garde en vie depuis le début de notre incarnation. Elle pénètre en nous par la base de la kundalini, appelée le chakra de base, qui est situé entre l'anus et les parties génitales. C'est le premier de tous les centres énergétiques. Pour traverser le corps et atteindre finalement le septième chakra, ou le chakra coronal, situé sur le dessus de la tête, l'énergie doit absolument traverser d'abord la première porte (chakra de base). Si celle-ci est fermée ou à peine entrouverte, presque rien ne pourra circuler le long de la colonne vertébrale, ne serait-ce qu'un mince filet qui entretiendrait à peine la vie.

Se passer de sexualité, c'est bloquer l'entrée d'énergie vitale en nous, c'est mourir à petit feu. Certains diront que je n'y vais pas avec le dos de la cuillère avec mes affirmations, mais si vous y pensez à deux fois, vous admettrez que ces propos ont quand même un certain sens.

Durant les deux dernières années, j'ai vu beaucoup de gens qui souffraient de divers problèmes de santé, autant physiques que psychiques. Nombre d'entre eux ont essayé autant comme autant de se soigner au moyen de thérapies, énergétiques comme médicales, sans obtenir de résultats valables. Il suffisait de parler un peu avec eux pour comprendre que leur problème était d'ordre sexuel. Tout était bloqué sur ce plan : ça se voyait, ça se sentait. Soit que ces personnes étaient insatisfaites sexuellement, soit qu'elles avaient mis fin à ce genre d'activité à la suite d'une accumulation de frustrations ou d'événements traumatisants. Je le répète, se couper de son énergie vitale est une erreur trop souvent banalisée. Comme j'ai fait la même erreur durant des années, je peux en témoigner aujourd'hui.

Regardons ce qui se passe sur le plan de l'énergie lorsqu'on atteint l'orgasme ou un état ultime d'excitation. Durant une fraction de seconde, les trois éléments de notre trinité fusionnent. En cet instant, notre corps, notre âme et notre Esprit ne font qu'un. Il s'agit là d'un des moments les plus agréables de notre existence. Certaines philosophies prétendent même que l'orgasme nous fait rencontrer Dieu. Je souscris entièrement à cette théorie puisque Dieu est en fait la somme de nos trois parties (corps – âme – Esprit). La fusion des composantes de notre trinité entraîne une régénération complète de notre être. C'est pourquoi nous nous sentons si heureux après une relation sexuelle bien menée.

Si vous êtes une femme sexuellement active et satisfaite en plus, vous savez parfaitement de quoi je parle. Durant les heures qui suivent un orgasme ou une relation satisfaisante, vous êtes très épanouie. Rien ne vous affecte. Les problèmes glissent sur vous comme l'eau sur le dos d'un canard. Pour l'homme, c'est à peu près la même chose, sauf qu'il éprouve un sentiment d'accomplissement de soi et de fierté. Dans les deux cas, les yeux brillent et reflètent la joie ressentie par l'âme qui a pu ainsi transférer son énergie divine à l'ensemble du corps et à son Esprit.

« Mais moi, diront certains, l'air penaud, je n'ai pas de partenaire. Suis-je condamné à... sécher ? » Bien sûr que non. En attendant de trouver le compagnon sur ce plan, prenez soin de vous. Gardez la lumière allumée en vous, par la masturbation par exemple, même si cela ne vous satisfait pas pleinement. (C'est votre tête qui vous dit cela.) Changez votre optique à ce sujet et utilisez la masturbation pour vous faire l'amour à vous-même.

Un petit truc pour rendre cet acte solitaire plus intéressant et plus énergisant : pendant que vous vous donnez du plaisir, installez-vous devant la glace et regardez-vous droit dans les yeux. Au moment de l'orgasme, dites-vous que vous vous aimez, criez-le au besoin, avec toute l'intensité dont vous êtes capable. Au début, ce contact avec vous-même pourra être intimidant, mais passez outre à votre peur du ridicule. À la longue, vous vous habituerez à votre... présence. N'êtes-vous pas, dans le fond, la personne que vous devez aimer le plus au monde ? Essayez, avant de protester, vous verrez la différence que ça fait.

En matière de sexualité, comme dans tout ce qui concerne votre cheminement de maîtrise, soyez perspicace. N'abandonnez jamais la partie, ce serait trop facile. Si André Harvey, le séminariste frustré qui espérait rencontrer Dieu en niant et en occultant son énergie créatrice, a réussi à le faire, vous pouvez y arriver. N'entrez pas dans le jeu de ceux qui ont inventé le principe de l'abstinence, qui dénoncent la saleté du sexe et qui prônent l'abnégation face à la sexualité. Peut-être veulent-ils garder la mainmise sur leurs ouailles et demeurer ainsi les seules personnes pouvant intercéder en leur faveur auprès de Dieu.

Pour devenir maître de sa vie, il faut d'abord connaître l'énergie sublime qui est à l'origine de la vie, et ne jamais cesser de l'alimenter. Un feu qu'on laisse s'éteindre ne peut plus rien réchauffer. Nous avons le pouvoir magique d'attiser continuellement ce feu, pour en conserver la vivacité et la chaleur. Ainsi, nous ne serons jamais pris au dépourvu quand nous aurons besoin d'un regain de vie. Peut-être qu'un jour vous réussirez à dépasser la sexualité et à utiliser son énergie à d'autres fins. Je vous le souhaite sincèrement. Mais d'ici là, profitez-en et remerciez le ciel d'en être imprégné.

LE FANTASME,
ÇA SERT À QUOI AU JUSTE ?

U n être arrivé à la maturité sexuelle, soit par la saturation, soit par la transcendance, ne cessera jamais d'avoir des pulsions sexuelles. Mais comme son couvercle est constamment ouvert, l'énergie vitale peut circuler librement dans son corps, sans que le mental, toujours en quête de sensations fortes et d'émotions, y fasse obstruction. Le maître continuera donc à sentir l'énergie sexuelle affluer en lui, mais il en disposera autrement, c'est tout.

Le travail du mental, en ce qui a trait à la sexualité, n'est vraiment pas à dédaigner. Son rôle est d'empêcher l'énergie divine créatrice qui est générée par le sexe de s'endormir, de stagner. Pour mener à bien sa mission, le mental fera naître en nous des fantasmes qui serviront à nous stimuler sexuellement durant les baisses de désir. Le mental, trop souvent fustigé, n'est pas notre ennemi, comme le prétendent certaines philosophies ou certaines écoles de croissance personnelle. Au contraire, le mental peut devenir un allié des plus précieux, un allié que nous apprendrons à aimer et à respecter. Mais c'est un excessif. Aussi faut-il refroidir ses ardeurs lorsqu'il tente de prendre toute la place en nous.

Le fantasme a donc comme fonction première de créer une excitation sensorielle et d'éveiller en nous l'énergie sexuelle. Ce qui enclenchera un processus d'amplification puis stimulera notre système énergétique au complet. Comparons l'énergie sexuelle à la respiration. D'ailleurs, les deux fonctions ne sont-elles pas essentielles à notre survie ? Si nous cessons de respirer pendant quelques minutes, nous mourrons. Par contre, il est admis que plus nous respirons profondément, plus notre qualité de vie s'améliore. Mais si nous n'inspirons et n'expirons que de petits volumes d'air à la fois, c'est le phénomène inverse qui se produit : notre corps dépérit.

Pour maximiser sa force, le karatéka accélérera volontairement son rythme respiratoire (inspiration-expiration), ce qui lui permettra d'accumuler en peu de temps une quantité énorme de prana (énergie contenue entre autres dans l'air). Après quoi il canalisera toute la puissance ainsi générée dans le coup qu'il va porter. Cette énergie peut se comparer à une accumulation de gaz qui, sous la pression, causera une explosion.

Pour augmenter la puissance et l'efficacité de l'énergie sexuelle, lorsque le désir n'est pas assez fort pour la faire monter toute seule et en abondance, le mental fermera le clapet qui est au-dessus de notre tête. Des fantasmes se formeront alors, obligeant l'énergie à bouger, à descendre et à remonter en nous, au gré des images et des sensations créées. Grâce à ce va-et-vient énergétique, le désir s'accentuera, l'énergie s'accumulera. Et pop ! la soupape sautera quand la pression deviendra trop forte, nettoyant et purifiant tout ce qui se trouve sur son passage. L'être devient alors rempli d'énergie divine créatrice. Cette énergie le revigorera, à moins que la culpabilité – le sentiment de ne pas agir correctement – vienne éteindre ce volcan en pleine éruption.

Le fantasme demeure donc un instrument dont il ne faut pas minimiser l'importance si on désire jouir d'une vie sexuelle épanouie. Au début d'une relation, alors que les partenaires sont encore tout feu tout flamme, le fantasme est rarement présent ou utile. Ce n'est que lorsque le désir vient à s'atténuer avec le temps que l'on y recourra pour attiser les tisons en perte de chaleur, tout en continuant à s'aimer et à écouter les besoins mutuels de nos corps. Rappelez-vous que pour le maître, c'est le corps qui a toujours le dernier mot, pas la tête...

Lorsqu'un fantasme prend forme dans notre tête et qu'il commence à transmettre ses vibrations à nos cellules, il fait vivre à notre corps toutes sortes de sensations. Cela signifie que nous sommes alors en train de réaliser ce fantasme dans l'énergie. Sur le plan énergétique, nous ne nous contentons pas d'avoir un fantasme, comme on le croit généralement, nous le réalisons. Si c'était seulement notre tête qui imaginait le fantasme, pourquoi notre chair en ressentirait-elle l'excitation ?

En fait, le fantasme nous permet de vivre une expérience sexuelle souvent défendue ou non conforme à notre morale, mais cette expérience est dénuée de culpabilité. On ne se croit pas engagé personnellement, on se dit que c'est seulement notre imagination qui est en cause. Mais c'est faux. Souvent, les fantasmes réalisés sur le plan énergétique n'ont pas besoin d'être réalisés sur le plan physique. Comme on les a réalisés plusieurs fois sur un autre plan, on en a déjà capté toute l'énergie. Et si la curiosité nous amène à les réaliser, il est fort possible que nous n'en ressentions pas beaucoup de satisfaction, surtout si la culpabilité se met de la partie.

Le fantasme n'est peut-être là que pour nous permettre de vivre nos petites folies – et je dis bien les vivre, pas les imaginer – sans se sentir fautif. Ne serait-ce que pour cela, laissons-le alimenter notre jardin intérieur sans le condamner, car il est notre ami, jamais notre ennemi...

LA BAISSE DE DÉSIR

Les baisses de désir sont-elles normales, même entre deux êtres qui s'aiment ? Bien sûr que oui ! Et c'est ce qui inquiète bien des couples. Qui d'entre nous éprouvera toujours le même plaisir à manger le même mets, même si celui-ci est de la haute gastronomie, s'il le fait tous les jours ? Tout le monde peut manquer d'appétit, n'est-ce pas ? Le corps n'a pas toujours faim, c'est tout à fait normal. Il en est ainsi pour l'appétit sexuel, qui peut varier selon nos états d'âme ou nos besoins purement physiques. C'est entre autres pour éviter que les baisses de désir s'éternisent que le fantasme dont nous avons parlé dans les pages précédentes a toute son utilité. « Oui mais, diront certains, si je pense à une autre personne en faisant l'amour avec mon partenaire, ne suis-je pas en train de le tromper ? » Je répondrai à cela par une autre question : Entre vous et moi, est-ce que le fait de fantasmer pour faire monter notre excitation enlève quelque chose à l'être qui est dans nos bras ? Si vous êtes excité sexuellement, par des pensées ou par des images érotiques, votre partenaire va en profiter autant que vous.

Il est normal que, dans certaines situations ou après un certain nombre d'années passées ensemble, l'attraction sexuelle entre deux êtres soit moins intense. Un jour, votre désir pourra être éveillé par un seul regard de votre partenaire, tandis que le lendemain, rien n'y fera. Je l'ai dit, notre corps, qui est mû par ses pulsions, est notre patron, pas notre tête ! Lorsqu'il a faim, notre corps nous le fait savoir par des gargouillements dans l'estomac. Notre mental n'a rien à voir avec cela.

J'ai reçu nombre de témoignages provenant d'hommes qui m'ont avoué que, certains soirs, le corps de leur conjointe les excitait moins. La plupart d'entre eux remettaient alors tout en question et cédaient facilement à la panique. Ils se questionnaient sur l'authenticité de leur relation et se disaient qu'ils n'aimaient peut-être plus leur femme, ce qui était entièrement faux.

Au fur et à mesure qu'on devient maître de sa vie, on s'aperçoit qu'on est le seul responsable de sa sexualité. Si nous devons parfois recourir au fantasme pour stimuler notre désir, notre partenaire profitera tout autant que nous de notre fougue. Où est le problème ? Qui voudrait s'en plaindre ? Pourquoi compliquer les choses quand tout est si simple au fond ?

La grande responsable de tout ce questionnement est notre éducation, avec ses limites, ses interdits et ses idées préconçues. Elle nous empêche de nous fier à notre bon sens, à notre Esprit. Si on veut devenir maître de soi, il faut abandonner le plus rapidement possible nos vieux schémas limitatifs et rebâtir sur du neuf, du frais, du beau !

LES BESOINS SEXUELS

Chacun a des besoins sexuels à combler, et ces besoins sont différents de l'un à l'autre. La négation de ce principe pourtant si simple explique pourquoi beaucoup d'hommes sont aux prises avec des difficultés érectiles et que plusieurs femmes subissent des baisses de libido. À moins qu'on ne détecte une cause purement physique, ce qui est plutôt rare à mon avis, le problème vient du fait que pour de nombreuses personnes, leur partenaire, qu'elles peuvent pourtant aimer à la folie, ne les excite plus comme avant. La panique les emporte : les hommes croient devenir impuissants et les femmes, frigides. Ces personnes essaient de régler leur problème avec leur tête, mais cela les rend anxieuses, et leur problème ne fait que s'accentuer.

Beaucoup préféreront arrêter la machine ou recourir à certains produits chimiques dangereux (Viagra et cie) plutôt que de régler le problème à la base : la baisse de désir. Mais comment faire ? C'est simple comme bonjour : regarder la situation en face, sans paniquer cette fois, cesser de se diminuer et de se taper sur la tête en mettant toute la responsabilité sur ses épaules, accepter que la baisse de désir est normale et se dire qu'elle est temporaire, se créer des fantasmes, expérimenter une sexualité différente de celle qu'on nous a apprise et commencer à jouer.

Certains iront même jusqu'à expérimenter la sexualité avec un ou une autre partenaire (donner ou recevoir un massage peut être une façon de le faire), pour voir comment réagira leur corps au contact de l'énergie d'une autre personne. Mais, entendons-nous bien : quand je parle d'expérimenter la sexualité avec quelqu'un d'autre, je ne veux pas nécessairement dire d'aller coucher avec cette personne. C'est d'énergie sexuelle divine créatrice dont il est ici question. Lorsqu'on serre une personne dans nos bras, et que notre étreinte est entière et sincère, c'est un peu comme si on lui faisait l'amour. Toutefois le sexe n'entre pas directement en ligne de compte. Je ne parle pas ici des accolades superficielles faites par obligation, mais plutôt de véritables câlins, comme les enfants savent si bien le faire.

Les moyens d'éveiller notre énergie de base ne manquent pas, mais notre tête et toute la morale qu'elle contient érigeront des barrières qui nous empêcheront de goûter pleinement à la vie.

Il y a de cela pas si longtemps, j'embrassais les gens du bout des lèvres, souvent sans même que mes lèvres touchent leurs joues. Quand je prenais une personne dans mes bras, je l'étreignais à peine, pour ne pas établir « trop » de contact. Il faut dire qu'à l'époque, je portais ce que je me plais à appeler maintenant ma soutane virtuelle. Quel embarras ça aurait été pour moi si mon corps avait eu le malheur de réagir sexuellement à une étreinte avec une autre personne ! Je me rends compte aujourd'hui de ma superficialité d'alors, et j'ai heureusement appris à en rire.

Lorsque deux êtres s'étreignent tendrement, cela signifie que le corps de chacun a besoin de l'énergie de l'autre, c'est tout.

Notre mental est farci de principes ridicules. Il nous incite à ne pas serrer une autre personne de trop près et surtout à ne pas laisser le bas de notre corps toucher au sien. Mais, ce faisant, nous coupons le flux d'énergie vitale qui ne demande qu'à circuler librement entre nous. Sachez qu'aucune étreinte véritable ne se fait par hasard. Dans la vie, TOUT a sa raison d'être. Vous avez sûrement déjà dû sentir cette attirance soudaine et irrationnelle envers une autre personne. Un corps en rencontre un autre, et leurs Esprits expriment le besoin de s'échanger quelque chose durant un instant ou deux. Les corps sont alors portés à se toucher, à s'enlacer, à vibrer au même diapason. Puis chacun s'en retourne de son côté sans pouvoir expliquer ce qui s'est passé.

Si vous avez bien saisi ce que je viens d'expliquer, vous allez dès maintenant vous permettre de serrer dans vos bras les gens que vous aimez, en mettant de côté la pudeur. Et au lieu d'agir à la sauvette, prenez le temps d'accueillir l'autre sincèrement, consciemment et chaleureusement, en ouvrant toutes grandes les portes de votre cœur. Mettez vos préjugés de côté et laissez l'énergie circuler entre vous. Si vous sentez le désir monter en vous, ne mettez pas de barrières, même s'il s'agit d'une personne du même sexe ou qui vous est étrangère. Devenez les spectateurs de cette force divine qui vous envahit. Et, de grâce, ne vous sentez plus jamais coupable… d'être bien !

Un soir, au terme d'une conférence où il avait été question de sexualité, une jeune femme est venue me voir et, toute gênée, elle m'a révélé que sa libido était à toutes fins utiles inexistante. Elle m'indiqua qu'elle n'avait plus de désir sexuel envers son conjoint et que cela l'inquiétait au plus haut point. Le problème comme les solutions possibles me parurent très clairs. Je la pris dans mes bras et je l'étreignis de tout mon corps. Quelques secondes suffirent pour que je sente s'éveiller en elle une énergie sexuelle qu'elle croyait pourtant éteinte. Je l'accueillais tout simplement, sans écouter mon mental qui commençait déjà à être déstabilisé et à craindre que ça aille plus loin.

Durant quelques secondes, je laissai circuler cette énergie divine créatrice entre nous, puis je commençai à recevoir des images de sa vie. Mariée depuis peu à un homme-enfant plus jeune qu'elle, elle s'était vue contrainte de jouer le rôle de la mère, plutôt que celui de l'amante. Peu de temps après leur mariage, la routine s'installa dans le quotidien du couple comme dans leurs relations sexuelles, ce qui finit par éteindre la flamme du début. Le désir s'était transformé en dépit.

Je posai quelques questions à la jeune femme.

« Est-ce possible, lui glissai-je à l'oreille, que tu aies envers ton mari une relation plutôt maternelle ?

– Oh que si ! me répondit-elle, d'un ton qui ne laissait planer aucune équivoque.

– Et lui, quels sont ses sentiments à ton égard ?

– J'ai honte de le dire, mais depuis quelque temps, il m'appelle *maman*, si tu savais comme ça m'énerve ! Je ne suis pas sa mère, après tout.

J'ai beau le lui faire remarquer, ça ne sert absolument à rien, il ne veut rien entendre.

– Je comprends, rétorquai-je en voyant la porte qu'elle venait de m'ouvrir. Ce ne doit pas être excitant de coucher, en quelque sorte, avec son fils, n'est-ce pas ?

– Alors là, je suis d'accord ! répondit-elle sans hésitation. Ce n'est pas du tout ce que je cherche. De toute façon, il n'y a plus rien à faire. Tout est mort en moi. Je n'ai plus d'énergie sexuelle.

– C'est-à-dire, corrigeai-je en riant, que ton mari ne réussit plus à la réveiller. Mais ne me dis pas qu'à l'instant où je te parle, ta libido est encore endormie, car je serais obligé de te traiter de menteuse. »

Elle leva les yeux vers moi et me sourit. Elle avait compris le message, ce qu'elle me confirma par un léger mouvement de la tête. Je relâchai mon étreinte, elle n'en avait plus besoin.

« Réalises-tu maintenant que ta libido est loin d'être éteinte ? poursuivis-je. Tu dois seulement accepter le fait que ton partenaire actuel n'arrive plus à l'éveiller, c'est tout.

– Mais qu'est-ce que je fais alors ? me demanda-t-elle, déconcertée. Je divorce ? Je le trompe ?

– Eh oh ! Pas si vite ! répliquai-je. Chaque problème a une solution et celle-ci sera différente, selon les gens concernés. L'une d'entre elles consiste à parler ouvertement à ton conjoint de ce dont nous venons de discuter, afin que vous puissiez rallumer la flamme. Comment ? En mettant d'abord fin à cette relation mère-fils dans laquelle vous vous êtes enlisés. Remplacez-la par une relation entre un homme et une femme qui ont le goût de se redécouvrir en tant que tels. Vous pouvez réussir si chacun y met du sien.

« La deuxième solution consisterait à poursuivre cette relation qui t'apporte la sécurité, et de trouver quelqu'un d'autre pour combler tes besoins affectifs et sexuels. Vous pouvez évidemment choisir de reprendre une autre route, chacun de votre côté. Tu t'es occupée de ton fils assez longtemps. Il est temps que tu le pousses en dehors du nid, pour qu'il se mette à voler de ses propres ailes, non ? Quant à toi, une fois que tu auras abandonné ton rôle de mère, tu trouveras sûrement un homme qui saura garder ton énergie féminine bien éveillée en toi. Ton conjoint, de son côté, attirera peut-être vers lui une autre mère qui sera heureuse d'occuper ce rôle, ou il décidera qu'il a assez de maturité pour laisser entrer dans sa vie une femme qui répondra à toutes ses aspirations, qui sait ?

« N'essaie surtout pas de le changer, c'est perdu d'avance. Tu le prends comme il est ou tu empruntes une autre route. C'est simple et en même temps compliqué, je le sais. Mais c'est la situation à laquelle tu devras faire face un jour ou l'autre. »

La cour était pleine. Je n'en ai pas mis davantage.

« J'ai compris, conclut-elle en s'éloignant. Je vais y réfléchir sérieusement. Merci ! »

Et elle s'en retourna, songeuse. Combien de couples se retrouvent dans le même genre de dilemme ? Parce qu'ils constatent que leur relation ne peut plus satisfaire leurs besoins de base, ils se coupent petit à petit de leur sexualité. Jouer à l'autruche ne ferait qu'aggraver la situation ou en retarder le dénouement.

Le maître réagit au lieu de subir. Il sait que, jusqu'à la fin de ses jours, il sera responsable d'entretenir sa flamme…

LA PEUR D'ÊTRE
TROP HEUREUX

Parfois, nous nous abstenons d'accueillir une grande joie dans notre vie ou de vivre une expérience enrichissante, uniquement par peur d'aimer ça. Nous brandissons alors toutes sortes d'interdits relatifs à la morale, car nous sommes très habiles à dissimuler cette peur d'être trop heureux. C'est une des peurs les plus répandues, même chez les gens qui se disent évolués. Cette peur est en grande partie responsable de notre mal-être intérieur. Demandez à ceux qui ont déjà osé réaliser un fantasme ce qu'ils en ont retiré. La plupart vous répondront qu'ils ont réalisé après coup que le plaisir ressenti à cette occasion n'était pas si intense que ça. Que, s'ils avaient su, ils n'auraient pas perdu autant de temps à fantasmer sur telle situation, telle personne ou telle position sexuelle.

Comme je l'ai déjà dit, le hasard n'existe pas : nous sommes toujours au bon endroit et au bon moment, en train de faire la bonne expérience, même si celle-ci peut nous paraître insensée, douloureuse ou inutile. Nier ce principe ne sert qu'à nous maintenir dans l'ignorance et à nous empêcher de devenir maîtres de notre vie. On peut penser que la vie s'amuse à nous ballotter de tous bords tous côtés au rythme de nos expériences, et que l'on ne peut rien y faire. Si c'était vrai, je ne voudrais pas de cette vie dénuée de sens.

Sachez que si votre Esprit vous présente des occasions d'être heureux, c'est que vous le méritez. N'ayez donc jamais peur du bonheur, qu'il soit bref ou de longue durée. C'est un don divin qui est offert à tous, mais refusé par plusieurs. Ce n'est pas parce qu'on a vécu la majeure partie de son enfance ou de sa vie adulte dans la souffrance que l'on y est condamné à jamais. Expérimentez le bonheur sous toutes ses formes et remerciez-vous chaque fois de l'avoir attiré, au lieu d'avoir peur d'en payer le prix...

FANTASMES OU INHIBITIONS ?

Il y a un lien très subtil entre les fantasmes et les inhibitions, car les deux ont à la base l'énergie sexuelle. On doit laisser cette énergie divine circuler librement en nous, en se contentant d'en être le spectateur. Un spectateur ouvert d'esprit qui ne juge pas et qui se permet de vivre intensément les moments de joie que cette énergie lui procure. Celle-ci se manifestera alors en fantasmes et contribuera à l'éveil de nos sens et à notre épanouissement. Si, au contraire, c'est la culpabilité qui se manifeste, à cause des tabous et des préjugés, ce qui aurait pu n'être qu'un fantasme est happé et aussitôt mâté par le mental, qui le prend en chasse et a vite fait de le ramener à l'ordre.

Lorsqu'elle est étouffée par le mental, l'énergie sexuelle se transforme en inhibition et va s'immobiliser quelque part dans le corps. Comme c'est le cas pour l'émotion, cette énergie refoulée s'accumulera en nous et elle finira par se matérialiser sous diverses formes : cholestérol, malaises, maladies, frustrations. Et maintenant, vous vous demandez peut-être s'il faut laisser libre cours à nos fantasmes. Si un être immature, disciple ou esclave de son ignorance, me posait la question, je lui répondrais sans hésiter par la négative. Par contre, un maître de sa vie ne s'interrogerait même pas là-dessus. S'il est le moindrement à l'écoute de son corps, il saurait instantanément quoi faire. Ce n'est pas par les autres qu'il obtiendrait sa réponse.

ET LA FIDÉLITÉ DANS TOUT ÇA ?

Ah ! Voilà la grande question à mille dollars que chacun s'est déjà posée au moins une fois. Devenir maître de sa vie signifie-t-il qu'on n'a plus à s'engager avec quiconque ? Qu'on va mener une vie d'indépendance et de liberté sur tous les plans ? Je répondrais évidemment que non. Lorsque deux personnes qui vivent ensemble réussissent à combler leurs besoins sexuels et affectifs respectifs, la question de la fidélité ne se pose même pas. C'est seulement lorsque la fidélité devient souffrance pour l'un ou l'autre des partenaires, ou pour les deux, qu'il est temps de remettre les pendules à l'heure.

Bien des gens qui vivent ce genre de situation préfèrent s'enfoncer la tête dans le sable au lieu d'admettre qu'il y a un problème dans le couple. Un problème qui doit être résolu et non pas ignoré. Si le problème persiste et qu'aucune solution n'est trouvée, c'est probablement le signe que la relation doit se terminer là. Sinon, elle risquerait de dégénérer et d'ouvrir la porte aux mensonges et à la haine.

Lorsqu'on s'aime un tant soit peu, la première chose qu'on acquiert est la fidélité envers soi-même. Car on ne peut jamais se tromper soi-même. Et si on tente de le faire, on s'en rend compte aussitôt et on en ressent de la tristesse. Par contre, notre éducation nous a souvent enseigné le contraire : l'oubli de soi, la négation de ses besoins au profit de ses enfants, de son conjoint, de ses amis ou de sa patrie. Et ce, au risque d'y trouver la maladie, la folie ou la mort. Comment alors peut-on espérer comprendre que la première loi du maître en devenir est d'être fidèle à lui-même ? Et comment peut-on exiger de quelqu'un, par surcroît, qu'il nous soit fidèle, si on ne peut même pas l'être envers soi-même ?

La fidélité, telle que la plupart des gens la conçoivent, n'a aucun rapport avec l'amour de soi, qui est à la base de toute recherche de sagesse. Lorsqu'on se marie, la passion qui nous lie l'un à l'autre fait en sorte que nous n'avons aucune réticence à se jurer fidélité. Mais réalise-t-on vraiment à quoi on s'engage ? Si, dans dix ans, la personne à qui l'on a promis fidélité n'a pas évolué au même rythme que nous, si son corps a tellement changé qu'il ne nous attire plus, si elle devient violente ou qu'elle sombre dans l'alcoolisme, va-t-on quand même devoir lui rester loyal ? Juste à cause de notre serment ?

Soyons réalistes. Si Dieu (quel qu'il soit pour vous) nous veut heureux – ce dont, j'espère, personne ne doute –, peut-il nous obliger à respecter une promesse faite sur le coup de l'enthousiasme, mais qui nous rend maintenant malheureux ? Bien sûr que non. En affaires comme en amour, chaque contrat est renégociable, surtout si l'une des parties se sent lésée.

Comme on l'a vu, être fidèle à soi-même, c'est se garder sur la route du bonheur, tout en tentant de ne pas nuire aux autres. Si la souffrance survient dans notre vie, c'est le signe qu'il y a un problème à régler. Si on ne le règle pas, le malaise persiste et s'aggrave, à moins qu'on ne l'atténue temporairement avec des médicaments. Mais il refera surface un peu plus tard. Ce qui ne s'exprime pas s'imprime… Lorsqu'on a pris un engagement d'amour et de respect envers soi-même, on ne sent plus le besoin de l'exiger d'une autre personne.

Il faut dire aussi que le mot *fidélité* n'a pas le même sens pour tout le monde. C'est pourquoi il est difficile de généraliser à ce propos, encore pire d'établir des règles. Car celles-ci ne feraient que mettre d'autres limites. Saviez-vous qu'il y a des hommes (et probablement des femmes) qui ne sont pas autorisés à regarder une personne de l'autre sexe sur la plage ou dans la rue, sans risquer d'être accusés d'infidélité par leur partenaire ? C'est idiot, mais c'est beaucoup plus fréquent qu'on ne le pense.

La jalousie sous toutes ses formes est entièrement à l'opposé de la maîtrise de soi. Un couple heureux et sexuellement épanoui n'aura jamais à se soucier de la fidélité de l'un ou de l'autre, encore moins à l'exiger. Cela ira de soi. Si un problème vient à se présenter sur ce plan, c'est que les besoins de l'un ne sont plus comblés par l'autre. Ce sera le temps de penser à une renégociation du contrat.

Deux êtres matures et maîtres de leur vie n'auront jamais l'idée de s'enchaîner mutuellement par peur d'être abandonnés. Ils savent qu'ils sont nés seuls, qu'ils mourront seuls, et que leur bonheur ne dépend que d'eux-mêmes. Ils ne craignent donc pas de perdre l'autre, puisque personne ne leur appartient…

LE MARIAGE PEUT-IL DEVENIR L'ENNEMI DE L'AMOUR ?

Quelle question ! me direz-vous. Une question qu'on préférerait ne pas se poser. Les puritains s'exclameront : « Mais comment peut-on en douter un seul instant ! C'est un sacrilège de seulement oser poser cette question. » Prenons quand même le temps d'y réfléchir un peu, voulez-vous ? Aimer vraiment quelqu'un, c'est vouloir plus que tout qu'il soit heureux et qu'il s'épanouisse de plus en plus. Le cas échéant, est-ce que Dieu, dans son amour infini, pourrait exiger de cette personne qu'elle vive le restant de ses jours avec un conjoint qu'elle n'aime plus ou qui n'est plus que l'ombre de ce qu'il a été ? Comprenez que je parle ici d'amour véritable, d'un amour presque désintéressé. Je dis *presque* car, selon moi, l'amour inconditionnel n'existe pas chez les humains, qui ne font jamais rien sans espérer être remerciés ou être aimés en retour.

Quand on aime quelqu'un pour ce qu'il est et non pour ce qu'il peut nous apporter, on veut qu'il soit de plus en plus libre et maître de sa vie. Ce n'est sûrement pas en lui mettant un boulet au pied et en lui refusant le droit de l'enlever, qu'on lui prouvera notre amour. Nous pourrions élaborer de longues heures sur ce sujet, mais je crois que vous voyez où je veux en venir.

Le mariage, tel que le conçoivent la plupart des religions et philosophies est, à mon avis, complètement à l'opposé de l'amour véritable. Je ne désapprouve pas le mariage, loin de là, car je suis moi-même marié depuis plus d'un quart de siècle. À la différence qu'aujourd'hui, ce n'est plus le contrat signé à l'Église qui me lie à ma compagne, mais l'amour, juste l'amour. Je n'ai besoin d'aucun papier officiel pour attester de mon engagement ou pour me donner une fausse illusion de sécurité. Le besoin de sécurité est uniquement un besoin de l'ego, pas du cœur, puisque le cœur se contente du bonheur vécu dans le moment présent.

Lorsqu'on aime quelqu'un pour ce qu'il est, on n'a que faire d'un contrat qui a pour objectif de nous attacher cette personne. On a encore moins besoin de promesses prononcées du bout des lèvres devant un célébrant qui nous indique ce qu'il faut dire. Toute promesse n'est valide qu'au moment où elle est faite.

Le véritable amour n'appartient donc qu'au moment présent. Exiger de l'autre qu'il nous aime à tout prix, c'est vouloir combler notre manque d'amour envers nous-mêmes par l'affection d'une autre personne. Quand nous nous aimons tels que nous sommes, avec nos qualités et nos défauts, nous avons de moins en moins besoin de l'amour des autres et, étrangement, nous en avons de plus en plus en réserve pour eux.

Selon moi, un être qui est maître de sa vie à part entière pourrait vivre seul tout en ne manquant jamais d'amour. Je ne veux pas dire par là que tous les couples matures doivent un jour se séparer, au contraire. Ils en viendront naturellement à ne plus avoir besoin d'un partenaire pour être heureux. Au fil des ans, ils deviendront des êtres de plus en plus authentiques, qui recèleront une quantité inépuisable d'amour de soi et qui partageront chacun leur vie pour le seul plaisir d'être ensemble. Le fait de ne plus être obligés l'un à l'autre donnera au couple une force insoupçonnée, car leur relation sera dénuée d'attachement, de possessivité et de jalousie.

L'AMOUR-ATTACHEMENT ET L'AMOUR-DÉTACHEMENT

Être un couple, c'est ne faire qu'un !
Mais lequel ?

La plupart des gens s'attachent à ceux qu'ils aiment. C'est normal et foncièrement humain. Mais n'est-ce pas aussi l'attitude du disciple envers son maître ? Le maître véritable, quant à lui, va dans le sens contraire : il se détache progressivement des gens qui l'entourent comme de ses biens matériels. Il ne les abandonne pas pour autant, entendons-nous bien là-dessus, mais il se libère petit à petit des chaînes créées par l'attachement qu'il a pour eux. Dans ses relations amoureuses, c'est la même chose qui se produit. Plus le maître grandit, plus il laisse de liberté aux êtres aimés.

Au début d'une relation où les passions mènent la barque, il est tout à fait normal que les amoureux aient tendance à s'attacher l'un à l'autre. Je me rappelle mes premières années de vie commune. Lorsque je m'absentais quelques jours pour un voyage d'affaires, par exemple, je téléphonais tous les soirs à ma compagne. J'étais si heureux lorsqu'elle m'avouait qu'elle s'ennuyait de moi ! « Tu me manques tant, je suis malheureuse », me disait-elle parfois d'une voix tremblante. Et moi, je m'en réjouissais ! Réalisez-vous cela ? J'étais heureux qu'elle soit malheureuse ! Quel amour désintéressé…, n'est-ce pas ?

Les années ont passé et, sans nous en rendre compte, nous avons appris à nous détacher l'un de l'autre, mais sans cesser de nous aimer pour autant. Maintenant, lorsque je suis parti au loin et que nous nous parlons au téléphone, si Céline me dit qu'elle est très heureuse et qu'elle profite de mon absence pour se permettre de faire autre chose, mon cœur se remplit de joie. L'amour-attachement du début s'est progressivement transformé en amour-détachement. Le bien-être de ma compagne suffit à me combler.

On a tendance à croire qu'en se détachant de quelqu'un, on en arrive à l'oublier ou, pire, à le rayer de notre vie. C'est complètement faux. Pour le maître de sa vie, l'amour véritable consiste à apprécier l'autre pour ce qu'il est et non pour ce qu'il peut lui apporter. En se détachant de quelqu'un, on lui redonne l'entière responsabilité de sa vie et, évidemment, on en fait autant pour soi. Le détachement consiste aussi à ne plus avoir constamment besoin de la présence physique de l'être aimé pour être heureux, mais à en profiter pleinement quand il est là. L'amour sans attachement consiste à apporter à l'autre notre soutien dans les moments difficiles, en lui permettant de les traverser, mais sans les vivre pour lui.

Le jour où vous pourrez dire à votre partenaire que s'il croit être plus heureux avec quelqu'un d'autre, vous le laisserez aller, vous aurez atteint un niveau d'amour et de détachement supérieur, un état propice, pour ne pas dire nécessaire, à la maîtrise.

L'HOMME DONNE,
LA FEMME REÇOIT

Surprenant ce titre, n'est-ce pas ? N'est-on pas plutôt habitué à entendre le contraire dans notre société machiste ? On a l'impression que c'est toujours la femme qui donne – il faudrait d'ailleurs être de très mauvaise foi pour le nier. La gent féminine donne constamment : à ses patrons au travail, à son époux à la maison, à ses enfants, à presque toutes les causes humanitaires, et cette liste pourrait s'étendre indéfiniment. L'une des seules occasions qu'elle a de recevoir, c'est en faisant l'amour. Et encore là, elle a grand peine à s'abandonner, car on lui a appris qu'elle doit tout faire pour satisfaire son homme.

Ce discours est beaucoup plus répandu qu'on ne le croit. Pourtant, si la femme pouvait s'offrir de temps en temps le luxe de s'ouvrir entièrement à l'idée de recevoir ce qui lui est offert dans l'amour, sans se sentir obligée de donner en retour, sa vie changerait du tout au tout. Certaines femmes réagiront à mes propos en rétorquant : « Mais moi, je me donne en faisant l'amour. Sinon, je me sentirais égoïste ! » Et si se donner à quelqu'un consistait justement à se mettre en état de réception totale par rapport à ce qu'il veut bien nous donner ?

La femme reçoit, l'homme donne. Même la forme des organes sexuels le confirme. Faites effectuer au sexe féminin une rotation de cent quatre-vingts degrés et vous trouverez une coupe.

Un calice prêt à être rempli par l'énergie du mâle qui pénètre dans ce sanctuaire par le pénis.

Ce n'est un secret pour personne que chacun de nous possède les deux polarités : *yin* (féminine) et *yang* (masculine). Elles devraient normalement être en parfait équilibre, mais c'est rarement le cas. Il y en a toujours une qui prédomine, peu importe le sexe. L'avez-vous remarqué ? Des femmes masculines, des hommes féminins, et vice versa. L'un des buts de notre cheminement spirituel en tant qu'humain est justement de rétablir cet équilibre en nous. Que nous soyons un homme ou une femme, hétérosexuel, homosexuel ou bisexuel, cela n'a aucune importance.

Le côté *yin* nous apporte l'intuition, la créativité, la grâce, la capacité de recevoir à satiété, etc. Le *yang*, c'est l'action, le mouvement, l'instinct du chasseur, la propension à donner.

Dans un couple, peu importe son orientation sexuelle, il y en a toujours un des deux qui est plus *yin* ou plus *yang* que l'autre. Pourquoi ? Parce que notre recherche fondamentale d'équilibre passe par notre partenaire et par la complémentarité qu'il nous apporte. C'est pourquoi un couple, qu'il soit gai ou hétéro, travaillera exactement sur les mêmes choses.

Revenons maintenant à la femme, qui doit s'habituer à l'idée de recevoir, et à l'homme, à celle de donner sans compter. Avez-vous remarqué que dans notre société, dirigée comme par hasard par des hommes, on prône exactement le contraire ? Réfléchissez un instant et demandez-vous pourquoi cette société, par l'éducation qu'elle dispense, fait des pieds et des mains pour empêcher le côté féminin des gens de trop se développer. En aurait-on peur ?

Combien d'hommes – et je fais partie de ceux-là – se sont fait rebattre les oreilles durant une bonne partie de leur enfance sur l'importance de ne pas extérioriser leurs émotions, et surtout de ne pas pleurer ? Au moindre signe de ce qu'on qualifiait jadis – et encore de nos jours – de faiblesse, le garçon qui avait le malheur de verser une larme était aussitôt taxé d'efféminé et pointé du doigt par ses compagnons. Et quels efforts étaient déployés pour garder les garçons loin des classes d'art, de danse, de créativité, bref, de tout ce qui devait n'être réservé qu'aux filles.

Je me pose encore la question : De quoi avait-on peur ? Que l'homme découvre soudainement sa partie féminine et se mette à développer son intuition ? Qu'il cesse de fonctionner avec son seul côté rationnel et qu'il refasse le monde, en ayant cette fois comme base l'amour ?

Le boycott de la féminité a également touché la femme, n'en doutez pas. Vous vous rappelez sûrement ce mouvement venu de nulle part, celui de la libération de la femme. « Brûlez vos soutiens-gorge, leur criait-on. Agissez en hommes. Travaillez dur comme eux, allez au bout de vos forces et cessez de pleurnicher à propos de tout et de rien ! » Avec le recul, on peut se questionner sur ce vent de folie qui a soufflé sur une bonne partie de la planète.

De tels mouvements de masse ne sont jamais le fruit du hasard. Pourquoi les autorités, celles qui sont bien au-dessus des gouvernements, voulaient-elles que la féminité disparaisse de ce monde ? Un monde outrageusement machiste que l'on a bâti au fil des siècles et qui, entre nous, n'est pas une réussite, si vous voyez ce que je veux dire. La femme est un danger pour eux, la pire des menaces. Car si la féminité prend le dessus, le rationnel, les lois et les politiques seront éliminés de la planète. Le « gros bon sens » les remplacera, et ce sera la fin du règne du mental. Alors, mesdames, montrez-nous ce que vous pouvez faire.

À tous les chercheurs de vérité et apprentissages que vous êtes, je dis qu'il est grand temps de remettre les pendules à l'heure et de regarder la société comme elle est vraiment et non pas comme ses dirigeants veulent que vous la voyiez. L'authentique maître de sa vie n'a rien à cacher aux autres, encore moins à lui-même. Il n'aura jamais honte de vivre une émotion avec intensité s'il en a le goût ou s'il en ressent la nécessité. Il pourra même se payer le luxe de jouer un peu à la victime, à la différence qu'il le fera consciemment et que ça ne durera jamais longtemps. La femme acceptera sa propension à recevoir, surtout en amour, sans se sentir coupable et sans avoir peur d'être jugée. L'homme, quant à lui, se consacrera à donner sans réserve, juste pour le plaisir.

Auparavant, quand je faisais l'amour, je me contentais, comme bien des hommes, de prendre mon plaisir puis de me retirer dans ma bulle. Je me sentais vidé, et… vide aussi. Je n'avais donné que mon sperme, rien d'autre. Aujourd'hui, c'est différent. Je donne à profusion à ma partenaire :

mon affection, ma tendresse, mes caresses, mon corps, mon sexe, en plus de me donner à moi le droit de satisfaire mes propres besoins de plaisir. Oui, je donne, mais je reçois abondamment en retour, à la différence que maintenant, ce n'est plus ma principale motivation.

Plus nous, les hommes, devenons conscients de notre capacité de donner, moins nous sentons le besoin de clore par un orgasme chacune de nos relations sexuelles. Pour un homme, le seul fait de voir sa partenaire s'épanouir à ses côtés et jouir sous l'effet de ses caresses est un comportement qui le remplit autant qu'un acte sexuel dit complet. On peut dès lors comprendre comment le don de soi peut nous remplir, comme ce qui se passait avec la coupe du saint Graal.

Ce n'est pas l'effet du hasard si le sexe féminin est en forme de coupe. Une coupe qui demanderait à être remplie presque constamment, et Dieu sait comment la femme peut être insatiable dans ce domaine, comparée aux hommes qui, eux, s'épuisent plus rapidement. En fait, la capacité de recevoir d'une femme est si grande que peu d'hommes peuvent réussir à la rassasier.

Soyez honnêtes, mesdames, et là je ne parle qu'à vous, dans le creux de l'oreille… Si vous osiez mettre de côté vos tabous et votre morale pendant quelques instants, vous admettriez que ça prendrait plusieurs hommes pour vous satisfaire pleinement, n'est-ce pas vrai ? Lors d'une relation sexuelle, n'est-ce pas l'homme qui, la plupart du temps, tombe épuisé en premier, juste au moment où vous commenciez à peine à ressentir un peu de plaisir ? Combien de fois avez-vous secrètement pensé, au terme d'une relation sexuelle : « Ah ! c'est déjà fini ? Moi qui commençais à aimer ça. » Si les harems revenaient à la mode dans la culture nord-américaine, mais en étant destinés aux femmes, je crois qu'ils devraient être constitués d'une femme… et de plusieurs hommes, au lieu du contraire. Enfin, vous pouvez toujours rêver, mesdames ! Ce n'est pas pour demain. À moins que…

LA SEXUALITÉ UTILISÉE POUR S'ENRACINER DAVANTAGE

Ne dit-on pas parfois à la blague qu'on s'envoie en l'air lorsqu'on a une relation sexuelle ? Au fond, cette expression n'est pas si bête que ça. Cependant, il serait plus juste de dire qu'on s'envoie en l'air, mais vers le bas. Je m'explique. Pensons à l'arbre. Que fait-il pour que ses branches puissent s'élever de plus en plus haut vers le ciel ? Il utilise toute son énergie pour se faire de profondes et puissantes racines. Plus il sera ancré solidement dans le sol, plus sa tête s'élèvera, plus ses branches seront fournies et plus son tronc sera fort.

Il en est exactement de même pour nous, car nous sommes tous faits à l'image de la nature. On peut méditer pendant toute une vie sur une montagne, prier à en faire baver les plus grands saints, visualiser de belles choses ou vivre une spiritualité digne des gurus les plus authentiques, mais si nous ne sommes pas suffisamment enracinés dans la terre, le vent nous emportera dans son tourbillon dès qu'il se lèvera et soufflera sur notre vie.

Un excellent moyen est mis à notre disposition pour nous permettre à la fois de nous ancrer et de nous élever, et c'est évidemment la sexualité. Durant une relation sexuelle, ou lorsque nous exprimons de la tendresse à quelqu'un, en l'enlaçant par exemple, une partie de l'énergie s'éveille dans notre chakra de base (situé entre les jambes) et descend vers la Terre. Elle y pénétrera éventuellement et s'y créera des racines ; celles-ci chercheront ensuite à s'enfoncer de plus en plus profondément.

Ce phénomène est à l'image d'un arbre magnifique qui pousse dans les terres fertiles des îles du Sud, le pendanus. Des racines se forment continuellement sur ses branches et descendent lentement vers le sol, jusqu'à ce qu'elles puissent un jour s'y fixer. On dit qu'il s'agit d'un des arbres les plus solides qui soit, et c'est très facile à comprendre à le voir si bien connecté à la terre.

Pour établir un ordre de grandeur, disons que les racines de la majorité des humains se rendent à peu près à la hauteur de leurs genoux. Et là, je suis généreux puisque bien des gens qui se sont coupés de leur sexualité n'ont pas du tout de racines. Par contre, les racines d'une personne consciente, sexuellement active et épanouie, peuvent pénétrer jusqu'à plusieurs mètres dans le sol. Toute une différence, n'est-ce pas ? Et ça sert à quoi de telles racines, demanderez-vous ? À se tenir debout, les jours de grand vent.

Si une tempête émotionnelle se lève dans notre vie, si nous subissons un coup dur, nous serons terrassés si nous avons peu ou pas de racines. De plus, il nous faudra énormément de temps pour nous relever, si nous y parvenons. Tandis que la personne qui est profondément ancrée dans le sol aura la sagesse et la souplesse nécessaires pour plier, le temps qu'il faudra, puis elle se relèvera, encore plus forte, lorsque les gros vents seront passés. Tout comme pour le pendanus : même si l'une de ses racines est abîmée par une avarie quelconque, les autres prennent la relève et supportent l'arbre pendant son processus de remise sur pied.

Une sexualité épanouie est un gage de maîtrise. Elle est notre lien entre le ciel et la Terre. Elle donne de la puissance à nos ailes quand vient le temps de s'envoler. Elle nous permet aussi de garder les deux pieds bien ancrés dans le sol lorsque nous avons besoin de nous y rattacher.

FAIRE L'AMOUR AVEC SA TÊTE, OU AVEC SON CŒUR ?

Un matin, un homme écrivit une petite note à l'intention de sa compagne… « Ce soir, ma chérie, ce sera ta fête. Prépare tes bagages car, après mon travail, je passe te prendre et je t'emmène dans une auberge de rêve où j'ai réservé une suite magnifique avec bain tourbillon et tout le tralala. Apporte ton plus beau déshabillé et n'oublie surtout pas ton parfum à la rose, mon préféré. Pour le reste, j'ai tout prévu. Ne t'en fais surtout pas pour les détails, tout sera parfait. Je m'occupe de tout : les chandelles, l'encens, la musique douce, l'huile de massage. Tout pour rendre cette nuit inoubliable. À ce soir, ma chérie. »

Notre amant romantique avait vraiment pensé à tout. Il laissa son message bien à la vue sur la table de cuisine, puis il redevint lui-même. Il remit son chapeau d'homme d'affaires, retrouva ses tracas et se rendit au bureau où l'attendait une montagne de travail. Il ne savait plus où donner de la tête, le pauvre, tant il avait de pain sur la planche. Mais il se consola en pensant que le soir venu, il allait faire la fête avec sa dulcinée. Son scénario était au point ; il ne restait qu'à l'exécuter.

Après le travail, il est exténué, mais il va tout de même chercher sa compagne et se rend, comme prévu, à l'auberge de rêve. Après un repas en tête à tête – c'est vraiment le cas, car la sienne est sur le point d'éclater –, il rejoint sa tourterelle, déjà tout excitée, dans le lit en forme de cœur qui trône au beau milieu de la chambre, au son de leur musique fétiche.

Le monsieur avait pratiquement pensé à tout, sauf à l'anxiété qu'il sent monter en lui lorsqu'il s'aperçoit que son épuisement l'empêche d'avoir une érection. L'encens a beau inonder la pièce, madame sentir la rose à plein nez, monsieur ne bande pas ! Plus il se concentre sur son zizi, plus celui-ci s'entête à jouer à l'indépendant. Quel malheur ! Son cerveau d'en haut tente de convaincre celui d'en bas – comme tous les hommes, il en a deux… –, mais rien ne va plus. Après quelques tentatives, toutes aussi infructueuses les unes que les autres, monsieur se retourne sur le dos, en sueur, et finit par s'endormir sur sa frustration et le sentiment de ne pas avoir performé comme… prévu ! Quant à la dame, elle se dit que son compagnon ne doit plus l'aimer comme avant pour ne plus éprouver de désir envers elle !

Ce petit scénario, quoique un peu loufoque, est pourtant un exemple typique d'une façon de faire l'amour avec sa tête. Le mental, qui veut tout diriger, a tenu à tout prévoir à l'avance. Il a préparé une habile mise en scène mais, la plupart du temps, la pièce ne se déroule jamais comme prévu. Vous comprendrez facilement, peut-être pour l'avoir déjà expérimenté vous-même, que plus souvent qu'autrement, la déception se retrouve à l'issue de ce genre de scénario.

Faire l'amour avec son cœur, c'est tout le contraire de cela. C'est passer par l'abandon et se laisser engloutir par la magie du moment présent. C'est ne rien prévoir, sinon le strict minimum. Faire l'amour avec son cœur, c'est se lancer ardemment dans une aventure dont les corps traceront les grandes lignes. Dans la première situation, c'est la tête – le mental – qui dictait ses règles au corps : quoi faire, quand le faire et comment cela devait se passer. Mais ce devrait être le contraire. C'est le corps qui est roi et, selon ses besoins, il envoie ses pulsions au cerveau au fur et à mesure que la relation se poursuit. C'est lui qui doit dicter sa loi, pas la tête.

Faire l'amour avec son cœur, c'est se mettre entièrement à l'écoute des deux corps et les laisser guider nos élans dans la direction qu'ils veulent bien prendre, à la vitesse et de la façon qu'ils le préfèrent. Le mental n'a jamais à décider quand ça doit commencer, quand ça doit finir et comment ça doit se passer. Les corps désirent seulement se caresser ? Qu'ils le fassent ! Une autre fois, ils veulent se prendre comme des bêtes, sans préliminaires ? Qu'ils passent à l'action !

Quand on fait l'amour avec son cœur, la tête n'a rien à analyser. L'analyse paralyse, disait ironiquement un de mes vieux copains. La tête est ainsi forcée au repos, et cela l'horripile. C'est pourquoi elle tentera par tous les moyens de revenir à la charge et de reprendre la direction des opérations : « Tourne-toi comme ceci, prends cette position, ne jouis pas tout de suite, vas-y, c'est le temps… etc. » Ne la laissez pas gâcher votre plaisir, donnez-lui congé. Laissez-vous plutôt gagner par la magie du moment en agissant de façon spontanée.

Comme plusieurs hommes de ma génération, mon éducation sexuelle était très centrée sur la performance. Faire l'amour commençait par une séance de caresses, puis, deuxièmement, s'ensuivait une série de pénétrations, qui devait durer le plus longtemps possible, pour se terminer par l'éjaculation. C'est ce que ma tête m'ordonnait de faire aussitôt que j'amorçais une relation sexuelle. Si l'une des trois conditions précitées était absente ou mal remplie, j'avais la désagréable impression de ne pas avoir bien accompli mon devoir...

Au risque de paraître ridicule, je vous avouerai que durant une certaine période, je m'étais même mis à analyser mes performances, en me donnant une note entre zéro et dix. À ma grande déconvenue, je me retrouvais, plus souvent qu'autrement, sous la barre du cinq.

La vie m'a finalement fait comprendre la stupidité de ce mode de fonctionnement, qui ne m'apportait que des problèmes (éjaculation précoce, perte d'érection, et j'en passe). Je mis alors ma tête en quarantaine et décidai de suivre les pulsions de mon corps, sans me préoccuper des performances, encore moins de les analyser. En me laissant aller à la spontanéité du moment, je découvris avec stupéfaction que presque tout ce que j'avais appris sur la sexualité était faux, qu'il s'agissait de la vérité des autres, pas de la mienne. Que ma partenaire n'avait parfois besoin que de mes caresses, et que, d'autres fois, c'est la bête qu'elle voulait voir se ruer sur elle, sans plus de préambules. Que la musique langoureuse, l'huile de massage et l'encens enivrant étaient parfois utiles pour permettre notre envol, mais que d'autres fois, c'était superflu et sans valeur. Que si je leur en donnais la chance, mes doigts partiraient tout seuls à la découverte et à la conquête du corps de l'autre et que ma tête n'aurait absolument rien à faire dans ce processus.

Mon corps savait ce dont il avait besoin et je n'avais qu'à le suivre dans ses folles escapades. Je n'avais qu'à rester à son écoute, à lui obéir, à ne pas mettre d'entraves à son désir et à le regarder jouir au moment où il en sentait l'opportunité.

Le plus formidable dans tout ça, c'est qu'en agissant ainsi, faire l'amour était différent d'une fois à l'autre. Jamais la même intensité, jamais la même jouissance, jamais le même début ni la même fin. Des surprises, que des surprises, au gré des vagues de plaisir qui nous entraînaient, ma partenaire et moi. Parfois, c'était l'extase pour l'un, et un simple frisson pour l'autre, d'autres fois le contraire. Plus de jugement, plus d'analyses ni de performances, quel soulagement !

Le corps ressent des besoins qui sont différents d'un jour à l'autre. Il arrive que de simples hors-d'œuvre puissent le rassasier, tandis qu'à un autre moment, c'est d'un repas gastronomique dont il aura envie. Il faut juste se mettre à son écoute et à son service.

Devenir maître de sa vie, c'est empêcher notre tête de diriger notre vie, comme notre sexualité. C'est se mettre à l'écoute des besoins de notre corps et se faire un devoir de les remplir du mieux que nous le pouvons. Ce n'est pas de l'égoïsme, mais du respect de soi. Si on ne réussit pas à se respecter soi-même, comment espérer que les autres le fassent ?

MESDAMES,
DITES-NOUS QUOI FAIRE !

« **M**ais voyons, les gars, quelle idée ! c'est à vous, les hommes, de nous découvrir. Allez, au boulot ! Un peu de créativité ne pourrait pas vous nuire. Aussitôt que nous ressentons un peu de plaisir, vous stoppez tout. Plus souvent qu'autrement, vous nous laissez sur notre appétit. Ça nous semble pourtant si évident, pourquoi pas à vous ? Comment pouvez-vous ne pas comprendre ? »

En tant qu'homme, je vais essayer de vous répondre… Ouf ! quelle tâche ! (Ah ! Ah ! Ah !) La plupart des hommes sont de grands enfants, et je m'inclus dans le tableau. Des enfants qui n'ont jamais appris à vous faire l'amour comme vous le voudriez. Nous, les mâles, sommes tellement différents de vous, les femmes. Même que, à bien des points de vue, nous sommes entièrement à l'opposé l'un de l'autre. C'est à se demander comment on peut réussir à vivre ensemble. Cette confusion est due au fait que la femme est portée naturellement vers l'intérieur et l'homme, vers l'extérieur. Et cette dissemblance entraîne toute une série de problèmes. La femme est sensitive et l'homme, tactile, et cela date d'aussi loin que le moment de la conception. Je vais emprunter ici une description qu'en a faite mon ami Yvon Mercier lors de l'une de ses conférences.

Déjà, dans le ventre de sa mère, et plus tard durant les premiers jours de sa vie, le garçon se met à explorer son corps grâce à ces drôles de petits instruments qui se trouvent au bout de ses mains... Évidemment, vu la longueur de ses bras, vous devinerez que ce n'est pas long que son exploration mènera ceux-ci vers son pénis. Ce petit appendice est encore plus sensible que les autres, et, en plus, il a la particularité de pendre tout bonnement comme ça, vers l'extérieur (détail très important). Le garçon s'apercevra très vite que ce petit doigt supplémentaire, en plus d'être facile d'accès, lui procure énormément de plaisir lorsqu'il le touche. Mais pourquoi faut-il que ce machin soit juste à la hauteur de ses mains ? Il s'en souviendra toute sa vie, et ses doigts aussi...

Le plaisir sexuel que lui procure son pénis est instantané. Quelques frottements, et hop ! c'est parti ! Pas besoin de rien de plus. Le plaisir intense et la jouissance peuvent être atteints en quelques secondes. Aussi le garçon croit-il que c'est exactement la même chose qui se produit pour les filles ! Mais il se trompe, le bonhomme...

Il se trouve que, pour la fille, c'est tout le contraire. Toute jeune, elle a beau laisser ses mains courir sur son corps, celles-ci ne rencontrent aucun obstacle au cours de leur exploration. Pas de protubérance excitante à toucher, rien qui vaille vraiment la peine qu'on s'y arrête. Elle sent bien que quelque chose de différent se trouve entre ses jambes, mais quoi ? Ce n'est que beaucoup plus tard qu'elle comprendra que pour tirer un peu de plaisir de cet endroit, elle devra l'explorer avec ses doigts en y cherchant les points sensibles, et encore. Admettons que ce n'est pas aussi évident que pour le garçon. C'est pourquoi elle laissera parfois tomber. Trop compliqué !

La fille se rendra éventuellement à l'évidence que tout, chez elle, se passe à l'intérieur, contrairement au garçon qui, lui, a tout à l'extérieur, à portée de main. Ils croiront que c'est la même situation qui prévaut chez le sexe opposé, ce qui créera bien des incompréhensions et des frustrations dans leur vie d'adulte. Jusqu'au jour où, remplis de bonne volonté, ils s'ouvriront à l'autre et tenteront de le comprendre.

Mais pour les jeunes filles, une autre période difficile commence. C'est avec l'apparition de ses seins que la sauce peut se gâter pour la jouvencelle. « Fais attention aux garçons, lui diront ses parents, tu es en train de devenir une femme, et cela change tout. Ne permets plus à ton oncle de te prendre sur ses genoux, il pourrait avoir des envies. Couvre-toi et ne laisse surtout pas les hommes te serrer trop fort, ça pourrait les exciter. Tu dois manifester de la pudeur maintenant. »

Durant cette période, la fille aura tendance à se renfermer dans sa coquille, juste à cause de ses seins. Certaines en resteront d'ailleurs traumatisées toute leur vie. Elles rejetteront d'emblée leur féminité, une féminité à cause de laquelle elles se sentent coupées de l'autre moitié du monde. Je sais, ce n'est pas le cas de toutes les femmes, mais une chose est certaine, c'est que leur existence est transformée à partir de ce moment-là.

Pour illustrer un peu mieux cette différence entre l'homme et la femme, imaginons un autre scénario, voulez-vous ? Deux adolescents se préparent à avoir leur première relation sexuelle. Depuis qu'elle est amoureuse, la jeune fille éprouve un pressant besoin de romantisme et d'affection. Elle rêve de caresses, d'être couverte de baisers par son prince charmant. Au moment des préliminaires, elle cherche désespérément l'étincelle magique dans les yeux du jeune homme. Ce dernier, quant à lui, se sent de plus en plus à l'étroit dans son pantalon… Dans le cas du garçon, vous comprendrez que c'est encore… son onzième petit doigt qui fait la loi. Et Dieu sait qu'en cet instant, il est stimulé.

Pour le garçon, l'affection passe en deuxième lieu. C'est ainsi qu'il ressent les choses depuis toujours. Comme il croit que sa compagne réagit comme lui, il se dit qu'elle est tout aussi excitée, juste à le voir. Mais ce n'est pas tout à fait le cas. Cendrillon ne pense même pas au sexe, du moins pas encore. Elle est à l'étape où elle entend jouer les violons et où elle commence à ressentir un semblant de bien-être à l'intérieur d'elle. Le gars, lui, n'a pas le temps d'écouter de la musique, encore moins des violons romantiques. Il est en érection depuis longtemps, et il n'en peut plus d'attendre.

En quelques secondes, il enlève gauchement ses vêtements et il aide sa tigresse à en faire autant. « Comme il est pressé ! » se dit-elle, ne comprenant pas son attitude. Elle imagine toutes les longues minutes de bonheur, peut-être même les heures, qu'elle s'apprête à vivre avec son Roméo. Après quoi elle va connaître le plaisir, et un ou plusieurs orgasmes qui l'amèneront au septième ciel. Ces pensées enivrantes stimulent le désir qu'elle sent monter en elle. Pendant ce temps-là, le jeune homme, au comble de l'excitation, pénètre sa partenaire, pour éjaculer aussitôt. « Ahhhh ! que c'est bon ! », s'écrie-t-il, fier de lui, et croyant que sa jeune compagne a ressenti la même chose que lui. Mais cette dernière n'a rien vu venir et elle se demande encore ce qui se passe. Satisfait, le garçon se retourne sur le dos, roucoulant de satisfaction devant sa performance.

« C'est tout ? demande la jeune fille, visiblement déçue.

– Ouais ! Tu as aimé ?

– Aimé quoi ?

– Euh ! Ce que je t'ai fait, pardi !

– Tu m'as fait quoi au juste ?

– L'amour, répond notre Roméo, frustré, qui ne comprend pas ce qui se passe.

– Je suis désolée de te dire ça, mais tu t'es énervé, et… je n'ai rien ressenti. À peine ai-je éprouvé une certaine paix intérieure durant quelques instants, mais c'est tout, je te jure !

– Et moi qui suis venu comme un volcan. Ça ne t'a rien fait ?

– Honnêtement, non ! répond la fille en se rhabillant, ressentant la déception et la frustation. »

Ce petit scénario vous dit quelque chose ? Vous l'avez déjà expérimenté ? C'est malheureusement dans la déception que se passent souvent les premières relations sexuelles, parce que les attentes des deux tourtereaux sont différentes, parce qu'ils ne connaissent rien de l'autre sexe. L'homme et la femme ne savent pratiquement rien l'un de l'autre. Chacun croit que l'autre sait, mais ce n'est pas le cas. La vie est ainsi faite. Et ni vous ni moi n'y pouvons rien changer, sauf accepter le fait et commencer dès maintenant à s'apprivoiser en devenant des enseignants l'un pour l'autre à ce sujet.

Vous serez sans doute surpris d'apprendre qu'une bonne partie des hommes ne savent pas exactement où se trouve le clitoris, comment il est fait et comment le stimuler adéquatement. D'ailleurs, combien de femmes connaissent parfaitement ce point névralgique de leur corps, un point qui a besoin d'être éveillé et développé ? On peut faire une intéressante analogie entre le pénis et le clitoris afin d'expliquer le comportement sexuel du mâle en général.

Savez-vous, mesdames, que le pénis est en fait un énorme clitoris en état perpétuel d'excitation ? La comparaison est un peu forcée, mais très révélatrice. Elle explique la facilité qu'ont les hommes à s'exciter et à éjaculer. Le garçon qui n'a eu, en guise d'éducation sexuelle, que la lecture de magazines de sexe ou le visionnement de films pornographiques, dans lesquels les filles crient de jouissance au moindre toucher, ne peut se douter une seule seconde que la réalité est tout à fait différente. (N'oubliez pas que ces films sont généralement faits par et pour des hommes, et dans le seul but de leur vendre du rêve.)

C'est à peu près la même chose pour les filles, à la différence que les livres qu'elles lisent et les films qu'elles visionnent racontent des histoires romantiques. Flottant dans cet univers irréel, elles peuvent difficilement imaginer que le prince charmant de leurs rêves puisse se transformer en un loup affamé de sexe. La principale source des multiples incompréhensions qui divisent les deux sexes se situe donc au niveau de la communication et de la connaissance de l'autre.

Pour remédier efficacement à cette situation, l'homme et la femme ont besoin de devenir des guides l'un pour l'autre. Ils doivent le faire sans pudeur, en exprimant clairement leurs attentes et en faisant connaître leurs besoins. Mesdames, ne soyez pas naïves au point de croire que l'homme connaît instinctivement votre mode de fonctionnement, même si son ego de mâle l'amène à prétendre qu'il sait tout de vous. C'est faux. Il ne connaît même pas son propre corps, n'ayant jamais eu le droit de le caresser. Un vrai gars, ça ne se touche pas, ça ne se caresse pas non plus. Voyons ! si ça se savait, il serait la risée du reste de la meute. Alors, s'il ne connaît pas son propre fonctionnement, comment peut-il connaître le vôtre ?

Au point de vue sexuel, l'homme est un enfant. Il a besoin que vous le preniez par la main et que vous lui dévoiliez votre monde intérieur. Montrez-lui qui vous êtes, mesdames, expliquez-lui ce qui vous fait plaisir. Enseignez-lui par le jeu – sinon il prendra peur – le fonctionnement de votre clitoris. Comment le caresser, quelle force appliquer et pendant combien de temps.

L'homme a tout à apprendre à ce sujet. Même s'il semble réticent au début, soyez patiente. À vous voir vous épanouir sous ses doigts, il aimera cela. Évitez de vous dire en votre for intérieur qu'il devrait savoir ça à son âge, et surtout avec son expérience. C'est peine perdue, et ça ne correspond pas à la réalité. Pour la plupart des amants aux prises avec des problèmes d'ordre sexuel ou affectif, tout est à refaire.

Mesdames, dites à votre homme que vous aimez parfois être caressée sans qu'il faille se rendre nécessairement à la pénétration. Faites-lui comprendre que votre clitoris n'est pas un pénis, qu'il est sensible et qu'il faut le manipuler avec soin. Guidez-le dans ses caresses, indiquez-lui quels sont vos points sensibles, ceux qui vous font réagir. Encore faut-il que vous connaissiez votre propre corps. Explorez-le. Il est à vous, ce corps. Personne ne peut le connaître mieux que vous.

Ne jouez pas aux devinettes, allez droit au but. Dites à votre partenaire qu'il vous arrive de souhaiter que l'animal en lui assouvisse sa passion sur vous, comme si vous étiez sa proie, sans nécessairement passer par le rituel des caresses. Dites-lui que d'autres fois, vous voulez juste sentir la peau de son corps collé contre le vôtre. Demandez-lui de devenir votre maître et de vous donner un cours sur sa propre sexualité. Qu'il vous explique et qu'il vous montre ce qu'il aime et ce qu'il n'aime pas. Il se peut, comme je l'ai dit un peu plus tôt, qu'il soit réfractaire à l'idée la première fois. Mais servez-vous de vos charmes et insistez... Je n'ai pas besoin de vous faire un dessin, j'en suis sûr.

Certains hommes aiment se faire mordiller les seins. Pour d'autres, au contraire, cela les rend agressifs. Comme vous le feriez avec un enfant, soyez patiente et tirez-lui les vers du nez. Qu'est-ce qui le rend si anxieux parfois ? Comment se sent-il quand son érection n'est pas à son maximum ou, pire, lorsqu'il la perd ? Expliquez-lui que c'est la même chose pour une femme. Que si elle n'est pas suffisamment excitée, son vagin ne se lubrifiera pas adéquatement. C'est normal. C'est une question d'excitation, rien d'autre. Et ça, ça ne se commande pas.

La sexualité a été si longtemps réprimée à cause de la morale, que plusieurs d'entre nous ont perdu le contact avec leur propre corps et, par conséquent, avec celui des autres. C'est ce qui explique les frustrations et déviations sexuelles de toutes sortes que l'on observe aujourd'hui. Tout ça parce qu'on nous a menti, par ignorance ou pour garder le contrôle sur nous. Comme nous étions vulnérables, nous avons cru sur parole tout ce qu'on nous a dit sur la sexualité et sur le sexe opposé. Avec les résultats que nous voyons maintenant.

Pendant ce temps, les compagnies pharmaceutiques perçoivent des dividendes et amassent des fortunes avec leurs produits miracles (Viagra et compagnie), des médicaments qui réparent momentanément la « tuyauterie », mais qui ne règlent pas vraiment les problèmes.

Le maître de sa vie a la lourde mais, en même temps, si importante tâche de tout remettre en question. Il fait le ménage dans tout ce qui lui a été imposé comme vérité et comme règle de morale. Allez-y, maintenant, c'est votre tour. Découvrez votre propre corps. Mettez votre sacrosainte pudeur de côté. Elle n'est qu'une entrave à votre processus de libération. Exprimez vos besoins à l'autre, après les avoir découverts vous-même, et n'hésitez pas à donner des cours de sexualité 101 à votre partenaire. Faites-le dans la simplicité, l'humour et le jeu, comme vous le faisiez naturellement quand vous étiez enfant et que vous jouiez au docteur…

Au nom de tous les hommes, mesdames, j'ose vous répéter ma requête : enseignez-nous quoi faire pour vous satisfaire. Vous ne le regretterez pas, croix de fer, croix de bois !

HÉTÉRO, HOMO, BISEXUEL : QUI DIT VRAI ?

Chaque société a ses propres normes, ce n'est un secret pour personne. Les membres qui adhèrent à ces normes seront considérés comme normaux, tandis que les autres devront se résigner à vivre dans la marginalité et à être jugés par leurs concitoyens. Dans notre société, l'hétérosexualité est la norme. L'homosexualité est encore pointée du doigt, mais elle est quand même de plus en plus tolérée. Par contre, si un être est bisexuel, alors là, il ne faut pas qu'il le crie sur les toits. Sinon, il sera vite relégué au nombre des pervers.

Pour l'Esprit, l'orientation sexuelle n'a aucune importance. Que l'énergie créatrice divine véhiculée par la sexualité soit générée par une excitation venant d'un corps de l'autre sexe, du nôtre ou des deux, il n'y a aucune différence.

La sexualité est l'une des choses les plus naturelles qui soit, c'est un outil essentiel de vie. Selon la vision de l'Esprit, il n'y a là rien de mal, encore moins de répréhensible. Tout jugement (juge-ment…) en ce sens est un pur produit du mental, de ses croyances limitatives et de sa morale.

Je vous ai déjà parlé du voyage que j'ai fait en Afrique avec mon frère… Un jour, nous avons été invités par un Nigérien à passer quelques jours chez lui. Il habitait à Niamey, capitale du Niger, aux portes du désert. Notre hôte nous avait offert d'installer notre tente dans sa cour. La situation était très cocasse, car cet homme possédait sept ou huit épouses – il faut dire qu'il était très riche…

Chaque soir, après que ses femmes avaient préparé le repas, il en désignait une qui viendrait passer la nuit avec lui. Les autres ne semblaient pas lui en tenir rigueur et poursuivaient joyeusement leur besogne. Les premières fois que j'ai remarqué ce manège, je me rappelle avoir dit à mon frère, un sourire au coin des lèvres, qu'un tel comportement était répréhensible, que cet homme était assurément un maniaque sexuel.

Un soir, mon vieux sage intérieur intervint subtilement en moi et me suggéra de réfléchir avant de juger et de condamner une personne comme je le faisais sans vergogne. Mon Esprit me souffla à l'oreille que la religion de cet homme ainsi que la société dans laquelle il vivait acceptaient la polygamie et la considéraient comme un état tout à fait normal et même souhaitable. Ce qui était à l'origine de mes jugements, c'était ma religion qui, elle, l'interdisait.

Mais qui avait raison ? Lui ou moi ? Les deux, évidemment. Je compris après coup que des personnes dont les croyances se trouvent aux antipodes de celles des autres peuvent toutes être dans la vérité, dans leur vérité. Comment alors juger quelqu'un parce qu'il ne pense pas comme nous ?

Pour pouvoir juger quelqu'un de façon équitable, il faudrait pouvoir se glisser dans sa tête et y détecter toutes les croyances qu'elle contient. À bien y penser, notre Nigérien devait probablement penser la même chose de moi, mais dans le sens inverse. Il devait se demander pourquoi j'étais assez limité pour me contenter d'une seule femme durant toute ma vie. Tout cela est une question de croyances. C'est pourquoi le ménage que doit faire l'apprenti maître de sa vie devient toute une tâche !

Donc, qu'on soit homo, hétéro ou bisexuel, le problème est dans notre tête. Il dépend du jugement que l'on porte sur soi et de l'acceptation des pulsions naturelles de notre corps (qu'on ne peut de toute façon pas combattre très longtemps). Lorsqu'on se juge sévèrement, à partir des préjugés de la société, de son entourage ou de sa religion, on attirera à coup sûr les jugements des autres. C'est la peur d'être jugé qui empêche bien des gens de s'assumer.

Un homme qui était passé de l'hétérosexualité à l'homosexualité me confia un jour qu'il avait encore de l'attirance sexuelle pour les femmes. Mais il n'arrivait pas à s'avouer sa bisexualité, de peur d'être rejeté par ses amis homosexuels ou hétérosexuels. « Décide-toi, lui disait-on d'un côté comme de l'autre, lorsqu'il osait en parler. Tu ne peux pas être en même temps aux hommes et aux femmes, voyons ! C'est juste que tu as peur de t'affirmer ouvertement. » Notre homme ne se comprenait plus. Et connaissant mon ouverture d'Esprit, il me demanda mon avis franc et sincère.

Voilà ce que je lui ai dit : « As-tu déjà pensé que tu es peut-être en avance sur ton temps, sur ceux qui te jugent ? Peut-être que c'est la société dans laquelle on vit qui n'est pas prête à admettre ce que tu ressens si fortement. Penses-y deux fois et analyse froidement la situation. Réalises-tu que les hétérosexuels et les homosexuels n'ont accès qu'à une moitié de l'humanité ? C'est peut-être pour cela qu'ils réussissent à cohabiter, ne se sentant menacés ni par les uns ni par les autres. Par contre, une personne comme toi qui est capable d'aimer autant les hommes que les femmes, sans se créer de barrière ni de culpabilité, peut englober l'humanité entière de son amour. Tu n'es donc plus limité à une seule partie de l'humanité, mais à la planète tout entière. N'est-ce pas absolument magnifique ? »

Mon interlocuteur me regarda comme si j'avais été un extraterrestre : je venais de lui ouvrir la plus grande porte de sa vie.

« Tu veux dire que je suis peut-être normal et… (*il hésita*), plus avancé que les autres sur ce plan ? Ce n'est pas un peu prétentieux ce que tu dis là ?

– Qu'en penses-tu ?

– Vu comme ça, pas du tout, tu as raison. En plus, c'est exactement comme ça que je me sens, beaucoup plus normal en plus !

– Alors, cesse de te rabaisser devant tes juges, car ceux-ci sont ton miroir. Ils reflètent ce que tu penses, mais à travers leurs propres limites et celles de la société. Fais-moi plaisir, assume pleinement ce que tu es, veux-tu ? Pas besoin de le crier sur les toits. Contente-toi d'écouter les besoins de ton corps et de ton cœur, sans te condamner parce que tu es hors normes... »

Notre homme s'en retourna la tête haute et le cœur léger, comme si je venais de lui enlever un fardeau de plus de cent kilos sur les épaules. Ce qui était effectivement le cas.

Devenir maître de sa vie, c'est oser se regarder en face en assumant pleinement ce que l'on est. C'est ne jamais se condamner à cause de ses attirances sexuelles, des pensées qui alimentent son jardin secret. Lorsqu'on réussit cela, on cesse par le fait même de juger les autres. L'important, c'est de garder bien vivante l'énergie sexuelle qui bouillonne en nous pour éviter qu'elle ne soit écrasée sous le poids d'une morale trop stricte, sous la dérision ou le jugement – des autres comme de soi-même. Finalement, entre vous et moi, qui est celui qui est le plus près d'atteindre la maîtrise ? Celui qui juge ou celui qui ne juge pas ? Et qui peut le mieux juger l'homosexualité ou l'hétérosexualité que celui dont les deux polarités sont égales ? La réponse est dans la question...

LE DÉMON DU MIDI,
AMI OU ENNEMI ?

Qui ne l'a jamais craint, celui-là, ou accusé de mille maux ? On dit que le démon du midi se montre habituellement le bout du nez au mitan de notre existence. Qu'il chamboule tout sur son passage, pas seulement l'entourage mais la personne qui le voit apparaître dans sa vie. Le démon du midi, ce n'est pas un marquis de Sade qui s'éveille et prend le pouvoir, mais une période d'adolescence à retardement. On dit aussi qu'il frappe surtout les hommes, mais permettez-moi d'en douter. Je croirais plutôt qu'il investit la vie des femmes autant que celle des hommes, mais comme ces dernières sont généralement plus sentimentales et plus intériorisées, le phénomène est moins apparent. Le démon du midi, c'est un retour momentané au jeu, une activité qui n'a pas été suffisamment assumée au cours de la jeunesse.

Quand nous sommes enfants, tout est matière au jeu. On ne vit d'ailleurs que pour jouer. Seule la fatigue peut y mettre un terme, lorsque l'on est épuisé au point de ne plus tenir debout…

Au seuil de l'adolescence, la vie devient plus sérieuse, et plus morne par la même occasion. Les adultes prennent soin de nous répéter que la vie n'est pas un jeu. C'est durant cette période charnière de notre développement qu'on découvre la sexualité. Mais a-t-on vraiment le loisir ou le temps de l'expérimenter ? La société ne nous y incite pas vraiment. Elle nous suggère plutôt de nous marier le plus tôt possible, pour pouvoir entrer dans le moule qu'elle a préparé pour nous, le moule dans lequel ont été embrigadés nos parents et nos grands-parents. « Dépêche-toi de te trouver un partenaire avec qui tu feras ta vie et avec qui tu auras des enfants. Ne perds pas une seconde, la vie est trop courte. Vite ! Vite ! »

Cette course effrénée contre la montre a comme conséquence que bien des gens, peut-être la majorité, sortent trop rapidement de l'enfance et du jeu qui en est l'essence, pour entrer dans le monde intellectuel et sérieux des grands. Ces nouveaux adultes assument leur rôle durant un certain temps, jusqu'à ce qu'ils réalisent qu'ils commencent à s'y ennuyer. Si bien que lorsqu'ils mettent le pied dans la seconde moitié de leur existence, ils ont l'impression d'en avoir manqué un bout.

D'une certaine façon, ils ont raison, car c'est bel et bien ce qui s'est passé. La vieillesse approche à pas feutrés en commençant à gruger leurs forces et ils ont le goût de reprendre le temps perdu avant qu'il soit trop tard. Certains se trouveront les compagnons de jeu qu'ils n'ont jamais eus et renoueront avec l'adolescence qu'ils n'ont pas vu passer. Une partie de leur vie leur a glissé des mains et ils veulent la rattraper. C'est plus fort qu'eux. Est-ce que c'est bien, est-ce que c'est mal ? Si cela vous tente de juger, allez-y… Mais rappelez-vous que le maître ne perd pas de temps à cela, qu'il n'a aucun intérêt à le faire.

J'écoutais l'autre jour une émission à la télé. Un homme aux tempes grises racontait avoir vécu son adolescence à retardement, tout à fait consciemment et avec l'assentiment de son épouse. Devant les caméras, il avouait candidement avoir eu durant cette période des relations avec des femmes plus jeunes que lui, chose qu'il n'aurait jamais osé faire auparavant. Il avait connu de très beaux moments, selon ses dires, mais après chaque expérience, un sentiment de vide l'envahissait. Il conclut l'entrevue sur ces propos : « J'ai touché bien des corps plus jeunes que le mien, mais jamais je n'ai trouvé en eux la subtile et magique étincelle que je perçois lorsque je fais l'amour à la femme que j'aime. J'ai réalisé qu'elle possède un petit quelque chose que je ne peux décrire, mais que je n'aurais jamais remarqué si je n'avais pas osé faire ce que j'ai fait ! Je peux dire aujourd'hui que pour ma compagne et pour moi, le démon du midi fut plutôt un ange ayant pour tâche de nous réunir ! »

LE PIN DE NORFOLK

J'étais en République dominicaine, à l'auberge *La Catalina*, quand j'ai entrepris d'écrire ce livre. J'y ai rencontré une amie qui s'apprêtait à mettre fin à sa relation avec son conjoint dès son retour au pays. Comme elle n'avait pratiquement connu que ce seul homme dans toute sa vie, elle était loin d'être rassurée concernant son avenir. Attisées par le chaud soleil tropical, ses peurs se mirent à remonter une à une à la surface et commencèrent à la hanter. Peur de connaître d'autres hommes, peur de s'y attacher trop rapidement, peur de retomber dans la même énergie que celle dont elle essayait maintenant de s'extirper, peur de perdre sa liberté nouvellement acquise, etc.

Nous étions assis tous les deux sur la terrasse de mon appartement, face à la mer azurée. Un arbre gigantesque se balançait majestueusement devant nous, de gauche à droite, au gré du vent. Il s'agissait d'un pin de Norfolk, une espèce très rare de conifère, un arbre très haut et d'une noblesse des plus inspirantes. Il surplombait tous les autres arbres et attirait l'attention sur lui, comme s'il voulait qu'on n'aime que lui. Obéissant aux caprices de la brise, il se laissait langoureusement ballotter d'un côté et de l'autre, pendant que des oiseaux solitaires venaient se poser quelques instants sur ses branches. Le pin de Norfolk les accueillait gentiment, sans poser de questions sur leur vie ou sur le temps qu'ils allaient rester.

« Regarde, fis-je remarquer à mon amie. Cet arbre magnifique te semble-t-il libre et détaché ?

– Assurément, répondit-elle. Si tu savais comme je voudrais devenir comme lui et retourner chez moi avec cette attitude d'abandon à la vie.

– Alors, qu'est-ce qui t'empêche d'être cet arbre ?

– Euh ! murmura-t-elle, surprise. Tu veux dire quoi au juste en parlant d'*être cet arbre* ?

– C'est simple. À ton retour à la maison, commence à accueillir en toute simplicité et toute sérénité, juste pour le plaisir de le faire, tous les oiseaux qui viendront se poser sur tes branches. Certains resteront plus longtemps, d'autres ne feront que poser leurs pattes et s'envoleront presque immédiatement. Au lieu de craindre l'énergie que peuvent t'apporter les oiseaux de passage, accepte de t'y abandonner et d'expérimenter ce qu'ils peuvent t'apporter. Comment peux-tu espérer trouver l'oiseau de rêve qui t'apportera tout ce dont tu as manqué jusqu'ici si tu n'oses pas faire comme ce pin et laisser d'autres oiseaux s'y poser ?

– C'est bien beau, tout ça. Mais qu'arrivera-t-il si je suis déçue encore une fois ?

– Tu le seras, c'est tout, et ça ne durera qu'un certain temps. Mais au moins, tu n'auras pas le regret de ne pas avoir essayé et tu passeras vite à d'autres expériences dont tu pourras chaque fois tirer des leçons.

– Mais je ne veux pas seulement des oiseaux de passage dans ma vie, insista-t-elle. (Le mental ne voulait pas lâcher prise, et j'étais tout près d'abdiquer, moi aussi.)

– Un jour, poursuivis-je, un aimable volatile se trouvera tellement bien sur le grand pin que tu es qu'il lui demandera s'il peut y bâtir son nid. Cela se fera naturellement. Ce n'est pas l'arbre qui aura cherché l'oiseau, mais l'oiseau qui aura trouvé son arbre. Le pin de Norfolk est sage, tu sais. Il laisse la vie s'occuper de lui. Tout ce qu'il a à faire, c'est d'ouvrir tout grand ses bras et de s'abandonner aux courants de vie qui passent. »

Sans le savoir, le majestueux pin de Norfolk venait de nous servir une mémorable leçon de maîtrise de soi. Mon amie s'en retourna chez elle remplie d'espoir. Elle s'inspira du grand conifère pour commencer une nouvelle étape de vie. Aux dernières nouvelles, elle avait déjà accueilli son oiseau rare…

LES FLEURS CACHÉES
DE NOTRE JARDIN SECRET

« Chers futurs mariés, nous disait-on dans les cours de préparation au mariage qu'on nous offrait autrefois, il est primordial que vous appreniez à tout vous dire au long de votre union. N'ayez jamais de secrets l'un pour l'autre. Voilà la recette miracle qui assurera la réussite de votre vie de couple. »

Un jour où je tenais ce langage à l'un de mes amis marié depuis longtemps, il me rétorqua, avec un large sourire ironique : « C'est bien beau tout ça, ce sont de belles paroles, assurément. Mais, si je me mets à raconter à mon épouse tous les fantasmes et toutes les idées saugrenues qui me passent par la tête en une journée, j'en serais quitte pour un divorce, crois-moi. »

Combien de couples qui se sont pliés docilement à cette règle de la transparence à tout prix ont vu naître une multitude de conflits dont ils auraient pu faire l'économie. Lorsqu'on entreprend une démarche afin de reprendre sa vie en charge, on doit remettre en question toutes les lois qu'on nous a présentées comme des vérités absolues. Comment peut-on croire que les mêmes principes moraux puissent s'appliquer à tout le monde, et autant sur le plan personnel que sur celui du couple ?

Lorsque je me suis marié, j'ai donc obéi et fait exactement ce que l'on m'avait dit de faire. J'ai alors cessé de vivre pour moi et j'ai mis toutes mes énergies dans mon couple, dans le « nous ». Combien d'autres personnes ont fait la même erreur et ont étouffé les rêves de chacun des partenaires pour ne penser qu'à la nouvelle entité qu'elles venaient de créer ?

Un couple est la somme de deux entités, qui en forment une troisième que nous appelons le « nous ». Ce qu'il ne faut pas oublier, c'est que les trois parties ne doivent pas cesser d'évoluer, pas plus le couple que les individus qui le composent. Tous ont des besoins à combler. Si l'on néglige de nourrir l'une des trois parties, il se créera un déséquilibre, à court ou à long terme, et celui-ci s'amplifiera avec le temps, jusqu'à devenir un problème majeur.

Nous avons tous des fleurs cachées bien enfouies dans notre jardin secret, des fleurs dont nous seuls connaissons l'existence. Il y a des orchidées, des pissenlits, mais toutes sont des fleurs que l'on doit accepter et… cultiver ! Il peut s'agir de fantasmes qu'on n'oserait jamais avouer à personne, de pensées obsessionnelles totalement opposées à nos croyances, d'expériences imaginées ou vécues en solitaire ou avec d'autres personnes, de rêves capables de faire rougir le marquis de Sade…

Notre jardin secret, c'est tout ce monde intérieur qui bouillonne en nous et que l'on appelle notre intimité. C'est lui qui nous rend uniques, et en même temps différents de ce que nos proches croient que nous sommes. Nous aurions beau couvrir notre figure de tous les masques imaginables pour bien paraître devant autrui, notre jardin intérieur serait toujours là pour nous rappeler ce que nous sommes vraiment. Il nous renverra notre reflet, une image qu'il ne faut pas renier, encore moins haïr. En effet, il s'agit là de notre bagage, pas celui des autres, notre bagage génétique, avec lequel nous avons choisi de venir sur la Terre. Il nous est uniquement destiné afin de nous faire avancer sur la route de notre évolution.

Le jardin secret, c'est un merveilleux terrain de complicité où notre Esprit et notre ego se permettent de jouer ensemble. C'est l'endroit le plus intime de tout notre être, un endroit où se marient parfaitement l'ombre et la lumière. Il faut apprécier ce lieu dont nous seuls connaissons le contenu, et savoir le garder secret, sans se juger. Il peut arriver qu'en présence d'un ami sincère en qui l'on a toute confiance, on soulève légèrement un coin du voile, mais jamais plus.

Notre jardin intérieur nous appartient. Il reflète ce qu'il y a de plus vrai en nous. Cependant, gare au mental ! Lorsqu'il y pénètre avec ses gros sabots, c'est la pagaille à coup sûr. À grands coups de jugements et de culpabilité, il fera remonter remords et regrets. Ne laissez pas cet intrus abîmer la moindre de vos fleurs, car une fleur, c'est une fleur, peu importe sa couleur, sa brillance, sa forme ou sa rareté. Si, en visitant ce jardin, vous découvrez vos pires défauts, vos pensées les plus rebelles, enfin tout ce que la société bien-pensante pourrait considérer comme un vice condamnable, ne jouez surtout pas le jeu du mental en vous jugeant.

Lorsque vous êtes au milieu de votre jardin intérieur, à l'abri des regards indiscrets, aimez-vous comme vous êtes. Jouissez de ce qui vous différencie du reste du monde. Souvenons-nous que nos juges ne sont que l'écho de nos propres jugements. Si nous sommes jugés, c'est que nous nous condamnons nous-mêmes. Ne sommes-nous pas, après tout, les artisans de nos malheurs autant que de nos bonheurs ?

N'ayons jamais honte de ce que nous sommes : un criminel, un être ignoble ou même pervers aux yeux de la société. Le maître sait que tout ce qui a été créé est parfait comme il est. Rien n'est laissé au hasard. Il regarde toujours au-delà des apparences et c'est ainsi qu'il découvre le sens de toute chose. Sa sagesse et son absence de jugement feront en sorte qu'il sera le seul à détecter, à travers notre regard, le reflet de notre âme, les motivations de notre Esprit et les trésors cachés de notre jardin secret. Il aimera toutes nos facettes, car son discernement lui permettra de voir au-delà des décrets humains. À ses yeux, le pissenlit, le brin d'herbe et l'orchidée sont toutes des plantes divines, possédant chacune leur beauté et leur utilité.

Soyons maîtres de notre vie, maîtres de notre jardin secret, maîtres de tout ce qui fait que nous sommes uniques et en vie !

CONCLUSION

Quand on est devenu maître de sa vie, on n'a plus la prétention de pouvoir contrôler les événements. On laisse notre Esprit guider nos pas dans la direction qu'il SAIT être la meilleure pour nous. On cesse de lutter contre nos côtés sombres. En fait, on ne combat plus qui ou quoi que ce soit. Ce lâcher-prise général est l'apanage du véritable sage.

Le maître authentique n'a pas besoin de titres pour montrer ses couleurs. On le reconnaît à son air enfantin et à son aptitude déconcertante à jouer chaque fois qu'il le peut. Il contourne les obstacles ou il les observe sans leur accorder trop d'importance. C'est pourquoi le maître n'a jamais à lutter concrètement contre l'injustice. Évidemment, il s'y oppose fermement au fond de lui. Mais il se contente de ne pas faire ce qu'on lui dicte, surtout si cela va à l'encontre de ses principes ou de la justice. Finis pour lui les contestations, les manifestations ou les discours haineux. Le maître n'obéit qu'à ce que lui dicte son Esprit, le détenteur de sa propre sagesse.

Le secret du maître est qu'il n'essaie jamais de changer une autre personne que lui-même. Ses années d'apprentissage lui auront fait apprendre, à ses propres dépens, quelque chose de primordial : se mêler de ses affaires. D'ailleurs, c'est maintenant une de ses plus grandes qualités. N'oublions pas que le véritable maître de sa vie la JOUE. Il s'est détourné des schémas archaïques qui l'amenaient à croire qu'il fallait peiner et souffrir pour gagner son ciel. Il ne se prend jamais au sérieux, à moins que son ego – il en possède tout de même un – trouve une faille et fasse monter en lui la frustration. Mais ça ne dure jamais bien longtemps, car la vie se charge de le lui faire rapidement savoir...

Le maître de sa vie a aussi cette particularité qu'il n'éprouve plus de désir ni de plaisir à sauver les autres. Lorsqu'il s'aperçoit qu'il ne peut rien faire pour empêcher une personne de souffrir, il la laisse s'empêtrer dans cette situation, jusqu'à ce que la saturation fasse son œuvre et l'oblige à réagir et à faire le pas de géant qui lui est demandé. Même si la tentation est forte de sauver quelqu'un malgré lui, jamais le maître n'interviendra auprès d'une personne qui n'est pas prête à se prendre en main. Dès que le maître constate son impuissance à changer les choses, il se retire en douce et laisse la vie se charger de tout. Le maître n'a qu'une peau à sauver, la sienne, quitte à passer pour un ingrat ou un égoïste.

En aucun cas, il n'acceptera d'être ramené malgré lui vers son passé, vers ce qu'il était auparavant. En devenant maître, le disciple a franchi le seuil d'un nouveau monde, et rien ni personne ne pourra désormais le retenir en arrière. Tout ce qui lui importe, c'est de vivre pleinement chaque instant qui passe, de rire et de s'amuser tout au long de son évolution. À cause de cette attitude, il sera souvent pointé du doigt et accusé de désinvolture. Mais il acceptera d'être jugé. Comme il a lui-même parcouru la route de la souffrance au cours des années qu'il a passées à s'élever, il peut comprendre que certaines personnes soient sur le même chemin. Il sait qu'il n'y peut rien. Il semblera indifférent, mais, ce faisant, il donnera à ces personnes la chance de confronter leur propre souffrance sans tenter d'intervenir. C'est dans la solitude qu'il est devenu maître. Et c'est ce vers quoi il orientera les apprentis-sages afin qu'ils gravissent les échelons et qu'ils obtiennent tous leur diplôme de la vie. Ceux qu'il aura aidés s'apercevront un jour qu'ils étaient doublement aimés. De toute façon, le maître n'a plus besoin qu'on l'aime car il s'aime suffisamment lui-même.

Je vous souhaite de trouver votre propre voie et de ne jamais vous en laisser dévier. À vous, cher maître, je dis merci d'oser ÊTRE la plus merveilleuse des créatures que la Terre ait jamais portée.

*****

POST-SCRIPTUM...

Finalement, après avoir écrit ce livre, je réalise que devenir maître de sa vie, c'est tout le contraire de ce que je croyais. Et moi qui pensais contrôler tout dans mon existence. Aujourd'hui, à mesure que la maîtrise s'installe en moi, je comprends que durant tout mon cheminement, je n'ai fait qu'arracher des mains de mon mental les rênes de ma destinée, pour les remettre à mon Esprit. C'est pourquoi je me permets maintenant de m'y abandonner totalement. Qu'il dirige ma vie, jusqu'à ce qu'un jour nous fusionnions. Quand je serai LUI, alors je serai réellement maître de ma vie ! Qu'il en soit ainsi pour vous aussi... Je vous aime !